KB043821

출판과 저작권

출판과 저작권

2017년 5월 20일 초판 1쇄 인쇄
2017년 5월 30일 초판 1쇄 발행

지은이 하병현, 윤용근
발행인 손건
편집기획 김상배, 홍미경
마케팅 이언영
디자인 김지영
제작 최승용
인쇄 선경프린테크

발행처 LanCom 랭컴
주소 서울시 영등포구 영신로 38길 17
등록번호 제 312-2006-00060호
전화 02) 2634-0178 02) 2636-0895
팩스 02) 2636-0896
홈페이지 www.lancom.co.kr

ISBN 979-11-88112-05-0   03300

하병현 · 윤용근 지음

출판과 저작권

북스데이
BOOK'S DAY

머리말

실무에서 저작권 사건을 다루다 보면 출판사들이 사건의 당사자가 되는 경우를 종종 보게 된다. 대개는 출판사가 타인의 저작권을 침해하는 경우나 제3자가 출판사의 출판권 내지 저작권(출판사가 저작권을 보유하고 있는 경우)을 침해하는 경우들이다. 그런데 필자가 출판사들과 사건을 함께 진행하면서 새삼 알게 된 사실은 소규모 출판사들은 물론이고 나름 인지도가 있는 대형 출판사들조차도 의외로 저작권에 대해서는 정확히 잘 알지 못한다는 점이었다. 더욱 놀라운 것은 출판사들이 저작권에 대해 그나마 알고 있던 내용들도 그저 업계 관행에 불과해서 저작권법의 규정이나 판례의 내용과는 동떨어져 있는 것들이 많고, 심지어 그러한 관행들은 결과적으로 타인의 저작권을 침해하게 되는 내용들이 상당부분을 차지하고 있다는 것이었다.

과거 어느 때보다 저작권에 대한 인식과 권리의식이 높아져 있는 현 상황을 고려해 볼 때, 대부분의 출판사들이 여전히 이러한 업계관행을 실무에 적용한다면, 출판물을 둘러싼 저작권 분쟁은 점점 더 늘어날 것으로 생각된다.

필자는 이러한 출판업계의 상황을 조금이나마 개선해 보고 싶은 마음에 출판사들을 대상으로 무료 저작권 강의를 진행한 적이 있었는데, 당시 강의에 참석했던 출판업계 종사자들은 대부분 앞으로 출판사들을 위한 저작권 교육이 좀 더 체계적으로 이루어졌으면 하는 바람을 피력했다. 물론 현재 정부 차원에서 출판과 관련된 여러 지원들이 있기는 하지만, 아직도 저작권에 관한 출판사들의 인식은 그다지 나아진 것 같지는 않다.

그런 의미에서 출판사들을 위한 체계적이고 지속적인 저작권 교육이 좀 더 필요할 것으로 생각된다. 그리고 이러한 교육에 반드시 빠지지 말아야 할 것은 출판 관련 계약서 작성 요령 등에 관련된 것이다.

실제 출판과 관련된 분쟁의 대부분은 저작권보다는 오히려 저자와 출판사 간의 계약 문제, 즉 누가 계약을 위반했는지, 이러한 계약 위반의 상황에서 상대방이 계약 해제 또는 해지를 할 수 있는지, 손해배상 청구는 가능한지 등과 관련된 것이기 때문이다. 그리고 이런 경우에 모든 계약이 그러하듯 계약서에 당사자가 의도했던 내용들이 모두 담겨 있는지, 그 내용이 얼마만큼 명확하게 기재되어 있는지에 따라 전혀 다른 결론에 이르게 된다. 결국 당사자들이 계약서를 얼마나 잘 작성해 두느냐에 따라 차후 분쟁의 소지를 줄일 수도 있다는 얘기다.

계약과 관련해서 당사자 간에 아무 문제가 발생하지 않는 것이 가장 좋은 일이겠지만, 보통 계약 후 여러 예기치 못한 사정들 때문에 또는 누군가의 귀책사유로 인해 계약이 예정대로 진행되지 않는 경우가 허다하다. 그리고 그러한 상황이 되면 누구나 그 책임을 상대방에게 떠넘기려고 하기 마련이기 때문에 당사자들은 미리 계약서에 그들의 권리와 의무를 명확히 하여 해당 계약의 내용이 차질 없이 진행될 수 있도록 계약서를 작성해 두어야 하는 것이다.

계약서 작성은 계약 내용에 문제가 발생했을 때 당사자들이 그것을 어떻게 해결해 나갈지를 명확히 해 두는 데에 그 첫 번째 목적이 있는 것이다. 그렇기 때문에 계약 당사자들은 계약 내용을 이행하는 도중에 발생할 수 있는 여러 가능한 상황들을 미리 염두에 두고 그런 상황이 발생했을 때 귀책 당사자에게 어떤 제재와 조치를 취할 것인지를 계약서에 담아낼 필요가 있다.

물론 이론적으로는 맞는 말이라도 보통 현실에서는 계약과 관련해서 갑과 을의 지위가 뚜렷하게 구분되는 경우가 많기 때문에 을의 지위에 있는 사람들은 자기가 의도한 모든 내용을 계약서에 넣기 어렵다. 그렇다고 하더라도 분쟁의 소지를 줄일 수 있는 합리적인 계약 내용은 반드시 필요한 부분이니만큼, 최대한 그러한 측면에 무게를 두고 계약서를 작성해 나갈 필요가 있다.

필자는 이러한 점들을 감안하여 이 책에서 출판과 관련된 여러 다양한 이슈들을 최대한 많이, 읽기 편하고 이해하기 쉽게 압축하여 담아보려고 노력했다. 이러한 필자의 마음이 출판과 관련된 분 등 이 책을 읽는 모든 독자들에게 고스란히 전해질 수 있기를 바란다.

전작 〈캐릭터와 저작권〉, 〈음악과 저작권〉, 〈미술과 저작권〉, 〈극저작물과 저작권〉에 이어 다섯 번째 책 〈출판과 저작권〉을 출간하면서, 그동안 독자 여러분이 보여주신 기대 이상의 격려와 응원에 감사를 드린다. 앞으로도 독자 여러분의 관심이 변함없이 뜨겁기를 기원하며, 다양한 분야의 저작권 관련 책을 힘껏 출간하리라 다짐해 본다.

끝으로 이 책이 나오기까지 도움을 주신 모든 분들과 특히 바쁜 변호사 업무에도 불구하고 이 책을 위해 판례와 자료 검색에 도움을 준 이선행·정상경 변호사에게 깊은 감사의 마음을 전한다.

2017. 4.

여의도 사무실에서 벚꽃 만발함을 기다리며

목차

사건별 목차

PART

01

출판과 저작권
이야기를 시작하며

출판과 관련해서 크게 두 가지 측면에서 접근할 필요가 있다. 하나는 저작권적인 측면이고 다른 하나는 계약적인 측면이다.

저작권적인 측면에 대해 먼저 살펴보면, 저자와 출판사 각각의 입장에 따라 일반적으로 저자의 경우는 저작권을 가지게 되고 출판사의 경우는 출판권 및 배타적발행권을 가지게 된다. 물론 출판물이 출판사의 업무상저작물이거나 출판사가 해당 출판물의 저작재산권을 양도받은 경우라면 출판사도 저작권을 가지게 된다. 저작권에 관해서는 다음 장(章)에서 자세히 살펴볼 예정이므로 여기서는 출판권과 배타적발행권에 대해서만 간략히 살펴보도록 하겠다.

출판권은 저작권자와 출판사 사이의 출판권 설정 계약을 통해 출판사가 가지게 되는 출판물에 대한 배타적이고 독점적인 권리를 말한다. 여기서 말하는 '배타적·독점적 권리'란 출판사가 그 누구의 간섭도 받지 않고 해당 출판물을 독점적으로 출판할 수 있는 권리로서 단순한 계약상의 권리를 넘어 제3자에게도 그 효력을 주장할 수 있는 저작권법상의 권리이다.

따라서 출판사는 출판권을 침해하는 그 누구에게도(저작권자도 예외는 아님) 법적조치를 직접 취할 수 있는데 이것이 바로 출판권의 핵심적인 권능이라고 할 수 있다.

일반적으로 계약 당사자 사이에는 그것이 선량한 풍속·사회 질서에 위반되거나 강행법규(당사자의 의사로 배제할 수 없는 것으로써 법에서 그 이행을 강제하고 있는 법규)에 위반되지 않는 한 계약 내용을 자유롭게 정할 수 있다. 그렇지만 그러한 계약에 따라 발생하는 권리는 채권적인 권리에 불과해서 계약 당사자에게만 주장할 수 있을 뿐, 그 계약의 효력을 제3자에게는 주장할 수 없는 것이 원칙이다. 따라서 어떠한 권리가 배타적 권리가 되기 위해서는 당사자 간의 계약만으로는 부족하고 헌법이나 법률의 명시적 규정이 있어야만 한다. 이러한 면에서 출판권은 저작권법의 명시적 규정을 통해 그것의 배타적 권리성을 부여받고 있는 것이다.

그런데 이러한 출판권은 출판물의 복제·배포와 관련된 배타적 권리이기 때문에 전송에 대해서는 어떠한 효력도 가지지 못한다는 한계가 있다. 왜냐하면 배포와 전송은 출판과는 그 개념이 엄연히 다르기 때문이다.

그러다보니 제3자가 인터넷상에서 출판물을 무단으로 전송하는 경우에도 출판권만을 가지고 있는 출판사로서는 어떠한 침해 주장도 할 수 없고, 저작권자에게 법적조치를 취하도록 권하는 것이 고작인 상황이다. 물론 저작권자는 복제권 및 공중송신권 침해를 이유로 법적조치를 취할 수 있다.

최근에는 전자책 등 출판물이 인터넷상에서 전송 형태로 유포되고 있기 때문에 출판사들의 입장에서는 종이책보다도 훨씬 더 큰 파급력을 지니는 출판물의 전송에 대해서도 출판권과 비슷한 배타적 권리를 가질 필요성이 대두되었다.

이제까지는 저작권자와 출판사 사이에 체결하는 출판권 설정 계약서에 출판사가 전자출판에 대한 독점적 권리를 가진다는 내용을 넣는다 해도, 이는 어디까지나 저작권자와 출판사 사이의 계약에 불과한 것이어서 저작권자가 이를 위반하여 제3자에게 전자출판을 하도록 허락하더라도 출판사가 저작권자에게 계약위반 책임을 묻는 것은 차치하고, 특별한 사정이 없는 한 출판사가 전자출판을 하고 있는 제3자에게 직접 법적인 조치를 취할 수 없었기 때문이다.

개정 저작권법에서는 출판사들에게 출판물 전송에 대한 배타적 권리를 부여하는 새로운 권리, '배타적발행권' 을 창설했다. 배타적발행권은 출판사들이 기존 출판권만으로는 보호받을 수 없었던 출판물의 전송에 대해 가지는 배타적인 권리로서, 이제 출판사들은 그들의 출판물을 무단으로 전송하는 제3자에게 대해서 직접 그 침해를 정지시키는 등의 법적조치를 취할 수 있게 되었다.

그러므로 이제 출판과 관련된 계약을 체결할 때에는 출판권만을 설정하는 '출판권 설정 계약' 을 할지 아니면 출판권과 배타적발행권을 동시에 설정하는 '배타적발행권 및 출판권 설정 계약' 을 체결할지 미리 결정한 후 계약에 임해야 할 것이다.

저작권적인 측면만큼 중요한 것이 바로 출판 관련 계약에 관한 것이다. 출판사들이 타인의 저작물을 출판하기 위해서는 어떤 형태로든 그와 계약을 체결해야 하기 때문이다.

출판 관련 계약의 유형으로는 출판권 설정 계약, 배타적발행권 설정 및 출판권 설정 계약, 저작물이용 허락계약, 저작재산권 양도계약 등 다양한 형태가 있다. 출판업계에서는 '매절계약'이라는 명칭으로 계약을 체결하는 경우가 종종 있는데, 이는 출판사가 저자에게 일시금으로 대금을 지급하는 대금지급 형태에 불과한 것이기 때문에 엄밀히 말하면 계약의 유형이라고 할 수 없다. 그러니 매절계약을 체결했다는 이유만으로 출판사가 저자에게서 저작권을 양도받는 것은 절대 아니라는 것을 명심하자.

출판 계약과 관련해서 분쟁이 발생했을 때, 중요하게 봐야 할 것은 계약서의 명칭이 아니라 계약서의 내용이다. 예를 들어 계약서의 명칭은 '출판권 설정 계약서'라고 되어 있더라도, 계약서에 저작권을 양도하는 내용이 명시되어 있다면 그 계약은 출판권 설정 계약이 아니라 저작재산권 양도 계약이 되는 것이다. 이와 같이 계약의 명칭으로 인해 발생하는 불필요한 분쟁을 없애기 위해서는 되도록 계약의 내용과 계약서의 명칭을 일치시키는 것이 중요하고, 혹시 계약의 명칭을 명확하게 특정하기 어렵다면 엉뚱한 명칭을 기재해서 분란의 소지를 만들기보다는 '계약서'라고만 기재하는 편이 더 낫다.

출판 관련 계약을 체결했더라도 원고(原稿) 인도가 늦어지는 등 계약 이행과 관련된 여러 변수가 발생하는 경우가 많다. 계약의 전체적인 내용에 비추어 그 변경이 사소하다면 구두로만 합의하더라도 크게 문제될 것이 없겠지만, 계약의 중요 부분이 변경되는 경우에는 그 변경 내용을 담은 계약서를 새로 작성하는 것이 좋다.

변경 내용을 당사자들이 구두로 합의했더라도 차후에 일방 당사자가 그런 합의를 부인하면서 원래의 계약서 내용을 주장해버리면 상대방은 이를 입증할 방법이 없기 때문이다. 그러나 그렇게 하는 것이 정 번거로울 때에는 최소한 e메일이나 문자 등, 객관적으로 입증할 수 있는 방법으로 그 내용을 반드시 남겨두어야 한다.

간혹 책 제목과 관련해서 분쟁이 발생되는 경우가 있다. 저작물의 제목은 원칙적으로 저작물로 보호받을 수 없기 때문에 책 제목이 저작권적으로 문제되는 경우는 거의 없다. 그러나 상표권적으로는 문제가 될 수 있기 때문에, 타인의 등록상표와 똑같거나 비슷한 것을 책 제목으로 사용하게 되면 상표권 침해가 되는 경우가 있을 수 있다. 그리고 비록 어떤 표식이 상표로는 등록되어 있지 않더라도 그것이 국내에 널리 알려져 있는 상황에서 그러한 표식과 동일·유사한 것을 책 제목으로 쓰게 되면 부정경쟁행위 및 영업비밀보호에 관한 법률(이하 '부정경쟁방지법' 이라고 함)상 부정경쟁행위에 해당할 수 있게 된다.

이 책에서는 출판물 관련 여러 판례들을 통해 법원이 어떤 기준에서 출판 관련 분쟁을 해결하고 있는지 그리고 그 판단의 저변에는 어떠한 논리가 깔려 있는지 자세히 살펴볼 예정인데, 이를 통해 출판 관련 종사자들이 출판을 준비하는 과정이나 출판 후 출판물을 유통하는 과정에서 저작권 등의 침해 내지 계약상의 문제를 최소화하는데 도움이 되었으면 하는 바람이다.

다만, 출판과 관련된 저작권에 대해 본격적으로 살펴보기에 앞서, 저작권과 관련된 기본적인 내용들을 숙지하고 그 기초를 다짐으로써 저작권을 바라보는 보다 넓은 안목을 키울 필요가 있다. 이에 다음 장(章)에서는 저작권 침해 여부를 판단함에 있어서 거의 전부라고 해도 과언이 아닌 저작물성에 관한 내용을 비롯하여 저작권 전반을 이해하기 위한 여러 핵심적인 내용들을 담았다. 이에 독자들은 다음 장의 부분적인 내용만 읽기보다는 전체 내용을 한 번 정독하는 것이 이 책에 있는 출판물과 관련된 사례들을 보다 깊이 있게 이해하는데 도움이 될 것이다.

그럼 지금부터 그동안 우리가 대략적으로만 알고 있었거나 미처 알지 못했던 출판물의 저작권에 관한 여러 가지 이야기를 해나가도록 하겠다.

핵심만 요약한
저작권법

개 요

저작권 침해 사건에서는 보통 저작권 침해를 주장하는 사람은 "네 것이 내 것과 똑같거나 비슷하다"라고 주장하고, 상대방은 그 반대로 "내 것은 네 것과 똑같지도 비슷하지도 않다"라고 반박한다. 물론 그런 경우에 어느 한쪽이 틀렸다고 딱 잘라 단정하기 어렵고, 각자의 주장에 나름대로의 논리가 있다 해도 실제 저작권 소송에서는 이렇게 단순한 반박 논리만으로 자신의 주장을 관철시킬 수 없기 때문에 자신의 주장을 뒷받침하는 뚜렷한 근거를 제시할 필요가 있다. 그래서 저작권에 관한 전체적인 개요를 먼저 알 필요가 있는 것이다.

예를 들어, 갑은 을이 만든 B 콘텐츠가 자신이 창작한 A 콘텐츠와 똑같거나 비슷하다고 하면서 저작권 침해를 주장하고 있다. 이 경우 을은 뭐라고 반박하면 될까? 보통은 앞에서 본 것처럼 "B는 A와 똑같지도 않고 비슷하지도 않다!"라고 주장하게 될 것이다. 그런데 누가 봐도 B가 A와 똑같거나 실질적으로 비슷하다면 어떻게 해야 할까?

그냥 저작권을 침해했다는 사실을 인정해야 할까? 을의 입장에서는 절대로 인정할 수 없는 상황이라도 입 꾹 다물고 그저 갑이 청구하는 손해배상금액이 많다는 것만 다투어야 할까? 결론부터 말하면 절대로 그렇지 않다!

갑의 저작권을 침해당했다고 주장하기 위해서는, ① 갑이 창작한 A가 저작권법상 보호받을 수 있는 저작물이어야 하고, ② 그 저작권자가 갑이어야 하며, ③ 을이 정당한 권원(행위를 정당화하는 법률적 원인) 없이 A를 보고 A와 똑같거나 실질적으로 비슷한 B를 만들었어야만 한다. 이 세 가지 모두를 충족해야만 비로소 '을은 갑의 저작권을 침해했다'고 할 수 있는 것이다. 그렇다면 이렇게 B가 A와 똑같거나 실질적으로 비슷한 경우에 을은 어떻게 반박할 수 있을까? 을은 크게 세 가지를 주장할 수 있다.

첫째, 갑이 창작했다는 A는 저작물이 아니다.
둘째, A가 저작물이라 하더라도 갑은 저작권자가 아니다.
셋째, A를 보고(의거해서) B를 만든 것이 아니다.

이 세 가지 가운데 어느 하나라도 입증할 수 있으면 을은 갑의 저작권을 침해하지 않은 것이 된다. 따라서 이 세 가지는 저작권 침해 사건에서 방어자가 항상 마음속에 새겨 두고 있어야 하는 가장 기본적이고 중요한 반박 논리라고 할 수 있다.

┌2┐
저작물

저작물은 '인간의 사상이나 감정을 표현한 창작물'이다.

저작권 침해 사건에서 당사자들이 가장 치열하게 다투는 것이 바로 저작물성에 관한 것이다. 앞에서 예를 든 것처럼 A가 저작물이 아니라면 저작권 자체가 발생하지 않으므로 갑은 A에 대한 저작권을 갖지 못하고, 당연히 을을 포함한 그 누구에게도 저작권 침해를 주장할 수 없게 된다. 따라서 을은 갑이 만든 A가 저작물이 아니라는 것을 주장하고 입증할 필요가 있다.

저작물은 '인간의 사상이나 감정을 표현한 창작물'이라고 정의된다(저작권법 제2조 제1호). 따라서 저작물이 되기 위해서는 ① 인간이 만들어야 하고 ② 표현되어야 하며 ③ 창작성이 있어야 한다. 저작물이 되기 위해서는 이 세 가지 요건 모두를 반드시 충족해야 하기 때문에 이들 요건 가운데 어느 하나라도 흠결이 생기면 저작물이 아니게 된다. 그렇다면 A의 저작물성 여부와 관련된 B의 반박 논리는 이미 정해져 있는 셈이다.

첫째, A는 인간이 만든 것이 아니다.

둘째, A는 표현된 것이 아닌 아이디어에 불과할 뿐이다.

셋째, A는 창작성이 없다.

1 저작물은 **인간**이 만든 것이어야 한다.

저작물은 인간이 만든 것이어야만 한다. 외국에서는 원숭이가 촬영한 셀카 사진이 저작물에 해당하는지 여부가 문제된 경우가 있었지만, 이와 관련하여 크게 이슈가 된 경우는 현재까지 거의 없다. 참고로 그 사건에서 법원은 원숭이 셀카 사진은 인간이 아닌 원숭이가 찍은 것이기 때문에 저작물이 아니라는 판결을 내렸다.

물론 앞으로는 알파고와 같은 인공지능(AI)이 그린 그림이나 문학작품 등이 저작물에 해당하는지 여부가 문제될 가능성도 있다. 그러나 이러한 것들은 아직 현실적으로 크게 문제되는 경우가 없고, 추후 저작권법의 개정 등 보다 심도 있는 논의가 필요한 영역이기 때문에 이 책에서는 이에 관한 추가적인 논의는 생략하기로 한다.

2 저작물은 **표현**되어 있어야 한다.

저작물이 되기 위해서는 표현되어 있어야 한다. 저작권법은 표현된 것만을 그 보호 대상으로 삼고 있기 때문에 표현되지 않은 아이디어는 저작권법상 보호 대상이 아니다. 이를 '아이디어와 표현의 이분론' 이라고 하는데 요약하면 '아이디어는 그것이 아무리 독창성이 있어도 저작권법상으로는 보호받지 못한다' 는 이론이다. 그래서 다른 사람의 아이디어를 무단으로 빌려 쓰더라도 표현을 베끼는 것이 아니기 때문에 도덕적으로는 문제가 될지언정 저작권 침해에는 해당하지 않게 된다.

예를 들어, 갑이 창작한 캐릭터 A와 을이 만든 캐릭터 B는 모두 머리가 크고 몸이 작은 형상을 하고 있지만 구체적인 디자인은 전혀 다르다고 하자. 이런 경우에 갑이 을에게 저작권 침해를 주장한다면 그 주장의 내용은 A와 B 모두 '머리가 크고 몸이 작다' 는 점이 같다는 것이다.

그런데 캐릭터의 머리가 크고 몸이 작다는 것은 구체적인 표현을 의미하는 것이 아니다. 머리가 크고 몸이 작다고 했을 때, 그것은 단지 머리 비율과 몸의 비율이 정상적인 인간이나 동물의 형상과 다를 뿐 표현하는 사람에 따라 얼마든지 달라질 수 있는 것이어서, 이를 그림으로 표현할 수 있는 방법은 무한대라고 할 수 있기 때문이다.

이처럼 표현되지 않은 관념 등을 아이디어라고 하고, 이러한 아이디어는 그것이 기술적 사상 등으로 특허법상 보호되는 것은 별론으로 하고, 저작권법상으로는 어떠한 경우에도 보호받지 못한다.

3 저작물은 **창작성**이 있어야 한다.

저작물이 되기 위해서는 그것이 창작성 있는 창작물이어야 한다. 창작물은 '저작자 자신의 작품으로서 남의 것을 베낀 것이 아니면 되고, 그 수준이 높아야 할 필요도 없다. 다만, 저작권법에 의한 보호를 받을 가치가 있는 정도로 최소한도의 창작성은 있어야 한다.[1] 그래서 A와 B가 그 표현에 있어서 동일성 또는 실질적 유사성이 있는 경우라면, 을은 A가 창작물이 아니라고 주장하는 것 말고는 별다른 방법이 없다. 이런 경우에 을은 어떤 주장을 할 수 있을까? 크게 네 가지를 주장할 수 있다.

첫째, 그것은 누구라도 그렇게 밖에는 표현할 수 없다.
둘째, 종래부터 이미 존재하던 표현이다.
셋째, 통상적인 표현이다.
넷째, 문구가 짧고 의미가 단순해서 사상이나 감정의 표현이라고 할 수 없다.

(1) 누구나 그렇게 표현할 수밖에 없는 것은 창작물이 아니다.

저작물을 표현할 수 있는 방법이 제한적이어서 누구라도 그렇게 표현할 수밖에 없는 경우라면 그러한 것은 창작물이라고 할 수 없다. 이를 '아이디어와 표현의 합체' 라고 한다.

---

[1] 대법원 1997. 11. 25. 선고 97도2227 판결 참조

만일 이러한 것을 창작물로 인정해서 맨 처음 표현한 사람에게 저작권을 부여한다면, 그 후 그것을 그렇게 표현할 수밖에 없는 다른 사람들은 항상 맨 처음 표현한 사람의 저작권을 침해할 수밖에 없게 된다. 또한 맨 처음 표현했다고 주장하는 사람 이전에도 다른 누군가가 그것을 똑같이 또는 거의 비슷하게 표현했을 가능성이 상당히 높기 때문에 결국 그것은 누구의 창작물인지 정확하게 가릴 수 없는 경우가 되어버린다. 따라서 이러한 저작물의 경우에는 그것과 똑같거나 거의 비슷하게 표현했더라도 타인의 창작물을 베낀 것이라고 볼 수는 없기 때문에 저작권 침해라고 하지 않는다.

예를 들어, 갑이 디자인한 야구 방망이 A와 을이 디자인한 야구 방망이 B가 서로 똑같거나 거의 비슷하다고 하자. 이런 경우에 만일 갑이 A와 B가 서로 똑같거나 거의 비슷하다는 이유를 들어 저작권 침해라고 주장한다면, 이 경우 을은 뭐라고 해야 할까?

외관상으로 볼 때 A와 B가 똑같거나 실질적으로 비슷한 경우에는, 단순히 똑같지 않다거나 실질적으로 비슷하지 않다고 주장하는 것은 아무 소용이 없으니 다른 반박 논리를 찾아야만 한다. 그럴 때 필요한 것이 바로 아이디어와 표현의 합체! A는 이렇게 주장할 수 있다.

"누가 그리더라도 야구 방망이는 그렇게 그릴 수밖에 없다. 그런데 갑이 먼저 야구 방망이를 그렸다고 해서 그것이 창작성이 있는 저작물이 된다면, 그 이후에 야구 방망이를 그리는 사람들은 모두 갑의 저작권을 침해하게 된다는 것인데, 이건 말이 안 된다. 그리고 갑이 그린 야구 방망이와 똑같거나 거의 비슷한 야구방망이 그림은 갑이 A를 그리기 이전에도 많이 있었다."

창작물은 거기에 저작자의 개성과 독창성이 녹아 있어야 한다. 그런데 누가 하더라도 그렇게 표현할 수밖에 없는 경우라면 거기에 그 저작자만의 개성과 독창성이 녹아 있다고 할 수는 없을 것이다. 따라서 이러한 경우는 저작물이 될 수가 없는데, 그 이유는 물론 창작성이 없기 때문이다.

(2) 종래부터 이미 존재한 표현은 창작물이 아니다.

저작권 침해라고 주장되는 부분과 똑같거나 거의 비슷한 표현이 종래부터 이미 존재하고 있는 경우라면, 그것은 저작권 침해를 주장하는 사람의 창작물이라고 할 수 없다. 때문에 이런 경우 누군가 그 표현과 같거나 비슷한 것을 만들었더라도 이를 저작권 침해라고 할 수는 없다. 물론 그 종래 표현의 저작권자가 저작권 침해를 주장한다면 다른 특별한 방어 논리가 없는 한 저작권 침해가 되는 것은 어쩔 수가 없다. 그러나 분명한 건 저작권 침해를 주장하는 사람의 그것이 예전부터 이미 존재하고 있던 표현이라면 그것은 그 사람의 저작물이라고 할 수 없기 때문에 저작권 침해 문제는 발생하지 않게 된다는 것이다.

예를 들어, 갑이 독수리 모양의 풍선 A를 만들었는데, 을이 A와 똑같이 생긴 독수리 모양의 풍선 B를 만들었다고 하자. 이 경우 갑이 저작권 침해를 주장한다면 을은 뭐라고 반박해야 할까?

"독수리 모양의 풍선은 누가 만들어도 그렇게 만들 수밖에 없다!"라고 주장할 수 있을 것이다. 그러나 아무리 독수리 모양을 단순화한 풍선이라고 해도 완전히 똑같은 모양으로 만들었다면 아무래도 설득력이 부족하다. 그렇다면 어떻게 해야 할까?

이런 경우에 가장 좋은 방법은 갑이 만든 독수리 풍선과 똑같거나 거의 비슷한 기존의 독수리 풍선을 찾아내서 갑도 종래부터 존재한 독수리 풍선을 보고 베꼈다고 주장하는 것이다. 만약 을이 똑같은 모양을 가진 기존의 독수리 풍선을 찾아낸다면 갑은 저작권 침해를 주장할 수 없게 된다. 하지만 그런 풍선을 찾지 못한다면 을은 결국 저작권 침해를 피하기 어렵게 될 것이다.

이처럼 저작권 소송에서 저작물성에 관한 주장과 입증은 재판의 승패를 판가름하는 매우 중요한 역할을 한다. 따라서 방어를 하는 사람의 입장에서는 먼저 자신이 어떤 식으로 주장하고 반박해야 하는지 알아야 하고, 자신의 반박을 뒷받침할 수 있는 증거를 찾기 위해 많은 시간과 노력을 들이는 것이 무엇보다 중요하다.

(3) 통상적인 표현은 창작물이 아니다.

저작권이 침해되었다고 주장되는 부분이 통상적인 표현에 불과하다면 그것이 아무리 똑같거나 비슷하더라도 이를 두고 저작권 침해라고 할 수는 없다. 일상생활에서 흔히 쓰이는 표현을 창작물로 볼 수는 없기 때문이다.

예를 들어, 갑이 저작한 희곡 A에 '팩트(fact) 체크하세요!' 라는 대사가 나오는데, 을이 저술한 소설에도 위와 같은 문구가 나온다고 하자. '팩트 체크하세요!' 라는 말은 '어떤 말이나 문구 등이 사실과 일치하는지 여부를 확인하라' 는 의미로 일상생활에서 흔히 쓰는 표현이다.

따라서 이러한 통상적인 표현을 갑이 자신의 어문저작물(언어나 문자, 말로 표현된 저작물)에 먼저 사용했다고 해서 거기에 저작권이 부여된다면, 그 이후에 그 말을 사용하려고 하는 사람들은 항상 갑의 허락을 받아야 하는 불합리한 상황이 발생하게 된다.

다만, '팩트 체크하세요!' 라는 표현이 통상적인 표현에 해당하는지 여부에 관해서는 다른 작품 등에서 그와 똑같거나 비슷한 표현을 찾아 이를 증거로 제출할 필요가 있다. 그러나 이러한 통상적인 표현은 누구나 흔하게 사용하는 말이기 때문에 갑이 희곡 A에 사용하기 이전에 이미 발표된 다른 작품들 속에서 그러한 표현은 쉽게 발견할 수 있을 것이다.

그렇다면 결국 '팩트 체크하세요!' 라는 표현은 갑이 창작한 것이 아니게 되고, 그러면 당연히 그것은 갑의 저작물이 아닌 것이고, 따라서 갑은 그 말에 관해 저작권을 가지지 못하게 되므로, 결과적으로 을은 갑의 저작권을 침해하지 않게 되는 것이다.

(4) 문구가 짧고 의미도 단순한 제목 등은 창작물이 아니다.

문구가 짧고 의미도 단순한 것은 거기에 어떤 보호할 만한 독창성이 있다고 할 수 없으므로 창작물로 보기 어렵다. 특히 제목의 경우, 법원은 일관되게 "제목 자체는 저작물의 표지에 불과하고 독립된 사상이나 감정의 창작적 표현이라고 보기 어렵다"는 이유로 그것의 창작물성을 부정하고 있다.[2]

2ne1의 〈내가 제일 잘나가〉와 삼양식품의 〈내가 제일 잘나가 사끼 짬뽕〉 사건에서도 법원은 "대중가요의 제목인 〈내가 제일 잘 나가〉는 '내가 인기를 많이 얻거나 사회적으로 성공하였다'는 단순한 내용을 표현한 것으로써, 그 문구가 짧고 의미도 단순하여 창작성이 없고, 비록 노래에 '내가 제일 잘나가' 라는 가사가 반복해서 나온다고 해도 그것만으로 저작물로 보호되는 것은 아니다"라고 판시함으로써, 대중가요 제목의 저작물성을 부정했다.[3]

---

2)   대법원 1977. 7. 12. 선고 77다90 판결
3)   서울중앙지방법원 2012. 7. 23.자 2012카합996 결정

저작권

1 저작권의 발생 시기

누군가의 작품이 저작권법상 저작물에 해당한다면, 그 저작물에 관한 저작권은 그것을 만든 사람이 가지게 된다. 그리고 이러한 저작권은 그 발생 시기와 관련하여 다른 지적재산권인 특허권, 상표권, 디자인권과는 확연한 차이가 있다. 특허권 등은 그것이 등록될 때 권리가 발생하지만 저작권은 그 등록 여부와는 상관없이 해당 저작물이 창작될 때 발생한다. 물론 저작권법에도 저작권 등록에 관한 규정을 두고는 있다. 그러나 이러한 저작권 등록은 그 등록으로 저작권을 발생시키는 효력이 있는 것이 아니라, 저작권 발생에 관한 확인적인 의미만을 가질 뿐이다. 그렇다고 해서 저작권 등록이 아무 의미가 없는 것은 아니다. 저작권법은 저작권 등록자에게 해당 저작물의 저작자로 추정하는 효력을 부여하고 있고, 저작권 침해에 따른 손해배상청구를 할 때는 법정손해배상을 청구할 수 있는 근거를 마련해 주는 역할을 하기도 한다.

2 저작권의 종류와 침해 주장 시 유의점

저작권은 크게 저작재산권과 저작인격권으로 구성되어 있다. 그리고 저작재산권에는 '복제권, 공연권, 공중송신권, 배포권, 전시권, 대여권, 2차적저작물작성권'이 있고, 저작인격권에는 '공표권, 성명표시권, 동일성유지권'이 있다. 이처럼 저작권은 총 10가지의 권리로 구성된 권리의 다발인 셈이다.

저작권은 학문적인 개념이기 때문에 소송 등에서 저작권 침해를 주장할 때에는 저작재산권 가운데 어떤 권리가 침해되었고, 저작인격권 가운데 어떤 권리가 침해되었는지를 명확하게 특정해야 한다. 즉, "……를 무단으로 사용함으로써, ……의 저작권을 침해하였습니다"라고 주장하는 것은 적절하지 않고, "……를 무단으로 사용함으로써, 저작재산권 가운데 OO권, OO권을, 저작인격권 가운데 OO권, OO권을 각각 침해하였습니다"라고 주장해야 한다.

특히 저작권 침해에 따른 손해배상청구 소송에서는 각 권리별로 그 침해에 따른 손해배상액을 청구하는 것이 원칙이기 때문에 더더욱 침해된 권리를 특정하는 것이 중요하다. 만약 이러한 손해배상청구 소송에서 단순히 저작권 침해만을 주장하게 되면 대개는 법원으로부터 침해된 권리의 특정을 요구받게 된다.

일반인들의 경우에는 대부분 저작권법에 대해 잘 모르기 때문에 저작재산권 침해에 따른 손해배상만을 청구하는 경우가 많다. 그러나 저작재산권 침해 문제가 발생했다면 대개는 저작인격권도 침해되었을 가능성이 높기 때문에 그에 따른 손해배상 청구도 함께 하는 것을 잊지 않도록 해야 한다.

3 저작재산권의 양도

저작재산권과 저작인격권 가운데 양도가 가능한 것은 재산권에 해당하는 저작재산권에 한한다. 저작인격권은 말 그대로 인격권이기 때문에 제3자에게 양도할 수 없다. 이런 이유에서 저작권법에서도 저작권의 양도가 아닌 저작재산권의 양도라고 규정하고 있다.

그래서 저작물을 창작한 저작자는 생존하고 있는 동안에는 언제나 저작권자가 된다. 저작권은 저작물의 창작과 동시에 발생하므로 저작자는 저작물을 창작할 때 그 저작물에 관한 저작재산권과 저작인격권 모두를 가지게 된다. 저작자가 그 저작권을 제3자에게 양도하더라도 양도가 되는 것은 저작재산권에 국한되기 때문에 저작인격권은 여전히 저작자에게 남아 있게 되고, 저작인격권은 저작권의 한 종류이기 때문에 저작자는 언제나 저작권자가 되는 것이다. 심지어 저작자가 저작인격권을 제3자에게 양도한다는 의사표시를 하더라도 이러한 약정은 무효가 된다.

저작재산권 양도와 관련하여 또 하나 주의할 것이 있다. 저작재산권 전부를 양도할 때 2차적저작물작성권을 양도한다는 것을 당사자가 특별히 약정하지 않으면 2차적저작물작성권은 양도되지 않는 것으로 추정된다(저작권법 제45조 제2항). 따라서 저작재산권을 양도 받는 입장에서는 2차적저작물작성권도 함께 양수한다는 점을 콕 찍어서 서면에 남겨둘 필요가 있다. '양도인은 위 저작물에 대한 저작재산권 전부와 2차적저작물작성권 모두를 양수인에게 양도한다' 라고 명확하게 써두어야만 2차적저작물작성권을 포함한 저작재산권 전부를 양수받게 되는 것이다.

반대로 저작재산권 양도인의 입장에서는 구체적인 언급 없이 저작재산권을 양도했거나 서면 상에 '양도인은 위 저작물에 대한 저작재산권 전부를 양수인에게 양도한다' 라고만 기재했다면 저작재산권 가운데 2차적저작물작성권은 자신에게 여전히 남아 있는 것으로 추정 받게 된다. 그러나 이는 어디까지나 추정에 불과하기 때문에 양수인이 2차적저작물작성권을 포함한 저작재산권 전부를 양수하였다는 점을 정황 증거 등을 통해 입증한다면 그 추정은 깨지게 되고, 그렇게 되면 결국 양수인이 2차적저작물작성권을 포함한 저작재산권 전부를 양수하였음이 인정된다.

소설 A를 저술한 갑은 출판사를 운영하고 있다. 어느 날 을이 찾아와서, 갑이 저작권을 가지고 있는 소설 A의 저작권을 양도할 것을 갑에게 제안했다. 갑은 어차피 잘 팔리지도 않는 소설책이어서 흔쾌히 그 제안을 받아들였다. 을은 그 날 바로 대금을 지급하고 갑으로부터 소설 A의 저작권을 양수했다. 저작권 양도 계약은 구두로 이루어졌고 2차적저작물작성권 양도에 관한 어떠한 언급도 없었다.

이런 경우에는 원칙적으로 갑이 소설 A에 대해 가지는 2차적저작물작성권은 양도되지 않은 것으로 추정되기 때문에 소설 A에 대한 2차적저작물작성권은 여전히 갑이 보유하고 있는 것으로 추정된다. 그러나 B가 저작권 양도 계약을 체결할 때, 영화를 만들기 위해 소설 A의 저작권을 양수받는 것이라고 말하면서 갑에게 영화 제작사 대표 명함을 건넸다면 얘기는 달라진다. 비록 갑과 을이 저작권 양도 계약을 구두로 체결했고, 명시적으로 소설 A에 관한 2차적저작물작성권을 양도 및 양수한다는 언급을 하지는 않았더라도, 갑의 입장에서는 을이 소설 A를 영화화할 것이라는 점을 충분히 알 수 있었다고 볼 수 있기 때문이다.

그렇다면 결국 갑은 묵시적으로 소설 A에 대해 자신이 갖고 있던 2차적저작물작성권까지 을에게 양도한 것으로 봐야 한다. 따라서 갑이 만약에 소설 A에 관해 가지는 2차적저작물작성권은 양도되지 않은 것으로 추정된다고 주장한다면, 을은 위와 같은 사정을 들어 그러한 추정을 깰 수 있을 것이다.

(1) 일반적인 저작물의 경우

저작물은 영구히 보호되는 것이 아니라, 저작재산권의 보호 기간 동안만 보호가 되고, 그 이후에는 누구나 그 저작물을 자유롭게 이용할 수 있도록 공중의 영역(Public Domain)에 놓이게 된다.

현행 저작권법상 일반 저작물의 저작재산권은 저작자가 생존하고 있는 동안에는 계속 존속하고, 저작자가 사망한 이후에도 추가적으로 70년간 더 존속한다. 이와는 달리 업무상저작물과 영상저작물의 저작재산권은 공표한 때부터 70년간 존속한다. 여기서 일반 저작물의 저작재산권의 보호 기간과 관련된 70년의 기산일은 저작자가 사망한 다음 해의 1월 1일이고, 업무상저작물과 영상저작물의 그것은 공표한 다음 해의 1월 1일이다.

따라서 일반 저작물이 그 저작재산권 보호 기간이 지났는지 여부를 확인하기 위해서는 그 저작물과 관련된 몇 가지 정보가 필요하다. 간단하게는 해당 저작물의 저작자가 누구인지, 그 저작자가 언제 사망하였는지, 그리고 저작재산권 보호 기간의 연혁은 어떻게 되는지에 관한 것이다. 이를 통해 현재 시점에서 해당 저작물의 보호 기간이 지났는지 여부를 확인할 수 있다.

여기서 저작자와 그 저작자의 사망일은 사실적인 정보에 해당하지만 저작재산권 보호 기간의 연혁은 법령에 해당하는 것이고 다소 복잡한 면이 있기 때문에 이에 대해 간단히 살펴보기로 하자.

1957년 제정 저작권법에서는 일반 저작물의 저작재산권은 저작자가 생존하고 있는 동안 존속하고, 저작자가 사망한 후에도 30년간 존속하도록 규정하고 있었다.

1987년 저작권법에서는 일반 저작물의 저작재산권을 저작자 생존 기간 동안 그리고 사후 50년간 존속하도록 개정하면서 그 보호 기간을 연장했다. 다만, 부칙에서는 1987년 저작권법이 시행되던 1987. 7. 1. 이전에 1957년 저작권법에 따른 저작재산권 보호 기간이 이미 지난 저작물은 더 이상 보호되지 않는 것으로 정했고, 이와 함께 1987년 저작권법 시행 전에 공표된 '연주·가창·연출·음반 또는 녹음필름'(1957년 당시 저작권으로 보호되었음)과 사진 및 영화는 계속해서 1957년 저작권법의 적용을 받도록 정했다.

2011년 저작권법에서는 일반 저작물의 저작재산권을 저작자 생존 기간 동안 그리고 사후 70년간 존속하도록 개정하면서 그 보호 기간을 연장했고, 이 경우에도 부칙에서는 2011년 저작권법이 시행되던 2013. 7. 1. 이전에 1987년 저작권법에 따른 저작재산권 보호 기간이 이미 지난 저작물은 더 이상 보호되지 않는 것으로 정했다.

예를 들어 A저작물[4]을 저작한 저작자 갑은 1956년에, B 저작물을 저작한 저작자 을은 1957년에, C 저작물을 저작한 병은 1962년에, D 저작물을 저작한 정은 1963년에 각각 사망했다고 하자.

갑은 1956년에 사망했으므로 A 저작물의 저작재산권은 1957년 저작권법에 따라 사후 30년간 존속하게 된다. 때문에 A 저작물은 갑이 사망한 다음 해 1월 1일부터 30년이 되는 1986년 12월 31일에 그 저작재산권 보호 기간이 만료되었고, 그 만료 시점은 1987년 저작권법이 시행된 1987년 7월 1일 이전이다. 이런 경우는 부칙에 의해 1987년 저작권법에 의한 저작재산권 보호 기간 연장 대상에 해당하지 않게 되어 공중의 영역에 놓이게 된다. 따라서 현재 시점에서는 누구나 A 저작물을 자유롭게 이용할 수 있다.

1957년에 사망한 을의 경우에는 1957년 저작권법에 따라 B 저작물의 저작재산권은 사후 30년간 존속한다. 그러나 사후 30년이 되는 1987년 12월 31일 이전에 1987년 저작권법이 시행되었으므로, 부칙에 따라 B 저작물은 1987년 저작권법에 따라 그 보호 기간이 사후 50년으로 연장되어, 결국 B 저작

---

4) 1987년 저작권법의 부칙 제2조에서 1987년 저작권법 시행 전에 공표된 연주·가창·연출·음반 또는 녹음필름과 사진 및 영화에 대해서는 1957년 저작권법을 계속 적용하도록 한 점을 감안하여, 여기서 예를 드는 저작물은 연주·가창·연출·음반 또는 녹음필름과 사진 및 영화가 아닌 그 외의 저작물로 상정한다.

물의 저작재산권의 보호 기간은 2007년 12월 31일까지가 된다. 그러나 현재 시점에서 볼 때 그 보호 기간은 이미 만료가 된 상태이므로, B 저작물 또한 누구나 이를 자유롭게 이용할 수 있다.

1962년에 사망한 병의 경우, C저작물의 저작재산권은 1957년 저작권법에 따라 사후 30년간 존속하지만, 사후 30년이 되는 1987년 12월 31일 이전에 1987년 저작권법이 시행되었으므로 1987년 저작권법에 따라 그 보호 기간이 사후 50년으로 연장되어 C 저작물의 저작재산권 보호 기간은 2012년 12월 31일까지가 된다. 2011년 저작권법 개정으로 일반 저작재산권 보호 기간이 70년으로 연장되었지만, C 저작물의 저작재산권은 그 시행일인 2013년 7월 1일 이전에 그 보호 기간이 만료되었다. 이런 경우는 부칙에 따라 2011년 저작권법에 의한 저작재산권 보호 기간 연장 대상에 해당하지 않게 되어 C 저작물은 저작재산권 보호 기간이 경과되어 공중의 영역에 놓이게 된다. 따라서 현재 시점에서는 누구나 C 저작물을 자유롭게 이용할 수 있다.

1963년에 사망한 정의 경우에는 1957년 저작권법에 따라 D 저작물의 저작재산권은 사후 30년간 존속하지만, 사후 30년이 되는 1987년 12월 31일 이전에 1987년 저작권법이 시행되었으므로, 1987년 저작권법에 따라 그 보호 기간이 사후 50년으로 연장되어 2013년 12월 31일까지가 된다. 그리고 다시 2011년 저작권법 개정으로 일반 저작재산권 보호 기간이 70

년으로 연장되었고, 그 시행일이 2013년 7월 1일이기 때문에 부칙에 따라 D 저작물의 저작재산권 보호 기간은 2033년 12월 31일까지가 된다. 따라서 D 저작물은 현재까지도 그 보호 기간 중에 있으므로, 저작권자의 허락 없이는 무단으로 D 저작물을 이용할 수 없다.

(2) 업무상저작물 및 영상저작물의 경우

업무상저작물과 영상저작물의 저작재산권 보호 기간은 일반 저작물과는 달리 저작자를 기준으로 하는 것이 아니라, 해당 저작물의 공표 시기를 기준으로 한다. 즉, 현행 저작권상 업무상저작물 또는 영상저작물의 저작재산권은 그것이 공표된 다음 해의 1월 1일부터 70년간 존속한다.

이 점을 제외하면 업무상저작물과 영상저작물의 저작재산권 보호 기간 산정 방식은 앞서 본 일반 저작물의 그것과 다를 것이 없다.

업무상저작물과 영상저작물의 경우에는 법인 또는 단체가 저작권을 가지고 있는 경우가 많은데, 해당 법인 또는 단체가 해산되어 그 권리가 〈민법〉과 그 밖의 법률 규정에 따라 국가에 귀속되는 경우에는 저작재산권이 소멸하게 된다(저작권법 제49조). 따라서 업무상저작물과 영상저작물의 경우에는 그 저작재산권 보호 기간이 경과되지 않더라도 이를 자유롭게 이용할 수 있는 경우가 있다는 점도 기억해 둘 필요가 있다.

(3) 외국인 저작물의 경우

외국인 저작물의 저작재산권 보호 기간은 그 연혁이 국내 저작물보다 더 복잡하다. 이 책에서는 간단하게만 소개하도록 하겠다.

1957년 제정 저작권법은 외국인의 저작물에 대하여 조약에 규정이 없는 경우에는 국내에서 처음으로 그 저작물을 발행한 외국인에 한하여 보호하도록 규정하고 있었다. 그러나 당시에 우리나라는 외국인의 저작물 보호에 관한 어떠한 조약에도 가입한 적이 없었기 때문에 외국인의 저작물은 국내에서 최초로 발행된 것에 한하여 보호되었다.

그 후 우리나라가 가입 또는 체결한 조약에 따라 외국인 저작물을 보호하도록 한 1987년 저작권법 시행과 함께 우리나라는 세계저작권협약 등에 가입하였고, 이에 따라 외국인 저작물이 보호를 받을 수 있게 되었다. 그러나 그 개정법이 시행되던 1987년 7월 1일 이후 창작된 외국인 저작물만 보호 대상이 되었다. 즉, 1987년 7월 1일 이전에 창작된 외국인 저작물은 여전히 보호 대상이 아니었다.

그러다가 1996년 저작권법은 Trips 협정 체결에 따라 베른협약을 받아들이면서 1987년 7월 1일 이전에 창작된 외국인 저작물도 소급해서 보호 받게 되었다.

이에 따라 현행 저작권법은 우리나라가 가입 또는 체결한 조약과 상호주의에 따라 외국인 저작물을 보호하고 있다. 우리나라에서 외국인 저작물은 외국인 저작물과 관련된 국가의 저작권법상의 저작재산권 보호 기간과는 무관하게 우리 저작권법의 저작재산권 보호 기간 동안만 보호된다.

따라서 앞서 본 국내 저작물의 저작재산권 보호 기간 산정 방식과 동일한 방식으로 외국인 저작물의 저작재산권 보호 기간을 산정하면 된다.

⌂ 14 저작(권)자

1 창작자 원칙

저작물을 창작한 사람을 '저작자'라고 하고(저작권법 제2조 제2
호), 저작권은 저작물을 창작한 때부터 발생한다(저작권법 제10
조 제2항). 따라서 저작자는 저작물을 창작한 바로 그 순간에
저작권을 가지게 되고, 그 저작물의 저작권자가 된다. 이를
'창작자 원칙'이라고 한다. 창작자 원칙은 저작권법을 관통
하는 가장 중요한 원칙이다. 그리고 저작권 가운데 저작재
산권은 양도가 가능하기 때문에 저작재산권을 양도받은 사
람 역시 저작권자가 될 수 있다.

2 저작자와 저작권자의 개념과 그 구별

이와 같이 저작자와 저작권자의 개념에는 약간 차이가 있
다. 저작자는 저작물을 창작한 사람만을 가리키기 때문에
저작권을 양도받은 사람은 저작권자인 것이지 저작자는 아
니다. 그러나 저작자는 언제나 저작자인 동시에 저작권자가
된다. 왜냐하면 저작자는 저작물을 창작하는 순간 저작권을

가지게 되고, 저작권을 제3자에게 양도하더라도 저작인격권
은 여전히 저작자에게 남아 있기 때문에 그런 의미에서 저작
자는 항상 저작권자가 되는 것이다.

3 작품 소장자와의 구별

작품 소장자는 저작(권)자와는 전혀 다른 개념이다. 작품 소
장자는 원칙적으로 해당 작품의 소유권만을 가지기 때문에
저작권과 관련된 어떠한 권리도 없다. 따라서 해당 작품을
임의로 복제하는 등의 행위를 하면 해당 작품 저작권자의
저작권을 침해하는 것이 된다. 다만, 미술저작물 등의 경우
에는 작품 소장자가 그 저작권자의 동의 없이도 전시할 수
있다. 그렇지만 가로·공원·건축물의 외벽 그 밖에 공중에게
개방된 장소에 늘 전시하는 경우에는 해당 미술저작물 저작
권자의 동의를 받아야만 한다(저작권법 제35조 제1항).

4 업무상저작물의 저작자

저작물을 창작한 저작자가 저작권을 가진다는 창작자 원칙
은 저작권법을 관통하는 대원칙이다. 그런데 창작자 원칙의
유일한 예외가 바로 업무상저작물의 저작자이다. 업무상저
작물의 저작자에 관한 법리는, 일정한 요건을 갖춘 경우에
는 법인 등을 저작자(창작자)로 본다는 것이다. 단순한 저작
권자가 아닌 저작자로 인정하는 것이다. 따라서 법인 등이
저작재산권뿐만 아니라 저작인격권도 가지게 된다.

업무상저작물의 저작자가 되기 위해서는 ① 관련된 저작물이 업무상저작물이어야 한다는 것, ② 그것이 업무상저작물임을 전제로 하여 법인 등의 명의로 공표될 것, ③ 법인 등과 실제 창작한 자 사이에 저작자에 관한 별도의 다른 정함이 없어야 한다는 것을 충족해야 한다.

먼저 업무상저작물에 관해서 살펴보면, 업무상저작물이란 '법인·단체, 그 밖의 사용자의 기획 하에 법인 등의 업무에 종사하는 자가 업무상 작성하는 저작물을 말한다'(저작권법 제2조 제31호). 업무상저작물은 통상적으로는 고용 관계에 있는 상태에서 그 피고용자가 업무를 보는 과정에서 창작하는 저작물을 의미하는 것이지만, 반드시 그런 것도 아니다. 비록 고용 관계는 아니더라도 법인 등이 실질적으로 지휘·감독하는 관계에서 그 지휘·감독을 받는 자가 만드는 저작물이라면 이 또한 업무상저작물이 될 수 있다.

그러나 이런 경우에는 업무상저작물보다는 공동저작물로 인정될 가능성이 더 높다. 왜냐하면 법인 등이 저작물의 창작을 외주업체에 외주를 주고 그 법인 등이 실제 그 저작물의 창작에 일부 기여를 하는 경우가 있을 수 있는데, 이러한 경우라도 기본적으로는 창작자 원칙에 따라 해당 저작물의 창작에 기여한 자는 저작자가 되는 것이므로 그 저작물은 외주를 준 법인 등과 외주업체의 공동저작물이 되어 법인 등은 공동저작자 가운데 하나가 될 여지가 훨씬 더 높기 때문이다.

한편, 어떤 저작물이 업무상저작물이라고 하더라도 법인 등이 항상 업무상저작물의 저작자가 되는 것은 아니다. 법인 등이 업무상저작물의 저작자가 되기 위해서는 앞서 본 바와 같이 그 업무상저작물이 법인 등의 명의로 공표되는 것이어야 하고, 법인 등과 실제 창작한 자 사이에 그 저작물의 저작자를 실제 창작한 자로 한다는 등의 별도의 다른 정함이 없어야만 하기 때문이다.

개정 전의 저작권법에는 법인 등의 명의로 '공표된'이라고 규정되어 있었다. 그래서 법인 등의 명의로 '공표된' 업무상저작물에 대해서는 법인 등이 업무상저작물의 저작자가 되는 것이 분명했지만, 업무상저작물이라 해도 법인 등의 명의로 공표되지 않고 남아 있는 업무상저작물은 창작자 원칙에 따라 실제 창작자가 저작자가 되는 것인지 아니면 이런 경우에도 여전히 법인 등이 업무상저작물 저작자가 되는 것인지 여부에 관해 다툼이 있었다.

그러나 그 후 저작권법은 위 '공표된'을 '공표되는'으로 개정하면서 법인 등의 명의로 공표될 예정에 있는 모든 업무상저작물에 대해서까지 그 저작자를 법인 등이 될 수 있도록 하였다. 따라서 비록 법인 등의 명의로 공표되지 않고 남아 있는 업무상저작물이라고 하더라도 그것이 애초에 법인 등의 명의로 공표될 예정에 있었던 것이라면 이제는 그 모두가 그 법인 등이 그것의 저작자가 되는 것이다.

현실적으로는 업무상저작물의 저작자에 관해서 법인 등이 별도의 정함을 하는 경우는 거의 없기 때문에 법인 등이 업무상저작물의 저작자가 되기 위한 요건으로서 '별도의 정함이 없을 것'이라는 요건이 문제되는 경우도 거의 없다. 그러나 필자가 맡았던 저작권 소송 가운데 이러한 것이 문제된 경우가 있었다.

캐릭터에 관한 저작권 침해 사건이었는데, 그 캐릭터는 업무상저작물이었고 해당 법인의 명의로 공표되었기 때문에 누가 봐도 그 캐릭터의 저작자는 그 법인이라는 것이 분명했다. 그런데 그 캐릭터를 실제로 창작한 해당 법인의 직원이 캐릭터의 저작권은 자신에게 있고 소송의 상대방이 자신이 저작권을 가지고 있는 캐릭터의 저작권을 침해했다는 이유로 침해금지가처분 신청을 한 것이다. 그 사건에서 법원은 그 캐릭터는 업무상저작물이고 해당 법인의 명의로 공표되었기 때문에 해당 법인이 그 캐릭터의 저작자이자 저작권자가 된다는 이유로, 신청인의 가처분 신청을 기각하였다.

필자의 입장에서는 사실 당연한 결과였다. 그런데 해당 사건에 관한 본안소송(원고의 청구 또는 상소인의 불복주장에 대한 판단을 하는 판결)을 하는 동안 해당 법인의 사실확인서가 증거로 제출되었다. 해당 법인과 실제 창작한 직원 사이에 그 캐릭터를 창작한 직원을 저작자로 하는 별도의 정함이 있었다는 취지의 내용이었다. 요즘 흔히 하는 말로 멘붕이었다. 정말 흔치 않은 실제 사례를 경험하는 순간이었던 것이다.

저작권 침해

1 저작권 침해의 요건

일반적으로 저작권 침해가 인정되기 위해서는

① 저작권 침해를 주장하는 사람의 저작물이 저작권법에 의해 보호받을만한 창작성이 있어야 하고,

② 상대방이 그 저작물에 의거하여 이용하여야 하며,

③ 저작권 침해를 주장하는 사람의 저작물과 그 상대방의 저작물 사이에 실질적 유사성이 있어야 한다.

위 세 가지 요건 가운데 ①은 이미 저작물에 관한 부분에서 충분히 설명했기 때문에 여기서는 ②와 ③에 관해서만 살펴보겠다. 흔히 ②를 의거성이라고 하고, ③을 실질적 유사성이라고 한다. 그런데 사실은 ①의 저작물성에 관한 것은 독자적으로 판단되기 보다는 ③의 실질적 유사성을 판단할 때 동원되는 법리라고 보는 것이 맞을 것이다.

왜냐하면 저작권 침해를 주장하는 사람(이하 '저작권 침해 주장자'라고 함)의 저작물 전체가 저작물성이 없는 경우는 흔하지 않

고, 그의 저작물의 일부와 상대방(이하 '상대방' 또는 '저작권 침해 방어자'라고 함) 저작물의 일부가 실질적으로 비슷하다고 주장하는 경우가 대부분이기 때문이다.

그러다보니 결국 실질적 유사성을 판단할 때는 저작권 침해 주장자의 저작물 가운데 침해 주장 부분(이하 '침해 주장 부분'이라고 함)이 저작물성이 있는지 여부를 가려서 저작물성이 있는 경우에만 비교 대상으로 삼고, 저작물성이 없는 경우에는 애초에 비교 대상에서 제외시키게 된다.

이와 같이 저작물성에 관한 판단은 실질적 유사성을 판단할 때 함께 이루어지는 경우가 대부분이기 때문에 저작권 침해 여부의 판단은 결국 의거성과 실질적 유사성 여부를 판단하는 것이라고 해도 틀린 말은 아니다.

저작권이 침해되었다고 하기 위해서는 의거성과 실질적 유사성이라는 두 가지 요건을 동시에 만족해야 한다. 따라서 의거성이 없다면 양 저작물이 아무리 실질적으로 비슷하다 해도 저작권 침해가 아닌 것이고, 의거성이 인정된다 해도 양 저작물이 실질적으로 비슷하지 않다면 이 또한 저작권 침해에는 해당하지 않게 된다.

2

의거성(남의 것을 보고 하는 것)

의거성이란 쉽게 말하면 남의 저작물을 '보고 하는 것'을 의미한다. 저작권 침해 사건에서 이러한 의거성은 저작권 침해 주장자가 주장·입증해야 하는 부분이다. 그런데 아무리 저작권 침해 주장자라 해도 자신의 저작물을 상대방이 언제 어디서 어떻게 보고 했는지는 정확히 알 도리가 없다. 그래서 법원에서는 여러 가지 법리를 통해 의거성을 추정하고 있다.

저작권 침해 주장자의 저작물이 상대방의 저작물보다 먼저 공표된 경우에는 상대방이 저작권 침해 주장자의 저작물에 접근해서 그 저작물을 보았을 가능성 즉, 접근 가능성이 있다. 그래서 이러한 경우 법원은 의거성이 있다고 추정하고 있다.

그런데 상대방이 저작물을 창작할 당시 저작권 침해 주장자의 저작물이 공표된 적이 없다면 위와 같은 접근 가능성에 관한 법리로는 의거성을 추정할 수가 없게 된다. 그래서 이런 경우에는 다른 법리로 의거성을 추정하게 된다. 양 저작물을 비교해서 상대방의 저작물이 저작권 침해 주장자의 저작물과 뚜렷하게 비슷하다면 이는 상대방이 저작권 침해 주장자의 저작물을 보았을 가능성이 상당히 높다고 보아, 이러한 경우에도 법원은 의거성이 있다고 추정하는 것이다.

이러한 접근 가능성과 현저한 유사성 법리에 따라 의거성 여부를 추정한 결과, 의거성이 없다는 판단이 내려져서 저작권 침해가 인정되지 않은 사건이 있었다. 바로 드라마 〈선덕여왕〉 사건이다.

뮤지컬 〈무궁화의 여왕 선덕〉 측에서는 mbc 드라마 〈선덕여왕〉이 〈무궁화의 여왕 선덕〉을 표절했다는 이유로 저작권 침해를 주장했다.

대법원은 위 뮤지컬은 공연이 된 적이 없었기 때문에 mbc 측에서 그 뮤지컬에 접근할 가능성이 없었다는 점과, 양 저작물을 비교해 보더라도 현저하게 비슷한 것은 아니라는 점을 들어, 드라마 〈선덕여왕〉이 뮤지컬 〈무궁화의 여왕 선덕〉에 의거해서 만들어진 것이라고 볼 수는 없다고 의거성을 부정하였다. 결국 이 사건은 의거성이 없었기 때문에 실질적 유사성 여부를 따져볼 필요도 없이 저작권 침해가 아니게 된 것이다.

접근 가능성과 현저한 유사성 말고도 의거성이 추정되는 경우는 양 저작물에 '공통의 오류'가 있는 경우이다. 즉, 저작권 침해 주장자의 저작물에 있는 오류와 동일한 오류가 상대방의 저작물에 있는 경우에도 의거성이 있다고 추정된다.

3 실질적 유사성

의거성이 인정된다고 해서 곧바로 저작권 침해가 되는 것은 아니다. 의거성은 다른 사람의 저작물을 보고 저작물을 만들었다는 것에 불과한 것이지, 반드시 그 저작물과 실질적으로 비슷하다는 것을 의미하는 것은 아니기 때문이다. 남의 것을 참고해서 전혀 다른 저작물을 만들 수도 있는 것이다. 따라서 저작권 침해가 되기 위해서는 남의 저작물을 보고 했다는 것만으로는 부족하고 남의 저작물과 실질적으로 비슷하게 만들어야만 하는 것이다.

앞에서 실질적 유사성 여부를 판단할 때, 저작물성 여부도 함께 판단하는 것이 대부분이라고 언급했었다. 이는 실질적 유사성 판단 방법과도 그 맥을 같이 한다. 저작권 침해 방어자의 입장에서는 양 저작물이 실질적으로 비슷하지 않다고 반박해야 한다. 그러나 누가 봐도 양 저작물이 뚜렷하게 비슷한 경우에는 먼저 저작권 침해 주장자의 침해 관련 부분이 애초에 저작물성이 없다고 반박하는 것이 가장 유효한 방어 전략이 될 것이다. 따라서 저작권 침해 방어자는 저작권 침해 주장자의 침해 관련 부분이 앞서 살펴본 저작물의 개념에 해당하는 표현이 아니라거나 창작성이 없다는 점을 주장하고 입증해야 할 것이다.

이러한 저작권 침해 방어자의 반박에 타당성이 있다면, 결국 저작권 침해 주장자의 침해 관련 부분에서 저작물성이 없는 부분은 실질적 유사성 판단의 대상에서 제외된다. 이와 같이 실질적 유사성을 판단할 때는 저작권 침해 주장자의 침해 관련 부분 모두가 비교 대상이 되는 것이 아니라, 그 가운데 저작물성이 인정되지 않는 부분을 제외한 나머지 부분만을 가지고 저작권 침해 방어자의 해당 부분과 비교하게 되는 것이다.

A 저작물을 창작한 저작자 갑은 을이 A 저작물 내용 가운데 a1, a2, a3, a4, a5를 표절하여 B 저작물 가운데 b1, b2, b3, b4, b5을 만들었다는 이유로 저작권 침해를 주장했다. 이러한 갑의 주장에 대해 을은 a1은 아이디어에 해당하는 것이고, a2는 종래에 이미 존재하던 표현이며, a3는 통상적인 표현에 해당하므로 저작물이 아니라고 반박하였다.

만약 이러한 을의 반박이 타당하다면, 결국 이 사안에서는 a4, a5와 b4, b5에 대해서만 실질적 유사성을 판단하게 되는 것이다. 그렇게 되면 을은 b4, b5와 a4, a5를 비교해서 그것들이 실질적으로 비슷하지 않다는 점에 대해서만 반박하면 되는 것이다.

4 이용 허락과 저작권 침해

저작권자로부터 저작물 이용에 관한 허락을 받아서 저작물을 이용한다면 원칙적으로는 문제될 것이 없겠지만, 그럴 때에도 저작권 침해가 논란이 되는 경우가 있다. 이용 허락의 범위를 넘어서서 이용하는 경우가 그러하다. 단순한 계약 위반인지 아니면 저작권 침해인지가 문제된다.

예를 들어 그림 저작권자 갑이 자신의 그림을 출판물 제작자 을에게 총 5회 사용하도록 허락했는데, 을은 갑의 그림을 총 6회 사용하여 출판하였다면, 이것은 단순한 계약 위반일까 아니면 갑의 복제권 및 배포권을 침해한 것일까?

을이 사용횟수를 초과하여 사용하긴 했지만, 갑으로부터 그림의 복제·배포에 대해 허락을 받았고 또한 그 이용 허락 기간 중에 있으므로, 이러한 사용횟수 위반행위에 대하여 을은 단순한 계약 위반이라고 주장할 수 있다. 반면, 갑은 이러한 을의 행위는 계약 위반은 물론이고 그 이용 범위를 초과한 복제 및 배포에 대해서는 을에게 허락한 바가 없으므로 저작권 침해에 해당한다고 주장할 수 있다.

이와 관련된 판례나 문언 등이 없어 위와 같은 경우에 과연 저작권 침해에 해당하는지 여부는 명확하지 않다. 다만, 이용 허락의 범위를 초과한 이용이 저작권 침해인지 여부는 구체적 상황에 따라 판단하되, 이용 허락기간 후의 이용 또는 최소한 저작재산권의 유형별 관점에서 이용 허락 되지 않은 유형의 저작물 이용이 있는 경우(예컨대, 저작물을 오프라인 상에서 복제·배포하는 것만을 허락했는데, 이를 인터넷 등 온라인 사용에서 해당 저작물을 전송하는 경우)는 저작권 침해라고 봄이 상당할 것이다.

한편, 이용 허락의 범위를 넘어 선 이용이 저작권법 위반에 해당한다는 사건이 있었다. 이 사건은 이미지 판매회사로부터 해당 이미지를 구입한 회사가 이미지 판매회사의 약관 등에 의해 해당 이미지를 1회에 한해서만 이용할 수 있음에도, 이를 초과하여 이용한 사안이었는데, 이 사건에서 법원은 이를 저작권법 위반이라고 판시한 적이 있다(울산지방법원 2012. 12. 28. 2010노170 판결).

이처럼 이용 허락을 넘어선 이용이 단순한 계약 위반인지 아니면 저작권 침해에도 해당하는지 여부에 관해서는 명확한 기준이 없을 뿐만 아니라, 법원은 위 판례에서처럼 계약 위반으로 볼 여지도 있는 사안에서 저작권 침해를 인정했기 때문에, 저작물 이용자의 입장에서는 단순히 이용 허락을 받았다는 이유로 해당 저작물을 임의로 이용해서는 안 되고, 이용 허락을 넘어 선 이용의 경우에는 반드시 사전에 저작권자나 이용 허락권자의 동의를 받는 것이 무엇보다도 중요할 것으로 생각된다.

16

공정이용

앞에서 본 것처럼 의거성과 실질적 유사성이 둘 다 존재하게 되면 원칙적으로는 저작권 침해가 된다. 그래서 이런 경우에 저작권 침해 방어자는 손해배상액이 과다하다는 것 말고는 별다르게 다툴 것이 없다. 그러나 이러한 상황이라도 저작권 침해가 아니라고 주장할 여지는 아직 남아 있다. 바로 '공정 이용' 또는 '저작재산권 제한' (이하 '공정이용'이라고 함)에 관한 주장이다.

저작권법은 비록 겉으로는 타인의 저작권을 침해한 것으로 보이지만, 일정한 경우 저작권자의 저작재산권을 제한함으로써 해당 저작물을 이용할 수 있도록 하는 공정이용에 관한 규정을 두고 있다. 저작권법으로 보호되는 저작물을 제한적으로 이용할 수 있도록 허용하는 개념이다.

공정이용에 관한 규정은 '공표된 저작물의 인용' 등 개별적·구체적 규정 16가지와 '저작물의 공정한 이용'이라는 일반적·보충적 규정으로 구성되어 있다(저작권법 제23조~제35조의 3). 저작권법상 공정이용에 관한 규정은 다음과 같다.

- 재판 절차 등에서의 복제(제23조)
- 정치적 연설 등의 이용(제24조)
- 공공저작물의 자유 이용(제24조의2)
- 학교 교육 목적 등에의 이용(제25조)
- 시사 보도를 위한 이용(제26조)
- 시사적인 기사 및 논설의 복제 등(제27조)
- 공표된 저작물의 인용(제28조)
- 영리를 목적으로 하지 아니하는 공연·방송(제29조)
- 사적 이용을 위한 복제(제30조)
- 도서관 등에서의 복제 등(제31조)
- 시험 문제로서의 복제(제32조)
- 시각장애인 등을 위한 복제 등(제33조)
- 청각장애인 등을 위한 복제 등(제33조의2)
- 방송사업자의 일시적 녹음·녹화(제34조)
- 미술저작물 등의 전시 또는 복제(제35조)
- 저작물 이용 과정에서의 일시적 복제(제35조의2)
- 저작물의 공정한 이용(제35조의3)

그러나 현실적으로 저작권 소송 실무에서 법원이 공정이용을 인정하여 저작권 침해가 아니라고 판단한 경우는 극히 드물다. 물론 어떤 공정이용 규정을 주장하느냐에 따라 달라지긴 하겠지만 대체로 법원이 공정이용을 인정한 경우는 그 예를 찾기가 어렵다.

따라서 누가 봐도 공정이용에 해당하지 않는다고 판단되거나 처음부터 공정이용이라는 의도 하에서 이루어진 경우가 아니라면 굳이 이를 주장할 필요는 없을 것이다. 그러기보다는 오히려 손해배상액의 과다를 다투는 일에 힘을 쏟는 것이 보다 효율적인 방어 전략이 될 것이다.

다만, 저작권법에 공정이용에 관한 규정이 존재한다는 것을 알고 있는 것과 그렇지 못한 것 사이에는 저작권을 대하는 자세에서 벌써 차이가 나는 것이다. 그러므로 어떤 유형의 공정이용 규정이 존재하는지, 자신의 저작물 창작 행위와 관련지을 수 있는 공정이용 규정은 어떤 것이 있는지를 확인하는 것은 분명히 의미 있는 일이라 할 것이다.

. . . .

지금까지 저작권에 관한 전체적인 개요를 살펴보았다. 물론 개략적으로만 살펴본 것이어서 저작권에 관한 모든 것이 담겨 있다고 할 수는 없다. 그러나 일반적인 저작권 침해 사건에서 발생할 수 있는 이슈들은 모두 이러한 틀 안에서 움직이고 있다고 해도 과언은 아니다.

따라서 이하에서는 이러한 저작권에 관한 전체적인 개요를 기초로 출판과 관련된 저작권에 관한 심도 있는 논의를 본격적으로 전개해 나가도록 하겠다.

배타적발행권과
출판권

들어가며

출판과 관련된 저작권법 규정과 판례들을 본격적으로 살펴보기에 앞서, 저작권법에서 출판에 관하여 직접적으로 규정하고 있는 배타적발행권과 출판권에 대해 먼저 살펴볼 필요가 있다. 출판권은 용어 자체만으로도 그 내용을 대충 짐작할 수 있지만, 배타적발행권은 좀 생소하기도 하고 어떻게 출판과 관련되는지도 잘 와 닿지 않을 것이다. 서두에서 간략하게 언급했지만 여기서는 배타적발행권이 무엇이고 그것이 출판 실무에서 왜 필요한지에 대해서 좀 더 자세히 알아보도록 하겠다.

저작권법의 연혁이나 용어의 친숙함으로 볼 때 출판권을 먼저 살펴보는 것이 맞겠지만, 저작권법이 배타적발행권을 먼저 규정한 후(저작권법 제57조 ~ 제62조), 출판권에 관해서는 배타적발행권의 규정들을 그대로 준용하는 형태(저작권법 제63조의2)를 취하고 있기 때문에 여기에서도 배타적발행권을 출판권보다 먼저 설명하기로 한다.

12

배타적 발행권

1 배타적발행권의 도입 취지와 개념

IT기술의 발달과 더불어 최근에는 인간의 역사와 함께 이어져 내려온 종이책에 대한 수요가 차츰 전자책(e-book)으로 옮겨가고 있는 상황이다. 이로 인해 오프라인(종이책 시장) 상에서만 독점적인 권리를 갖게 되는 출판권만으로는 출판사들이 온전히 그 권리를 행사하는데 한계를 느끼게 되었다. 통상 출판권 설정 계약서에는 전자출판을 대비하여 출판사가 해당 출판물을 '전자출판 할 수 있다' 라는 문구가 있긴 하지만, 이는 단지 출판사가 해당 출판물에 관하여 전자출판을 할 수 있다는 채권적인 권리에 불과한 것이어서, 제3자가 출판권자의 허락 없이 해당 출판물을 전자적인 형태로 무단사용해도 출판사는 아무런 법적조치를 취할 수가 없다.

이에 저작권법에서는 오프라인 상의 '배포' 에 관해서만 배타적인 권리를 가지는 출판권의 한계를 보완하여 온라인상에서 이루어지는 저작물의 '전송' 에 관해서도 배타적인 권리를 부여하기 위해 '배타적발행권' 을 신설하였다.

저작권법에서는 배타적발행권에 관해 '저작물을 발행하거나 복제·전송할 권리를 가진 자는 그 저작물을 발행 등에 이용하고자 하는 자에 대하여 배타적 권리를 설정할 수 있다'라고 규정하고 있다(저작권법 제57조 제1항). 여기서 발행이란 '저작물 또는 음반을 공중의 수요를 충족시키기 위하여 복제·배포하는 것'을 말한다(저작권법 제2조 제24호). 이에 따라 배타적발행권을 설정 받은 자(이하 '배타적발행권자'라고 함)는 그 설정 행위에서 정하는 바에 따라 그 배타적발행권의 목적인 저작물을 발행 등의 방법으로 이용할 권리를 가지게 된다(저작권법 제57조 제3항).

그러나 배타적발행권은 말 그대로 배타적인 권리이긴 하지만, 저작재산권자는 그 저작물에 대하여 발행 등의 방법 및 조건이 중첩되지 않는 범위 내에서 새로운 배타적발행권을 설정할 수 있다(법 제57조 제2항). 따라서 저작권자 등이 동일한 저작물에 대해 여러 사람에게 배타적발행권을 설정하더라도 그 설정의 방법과 조건이 다르다면 법적으로 문제될 것은 없다. 다만, 그 설정 방법과 조건에 관한 해석 등의 문제로 다툼이 발생할 수 있기 때문에, 저작권자 등은 배타적발행권을 설정할 때 그 설정방법과 조건을 명확히 할 필요가 있다.

2 저작권법상 관련 규정

(1) 배타적발행권자의 의무

① 9개월 이내에 발행 등의 방법으로 이용할 의무

배타적발행권자는 그 설정 행위에 특약이 없는 때에는 배타적발행권의 목적인 저작물을 복제하기 위하여 필요한 원고 또는 이에 상당하는 물건을 받은 날부터 9월 이내에 이를 발행 등의 방법으로 이용하여야 한다(저작권법 제58조 제1항). 만일 배타적발행권자가 이를 위반하면 저작재산권자는 6개월 이상의 기간을 정하여 그 이행을 최고하고 그 기간 내에 배타적발행권자가 이행을 하지 않을 때에는 배타적발행권의 소멸을 통고할 수 있다(저작권법 제60조 제1항). 배타적발행권자 입장에서 시간이 더 필요하다고 판단되면 미리 계약서에 그 이용기한을 넉넉히 기재함으로써 당사자 사이에 그 이용기한에 관한 특별한 약정을 해 두면 된다.

② 계속 발행 등의 방법으로 이용할 의무

배타적발행권자는 그 설정 행위에 특약이 없는 때에는 관행에 따라 그 저작물을 계속하여 발행 등의 방법으로 이용하여야 한다(저작권법 제58조 제2항). 만일 배타적발행권자가 이를 위반하면 저작재산권자는 6개월 이상의 기간을 정하여 그 이행을 최고하고 그 기간 내에 배타적발행권자가 이행을 하

지 않을 때에는 배타적발행권의 소멸을 통고할 수 있다(저작
권법 제60조 제1항). 이는 배타적발행권자가 하염없이 계속하여
발행 등의 방법으로 이용하여야 한다는 것을 의미하는 것이
아니라, 이용하기로 한 목적을 달성하기 위해 필요한 발행물
등을 확보하여 공중에 유포할 수 있는 상태에까지 이르기만
하면 된다는 의미이다. 그리고 이에 관해서는 당사자 사이의
별도 약정을 통해 다르게 정할 수도 있다.

③ 저작재산권자의 표지 의무

배타적발행권자는 특약이 없는 때에는 각 복제물에 다음
과 같이 저작재산권자의 표지를 하여야 한다(저작권법 제58조 제
3항. 동법 시행령 제38조). 다만, 신문 등의 진흥에 관한 법률 제9
조 제1항에 따라 등록된 신문, 잡지 등 정기간행물의 진흥
에 관한 법률 제15조 및 제16조에 따라 등록 또는 신고된 정
기간행물의 경우에는 저작재산권자의 표지를 하지 않는다.

1. 복제의 대상이 외국인의 저작물일 경우에는 저작재
   산권자의 성명 및 맨 처음 발행연도의 표지
2. 복제의 대상이 대한민국 국민의 저작물일 경우에는
   제1호에 따른 표지 및 저작재산권자의 검인
3. 배타적발행권자가 복제권의 양도를 받은 경우에는 그
   취지의 표시

만일 배타적발행권자가 위 규정을 위반한 때에는 500만 원 이하의 벌금에 처하게 된다(저작권법 제138조 제3호). 다만 당사자 사이에 저작재산권자 표지 여부 및 그 방법 등에 대해 별도의 약정을 한 경우에는 그에 따르면 되는 것이다.

④ 재이용 통지의무

배타적발행권자는 배타적발행권의 목적인 저작물을 발행 등의 방법으로 다시 이용하고자 하는 경우에 특약이 없는 때에는 그때마다 미리 저작자에게 그 사실을 알려야 하고(저작권법 제58조의2 제2항), 만일 배타적발행권자가 이를 위반한 경우에는 500만 원 이하의 벌금에 처하게 된다(저작권법 제138조 제4호). 그러나 이 또한 당사자 사이에 특별한 약정을 한 경우에는 그에 따르면 된다. 이와 같이 저작권법이 배타적발행권자에게 저작자에 대한 재이용 통지의무를 지운 것은 저작권법 제58조의2 제1항에서 규정하고 있는 저작자의 저작물 내용에 대한 수정증감권을 보호하기 위함이다.

(2) 저작자 내지 저작권자의 권리

① 저작물의 수정증감권

배타적발행권자가 배타적발행권의 목적인 저작물을 발행 등의 방법으로 다시 이용하는 경우에 저작자는 정당한 범위 안에서 그 저작물의 내용을 수정하거나 증감할 수 있다(저작권법 제58조의2 제1항). 이는 저작자에게 저작물 내용에 대한 수정증감권을 인정해 주기 위한 규정으로, 저작자가 저작물에 대한 저작재산권을 타인에게 양도하더라도 저작자에게 여전히 남아있게 되는 인격권적인 성격의 권리이다.

② 저작재산권자의 사후 권리

저작재산권자는 배타적발행권 존속기간 중이라도 그 배타적발행권의 목적인 저작물의 저작자가 사망한 때에는 저작물을 전집 그 밖의 편집물에 수록하거나, 전집 그 밖의 편집물의 일부인 저작물을 분리하여 따로 발행 등의 방법으로 이용할 수 있다(저작권법 제59조 제2항). 이는 저작자가 사망하였을 경우, 그 저작물에 관해 이미 배타적발행권이 설정되어 있더라도 당해 저작물에 관한 저작재산권을 갖고 있는 자가 저작자를 위하여 저작자의 작품을 모은 편집물을 발행하는 등의 일을 할 수 있는 권리를 부여하기 위한 규정이다.

③ 배타적발행권 소멸통고권

저작재산권자는 배타적발행권자가 원고 등을 받은 날로부터 9월 이내 발행 등의 방법으로 이용할 의무 또는 계속 발행 등의 방법으로 이용할 의무를 위반한 경우에는 6월 이상의 기간을 정하여 그 이행을 최고하고 그 기간 내에 이행하지 아니하는 때에는 배타적발행권의 소멸을 통고할 수 있다(저작권법 제60조 제1항). 또한 저작재산권자는 배타적발행권자가 그 저작물을 발행 등의 방법으로 이용하는 것이 불가능하거나 이용할 의사가 없음이 명백한 경우에는 위와 같은 최고 기간 없이 즉시 배타적발행권의 소멸을 통고할 수 있다(저작권법 제60조 제2항). 저작재산권자가 위와 같이 배타적발행권의 소멸을 통고한 경우에는 배타적발행권자가 그 통고를 받은 때에 배타적발행권이 소멸한 것으로 보고(저작권법 제60조 제3항), 이 경우 저작재산권자는 배타적발행권자에 대하여 언제든지 원상회복을 청구하거나 발행 등을 중지함으로 인한 손해의 배상을 청구할 수 있다(저작권법 제60조 제4항).

(3) 배타적발행권의 존속기간 및 소멸 후의 복제물의 배포

배타적발행권은 그 설정 행위에 특약이 없는 때에는 맨 처음 발행한 날로부터 3년간 존속한다. 다만, 저작물의 영상화를 위하여 배타적발행권을 설정하는 경우에는 5년으로 한다(저작권법 제59조 제1항). 그러나 당사자들이 계약서에 그 존속기간을 별도로 정하는 경우에는 그 존속기간에 따른다.

한편, 배타적발행권이 그 존속기간의 만료 등의 사유로 소멸된 경우에는 그 배타적발행권을 가지고 있던 자는 ① 배타적발행권 설정 행위에 특약이 있는 경우와 ② 발행권의 존속기간 가운데 저작재산권자에게 그 저작물의 발행에 따른 대가를 지급하고 그 대가에 상응하는 부수의 복제물을 배포하는 경우를 제외하고는 그 배타적발행권의 존속기간 가운데 만들어진 복제물을 배포할 수 없다(저작권법 제61조).

따라서 당사자들이 계약서 등에 배타적발행권 소멸 후 그 존속기간 중에 만들어진 복제물 배포에 대해 별도로 정한 것이 있으면 그에 따르면 되고, 이미 그 대가를 지급한 복제물에 대해서는 배타적발행권 소멸 후에도 배포가 가능하다는 것이다. 다만, 이는 법문상으로 볼 때 어디까지나 '배포'에 한정되는 것이지 '배포'와 그 개념이 전혀 다른 '전송'까지 가능하다는 것을 의미하는 것은 아니다.

(4) 배타적발행권의 양도·제한 등

배타적발행권자는 저작재산권자의 동의 없이 배타적발행권을 양도하거나 또는 질권(채권자가 채무의 변제를 받을 때까지 그 채권의 담보로서 채무자 또는 제3자로부터 받은 물건 또는 재산권을 유치하고, 변제가 없는 때에는 그 물건의 가액에서 우선적으로 변제를 받을 수 있는 담보물권)의 목적으로 할 수 없다(저작권법 제62조 제1항). 그리고 배타적발행권의 목적으로 되어 있는 저작물의 복제 등에 관하여는 제23조(재판절차 등에서의 복제), 제24조(정치적 연설 등의 이용), 제25조(학교교육 목적 등에의 이용) 제1항부터 제3항까지, 제26조(시사보도를 위한 이용), 제27조(시사적인 기사 및 논설의 복제 등), 제28조(공표된 저작물의 인용), 제30조(사적이용을 위한 복제), 제31조(도서관등에서의 복제 등), 제32조(시험문제로서의 복제), 제33조(시각장애인 등을 위한 복제 등), 제35조(미술저작물 등의 전시 또는 복제) 제2항 및 제3항, 제35조의2(저작물 이용과정에서의 일시적 복제), 제35조의3(저작물의 공정한 이용), 제36조(번역 등에 의한 이용) 및 제37조(출처의 명시)이 준용된다(법 제62조 제2항).

3
출판권

1 출판권의 개념과 규정의 체계

저작권법에서는 출판권 설정과 관련하여, '저작물을 복제·
배포할 권리를 가진 자는 그 저작물을 인쇄 그 밖에 이와
유사한 방법으로 문서 또는 도화로 발행하고자 하는 자에
대하여 이를 출판할 권리를 설정할 수 있다' (저작권법 제63조 제
1항)라고 하여 기타 저작권법에 의해 보호되는 권리 가운데
하나로 출판권을 규정하고 있다. 이러한 출판권은 복제·배
포의 허락을 의미하는 출판허락계약과는 구별된다. 출판허
락계약에서 출판권자가 취득하는 권리는 채권적인 권리에
불과하지만, 출판권 설정 계약에서 출판권자가 취득하는 권
리는 민법상 용익물권과 같은 배타적·독점적인 권리에 해당
한다.

출판권을 설정 받은 출판권자는 그 설정 행위에 정하는 바
에 따라 그 출판권의 목적인 저작물을 원작 그대로 출판할
권리를 가지게 되고(저작권법 제63조 제2항), 이것이 바로 출판권
침해 여부를 판단하는 중요한 기준이 된다.

2 저작권법상 관련 규정

출판권 관련 규정은 배타적발행권의 규정들을 준용하기 때문에, 출판권자의 의무, 저작자 내지 저작권자의 권리 및 출판권의 존속기간 등은 배타적발행권의 규정들과 동일하다(저작권법 제63조의2).

한편, 출판권이 그 존속기간 만료 등의 사유로 소멸된 경우라도 당사자 사이에 별도의 약정이 있거나 출판권자가 출판권 존속기간 중에 저작재산권자에게 그 저작물의 출판에 따른 대가를 지급한 경우에는 출판권자는 그 존속기간 중에 만들어 놓은 복제물을 배포할 수 있다.

〈무역 관련 서적〉 사건[5]

A는 《무역노트(가제)》라는 제목의 책(이하 'A의 저작물'이라고 함)을 저술하여 출판사를 운영하는 B와 출판권 설정 계약(이하 '이 사건 출판계약'이라고 함)을 체결했다. 주요 내용은 ① B는 A의 저작물의 제목, 내용, 표현 등을 바꾸고자 할 때에는 반드시 A의 동의를 얻어야 한다(제7조), ② 출판권이 소멸된 후에도 B는 이미 발행된 책의 재고품을 배포할 수 있다(제14조).

A는 A의 저작물을 저술하여 B에게 인도하였고, B는 A에게 320만 원을 지급한 다음 《초보자와 함께 하는 무역노트》라는 제목으로 초판을 발행·배포하였다.

그 후 B는 A의 저작물의 표현 형식, 내용의 일부 변경 여부를 A와 논의하다가 보수 문제로 합의가 결렬되자 A의 동의 없이 A의 저작물 가운데 무역대리업에 관한 설명을 변경하는 등 50여 쪽에 걸쳐 A의 저작물의 표현 형식과 내용을 일부 변경한 다음(이하 '이 사건 변경 저작물'이라고 함), 이를 복제(개정 1쇄), 배포하였다. A가 이 사건 출판계약을 해지했지만 B는 개정 1쇄로 이미 복제된 이 사건 변형 저작물을 시중에 배포하였다.

이에 A는 B를 상대로 이 사건 출판계약의 해지 및 개정 1쇄의 무단 배포 행위로 인한 손해배상과 개정 2, 3쇄의 무단 출판에 따른 A의 복제권·배포권 침해를 이유로 손해배상 청구 소송을 제기하였다.

---

5) 서울지방법원 1998. 5. 22. 선고 97가합51273 판결

■ 이미 복제된 개정 1쇄의 배포 행위로 인한 손해배상(X)

A는 출판권이 소멸된 이후에도 B가 이미 발행된 책의 재고
품을 배포할 수 있도록 약정하였고, 저작권법 제59조[6])에 의
하여 B는 이 사건 출판계약이 해지되기 전에 개정 1쇄로 이
미 복제하여 보관하고 있던 이 사건 변경 저작물을 배포할
수 있는 권리가 있으므로 A의 저작권을 침해하는 행위로는
볼 수 없다.

평 석

이 사건 출판 계약은 적법하게 해지되었기 때문에, 원칙적으
로 B는 더 이상 A의 저작물을 배포해서는 안 되지만, 이 사
건 출판계약 제14조에 출판권 소멸 이후에도 B는 이미 발행
된 책을 배포할 수 있다고 명시되어 있고, B가 A의 저작물
의 출판에 대한 대가로 A에게 일시불로 320만 원을 지급하
는 이외에 따로 발행부수에 따라 추가로 저작권 사용료 등
을 지급하기로 하는 약정을 한 바가 없으므로 B는 A의 저
작물의 출판에 따른 대가를 지급한 상태로 볼 수 있기 때문
에 현행 저작권법 제63조의2에서 준용하는 제61조에 의해서
도 이 사건 출판계약의 존속기간 중에 만들어 놓은 A의 저
작물을 배포할 수 있는 권한이 있다. 따라서 A의 복제권 및
배포권을 침해하는 행위에 해당하지 않는다.

---

6) 현행 저작권법 관련 규정은 저작권법 제63조의2에서 준용하는 제61조

3 출판권의 침해 판단 기준

출판권자는 출판권 설정 계약에서 정하는 바에 따라 그 출판권의 목적인 저작물을 원작 그대로 출판할 권리를 가진다 _(저작권법 제63조 제2항). 여기서 말하는 '원작 그대로'라는 것은 출판권자가 원저작물을 개작하거나 번역하지 못한다는 것을 의미하는 것이어서, 출판권자가 원저작물을 개작하거나 번역을 하고자 할 경우에는 특별한 사정이 없는 한 저작자로부터 별도의 동의를 받아야만 하는 것이다. 예컨대, 해외 출판사가 국내 원작을 번역하여 그 국가의 언어로 된 출판물을 출간하고자 하는 경우, 이는 '원작 그대로'가 아닌 원작을 2차적저작물로 만드는 것이기 때문에, 국내 출판권자가 아닌 원저작물의 저작권자로부터 그에 관한 동의를 받아야만 하는 것이다.

한편, 출판권자가 출간한 출판물의 내용을 제3자가 무단으로 인용하여 출판한 경우, 이러한 행위가 저작권자 또는 출판권자 가운데 누구의 권리를 침해하게 되는 것인지가 문제되는 경우가 있다. 출판권 설정 계약을 체결하면 저작권자는 그 계약에 의해 권리 행사를 일정 부분 제한받게 되지만, 제3자가 무단으로 저작물을 인용하는 경우라면 저작권자는 복제권 내지 2차적저작물작성권 및 배포권 등에 기하여, 출판권자는 출판권에 기하여 각각 위 제3자를 상대로 침해정지 및 손해배상 등을 청구할 수 있다.

그러나 출판권은 원작 그대로 출판할 권리이기 때문에, 제3자가 출판권자의 허락 없이 원작의 전부 또는 상당부분 동일한 작품을 출판한 경우에는 출판권 침해가 성립되지만, 원작과의 동일성을 손상시킬 정도로 원작을 변경하여 출판한 경우에는 저작권자의 2차적저작물작성권 침해는 별론으로 하더라도, 출판권자의 출판권 침해는 성립되지 않는다.[7]

〈편입영어 교재〉 사건[8]

B는 《98 편입영어스피드 완성》이라는 책자를 발행할 때 A의 동의 없이 그 해설 부분 가운데 총 1,125문제에 A가 발행한 편입영어 시리즈 《편입어휘 speed 완성》《편입문법 speed 완성》《편입독해 speed 완성》(이하 '《편입어휘 speed 완성》등' 이라고 함)의 해설 부분을 인용함으로써 A가 《편입어휘 speed 완성》등에 대해 가지는 출판권을 침해했다는 이유로 기소되었다.

7) 대법원 2005. 9. 9. 선고 2003다47782 판결
8) 대법원 2003. 2. 28. 선고 2001도3115 판결

■ B가 A의 출판권을 침해하였는지 여부

2심법원의 판단(X)

출판은 저작물을 원작 그대로 인쇄하여 문서 또는 도화로 복제·배포하는 것을 말하므로, B가 A 발행의《편입어휘 speed 완성》등의 책자를 원작 그대로가 아니라 일부만을, 그것도 저자를 달리하여 복제·배포한 것은 출판권 침해에 해당되지 않는다.

대법원의 판단(파기 환송)

일반적으로 출판은 저작물을 인쇄, 그 밖의 이와 유사한 방법으로 문서 또는 도화로 발행 즉, 복제·배포하는 행위를 말하는 것이고(현행 저작권법 제63 제1항), 현행 저작권법 제63조 제2항이 '출판권을 설정 받은 자는 그 설정 행위에서 정하는 바에 따라 그 출판권의 목적인 저작물을 원작 그대로 출판할 권리를 가진다'고 규정하고 있다. '원작 그대로'라고 함은 원작을 개작·번역하는 등의 방법으로 변경하지 않고 출판하는 것을 의미할 뿐, 원작의 전부를 복제·배포해야 한다는 뜻은 아니다. 침해자가 출판된 저작물을 전부 복제하지 않았다 하더라도 그 가운데 상당한 양을 복제한 경우에는 출판권자의 출판권을 침해하는 것이라 할 것이고, 또 저작물을 복제함에 있어 저자의 표시를 달리 하였다 하여 출판권 침해가 되지 않는다고 볼 이유는 없다.

그럼에도 불구하고 2심법원은 B가 출판한 저작물이 A 출판의 저작물 가운데 상당한 양을 복제한 것인지에 대하여는 살펴보지도 아니한 채 저작물의 일부만을 그것도 저자를 달리하여 복제·배포하는 경우에는 출판권의 침해가 되지 않는다고 하였으니, 여기에는 출판권 침해에 관한 법리를 오해하여 판결의 결과에 영향을 미친 위법이 있다.

평 석

이 사건에서 2심법원은 '원작 그대로' 즉, 원작의 전부를 출판하는 것에 대해서만 출판권의 효력이 미친다고 보아, A가 출판권을 가지고 있는 《편입어휘 speed 완성》 등의 전부가 아닌 일부의 내용만 복제·배포한 B의 행위에 대해서는 A의 출판권 침해에 해당하지 않는다고 판단하였다.

그러나 대법원은 현행 저작권법 제63조 제2항에서 말하는 '원작 그대로'란 원작의 전부를 복제·배포하는 것만을 의미하는 것이 아니라, 원작의 상당부분을 복제·배포하는 경우도 포함된다고 보아, B가 A의 《편입어휘 speed 완성》 등의 상당부분을 복제·배포하였는지를 판단하지 않은 2심법원은 출판권 침해에 관한 법리를 오해하여 판결의 결과에 영향을 미친 위법이 있다고 판단하여 2심법원의 판결을 파기하고 사건을 다시 2심법원으로 환송하였다.

《삼국지》 사건[9]

국내에서 판매되는 삼국지의 원전은 중국의 고전인 나관중의 《삼국지연의》이고, 이를 기초로 제작된 만화는 여럿 있다.

출판사를 운영하는 A는 《전략삼국지》의 일본어 원판 저작권자인 C출판사와, A가 위 일본어 원판 만화에 대한 한국어판(그림 부분은 그대로 두고, 설명어구나 인물의 대화 등 언어로 표현되는 부분은 전부 한국어로 변경한 판)을 독점 출판할 수 있는 출판권 설정 계약을 체결하였다.

B는 《슈퍼삼국지》를 출판하였다.

A는 B의 《슈퍼삼국지》는 A가 출판권을 가지고 있는 《전략삼국지》의 등장인물과 배경 및 대화 내용 등의 구체적인 표현을 그대로 모방하거나 약간 변형하여 작성된 것이라는 이유로 B를 상대로 출판권 침해에 따른 손해배상 등 청구 소송을 제기하였다.

■ B가 A의 출판권을 침해하였는지 여부

 2심법원의 판단(X)

B가 출판한 《슈퍼삼국지》는 대표적인 등장인물들의 얼굴형이 A가 출판한 《전략삼국지》의 그것과 확연히 다르고 그림

---

9) 대법원 2005. 9. 9. 선고 2003다47782 판결

의 표현 형식도 그 자체로 창작성이 인정될 정도로 독특하여 양 작품 사이에 실질적 유사성을 인정할 수 없다.

그러나 말풍선 내의 대사의 흐름, 대사를 끊어 주는 시점 등에 있어서 양 작품 사이에 상당한 유사성이 발견되고, 원작이 나관중의 《삼국지연의》이기 때문이라는 것만으로는 설명할 수 없을 정도로 개개 컷의 구성, 컷 내의 그림 배치, 컷 나누기에 있어 유사한 점을 많이 발견할 수 있다. 이러한 정도의 유사성은 《슈퍼삼국지》의 저작 과정에서 《전략삼국지》를 모방하지 않았다면 나올 수 없을 정도의 유사성이라고 보아야 한다.

그리고 총 10,816쪽인 《슈퍼삼국지》의 만화 쪽수 가운데 적어도 3,000쪽 이상의 일부 또는 전부의 컷에서, 그 컷 내의 사람, 말, 배, 수레, 나무, 건물, 무기 등의 묘사 및 배치가 《전략삼국지》의 그것과 동일하거나 단지 좌우대칭으로 변형하거나 그 컷 내의 한 부분을 클로즈업한 것이며, 또한 시각 (視角), 목적물의 거리, 명암 등이 비슷하다.

따라서 비록 B가 《슈퍼삼국지》를 저작함에 있어서 등장인물들에 관하여 독창적인 시각적 묘사를 하였다고 하더라도, 컷 나누기라든지 인물의 대화의 기재, 인물의 표정·동작 및 주변상황의 묘사 등에 있어서 《전략삼국지》를 상당 부분 모방하였으므로, B는 A의 출판권을 침해하였다.

B의 《슈퍼삼국지》와 A의 《전략삼국지》는 전체의 약 30% 가량에 해당되는 쪽의 전부 또는 일부 컷에 있어서 말풍선 내의 대사의 흐름, 대사를 끊어주는 시점, 컷 나누기, 개개 컷의 구성, 컷 내의 그림의 배치, 인물의 표정·동작 및 주변의 묘사 등이 상당히 유사하다.

그러나 그림의 표현 형식에 있어서 《전략삼국지》는 약화체로 표현되어 있고 흑백으로 되어 있는 데에 비하여 《슈퍼삼국지》는 사실체로 표현되어 있고 컴퓨터 그래픽 채색작업에 의한 천연색으로 되어 있다. 또, 대표적인 등장인물들의 얼굴이 《전략삼국지》의 그것과 확연히 달라 그 자체로 창작성이 인정될 정도로 독특하고, 한국만화애니메이션학회장에 대한 감정촉탁 결과에 의하면 《슈퍼삼국지》는 스토리 전개 및 연출방식에서 《전략삼국지》를 표절하였을 가능성은 높지만, 그림체에서는 《전략삼국지》를 표절하였을 가능성이 매우 낮다고 되어 있다.

사정이 이러하다면 앞에서 본 바와 같은 양 작품의 유사점만으로는 곧바로 《슈퍼삼국지》와 《전략삼국지》가 동일성이 있는 작품이라고 단정하기 어렵고, 오히려 《슈퍼삼국지》가 《전략삼국지》와의 동일성을 손상할 정도로 변경되었다고 볼 여지도 있다.

그렇다면 2심법원은 그림의 표현 형식에서 나타나는 양 작품의 위와 같은 차이로 인하여 《슈퍼삼국지》가 《전략삼국지》와의 동일성을 손상할 정도로 변경되었는지, 아니면 그러한 차이에도 불구하고 《슈퍼삼국지》가 《전략삼국지》의 전부 또는 상당 부분과 동일성이 있다고 평가할 수 있는지 등에 관하여 더 심리해 본 연후에 출판권 침해 여부를 판단해야 함에도 불구하고, 이러한 점에 관하여는 심리해 보지도 않은 채 B가 《슈퍼삼국지》를 저작함에 있어서 컷 나누기라든지 인물의 대화의 기재, 인물의 표정·동작 및 주변상황 등의 묘사에 있어서 《전략삼국지》를 상당 부분 모방하였다는 사정만으로 B가 A의 출판권을 침해하였다고 판단하였으므로, 2심법원의 판결에는 출판권 침해에 관한 법리를 오해하고 필요한 심리를 다하지 않아서 판결 결과에 영향을 미친 위법이 있다고 할 것이다.

평 석

출판권 침해가 인정되기 위해서는 제3자가 출판권자의 출판물 전부 또는 상당한 부분을 복제하는 경우여야 한다. 따라서 제3자의 인용부분이 출판권자의 출판물의 전부 또는 상당한 부분의 복제물이 아닌 2차적저작물이 되는 경우에는 그 출판물 저작권자의 2차적저작물작성권 침해는 별론으로 하더라도, 출판권자의 출판권을 침해하는 것은 아니게 된다.

복제물은 기존 저작물을 원형 그대로 복제하거나 약간 수정·증감·변경했지만 거기에 새로운 창작성이 더해지지 않은 것을 말하는 것이고, 2차적저작물은 번역·편곡·변형·각색·영상제작 그 밖의 방법으로 작성한 창작물로서 기존 저작물과 실질적 유사성(그 표현상의 본질적 동일성)을 유지하면서 구체적인 표현에 수정·증감·변경 등을 가하여 새롭게 사상 또는 감정을 창작적으로 표현(실질적 개변)함으로써 이를 접하는 사람이 기존의 저작물이 갖고 있는 표현상의 본질적인 특징을 직접 느껴서 알 수 있는 것을 말한다.

그런데 이 사건의 2심법원은 《슈퍼삼국지》의 상당부분이 《전략삼국지》의 해당부분의 복제물이라는 전제 하에서, B가 A의 출판권을 침해했다고 판단했지만, 대법원은 《슈퍼삼국지》의 상당부분이 《전략삼국지》의 해당부분과 상당히 유사한 점은 인정되지만 그것의 복제물이라고 보기는 어렵고 오히려 《전략삼국지》의 해당부분의 2차적저작물에 가깝다는 이유로 이 사건 출판권 침해를 인정하지 않았다.

따라서 출판권 침해 여부를 판단하기 위해서는 무단으로 인용된 부분이 출판권자의 출판물의 전부 또는 상당부분인지를 확인하는 것은 물론이고, 복제물인지 2차적저작물인지까지도 확인할 필요가 있다. 무단 인용부분이 출판권자의 전부 또는 상당부분이면서 해당부분의 복제물로 판단되는 경우에 한해서 출판권 침해가 성립되기 때문이다.

다만, 제3자가 무단으로 인용한 출판물의 내용이 출판물 전체로 볼 때는 일부에 불과하더라도, 해당 출판물이 기존에 공표된 작품들을 한데 모아 놓은 모음집 또는 전집의 형태이거나 이와 유사한 형태를 띠고 있는 경우처럼, 출판물에 수록된 개별적인 작품들이 각각 독립된 저작물로 인정될 수 있는 경우라면, 출판권 설정 계약 체결 당시 그 개개의 작품들에 대해 한꺼번에 출판권이 설정된 것이라고도 볼 수 있는 것이므로, 출판권 침해 여부는 출판권자가 출간한 출판물 전체가 아닌 그에 실린 개별 작품의 전부 또는 상당부분과 제3자가 무단으로 인용한 부분의 동일성 여부에 따라 판단하여야 할 것이다.[10]

예를 들어, A가 몇 년간 신문이나 잡지에 칼럼으로 기고한 글을 한데 모아, B출판사와 출판권 설정 계약을 체결한 후, 300페이지 분량의 책을 출간하였는데, C가 위 책의 내용 가운데 특정 칼럼의 내용(약 5페이지 분량)을 자신의 책에 무단으로 사용하였을 때, 과연 C의 행위가 B출판사의 출판권을 침해하는 것인지가 문제될 수 있다.

앞서 본 대법원 판례의 취지에 따르면, C는 B출판사가 출판한 300페이지 분량의 책 내용 가운데 약 5페이지 분량에 해당하는 내용을 무단으로 사용한 경우이므로, 이는 원작의 전부 또는 상당부분과 동일성 있는 작품을 출판한 것은 아

---

10) 대법원 2012. 10. 11. 선고 2012도6870 판결

니어서 원칙적으로는 출판권 침해라고 할 수는 없을 것이다. 그러나 그 무단으로 인용된 내용이 기존 특정 칼럼과 거의 동일하다면 저작권자인 A의 복제권을 침해하는 것이고, 일부 내용이 수정된 경우라면 저작권자의 2차적저작물작성권을 침해하게 된다.

이 사안처럼, A가 기존에 신문이나 잡지에 기고한 칼럼은 그 각각이 모두 하나의 저작물이라고 할 수 있고, 그렇다면 A와 B출판사는 출판권 설정 계약을 체결할 때, 그 개개의 칼럼에 대해 한꺼번에 출판권 설정 계약을 체결한 것이라고 볼 수 있으므로, 그 칼럼들 가운데 특정 칼럼의 전부 또는 상당부분이 무단 인용되었다면 그 해당 칼럼에 관한 B출판사의 출판권을 침해하는 것이라고 볼 수 있다.

따라서 제3자에 의한 무단인용 부분이 출판권 침해로 판단되면, 출판권자 스스로 출판권 침해를 이유로 법적 조치를 취하면 될 것이고, 출판권 침해 여부가 불분명한 경우라면 저작권자에게 요청하여 저작권 침해에 따른 법적조치를 취하도록 권유할 필요가 있을 것이다. 그리고 모음집이나 전집 형태의 출판물과 관련된 출판권 설정 계약을 체결할 때에는 당해 계약서 내용에 출판물에 실린 개별 작품 각각에 대하여 출판권을 설정하는 것임을 명시적으로 표기해 둘 필요가 있을 것이다.

출판 관련
계약

1

출판 관련 계약 형태와
계약 체결 시 유의사항

일반적으로 계약을 체결할 때, 당사자들은 계약 체결의 목적과 의도를 분명히 하여 어떤 유형의 계약을 체결할 것인지 먼저 결정해야 하고, 당사자들이 계약을 통해 실현하고자 하는 계약의 내용들이 계약서에 모두 포함되어 있는지 명확히 확인해야 한다. 그런데 실무에서는 계약서의 명칭과는 전혀 다른 내용을 기재하는 경우가 있는가 하면, 표준계약서를 그대로 사용하는 탓에 당사자들이 특별히 기재하기를 원했던 내용들을 빠뜨리는 경우도 있고, 심지어 당사자 사이의 친분관계로 인해 계약서 자체를 작성하지 않는 경우도 허다하다.

그러다보니 계약 체결 당시에는 좋은 게 좋다는 식으로 계약 내용에 대해 별다른 이견이 없다가도, 그 후 여러 사정들로 인해 다툼이 일어나면 그제야 계약서의 내용을 서로 아전인수 격으로 해석하기도 하고, 계약서 자체를 작성하지 않은 경우에는 서로가 주장하고자 하는 법률관계를 입증하기 위해 힘들게 증거를 수집하는 어려움을 겪곤 한다.

따라서 출판 관련 당사자들이 위와 같은 분쟁을 미리 예방하기 위해서는 출판과 관련된 어떠한 형태의 계약이든 반드시 이를 서면으로 남겨두어야 하고, 특히 중요하게 합의한 계약 내용에 대해서는 이를 구체적으로 특정하여 기재할 필요가 있다.

1 출판권 및 배타적발행권 설정 계약

출판사 등이 출판물의 배포와 전송 모두에 관해 배타적인 권리를 갖기 위해서는 출판권 설정 계약뿐만 아니라 배타적발행권 설정에 관한 별도의 계약을 체결해야 하지만, 배타적발행권의 신설 취지 및 출판권과의 관계 등을 고려하여 최근에는 '출판권 및 배타적발행권 설정 계약서'의 형태로 한꺼번에 계약을 체결하는 경우가 많다.

이하에서는 출판과 관련된 여러 가지 계약 유형 가운데 가장 대표적인 계약이라고 할 수 있는 '출판권 및 배타적발행권 설정 계약'에 관하여 현재 일반적으로 이용되고 있는 계약서 샘플 가운데 중요한 조항들을 중심으로 살펴보되, 공정거래위원회가 2014. 8. 28.자 보도자료를 통해 밝힌 출판 분야의 불공정한 약관조항에 관한 시정내용들도 함께 살펴보도록 하겠다.

(1) 계약서의 명칭 및 계약 체결의 목적

> ### 출판권 및 배타적발행권 설정 계약서
>
> 저작재산권자(이하 갑이라고 함)와 출판권자(이하 을이라고 함)는 아래의 저작물에 대하여 다음과 같이 출판권 및 배타적 발행권 설정 계약을 체결한다.

보통 계약을 체결할 때 계약서의 맨 윗부분에는 계약서의 명칭을 기재하게 되는데, 계약서의 명칭은 외관상으로 당사자들이 체결하고자 하는 계약의 내용을 가장 집약된 형태로 보여 주는 것이기 때문에 계약 내용에 맞는 명칭을 기재해야 한다. 만약 계약 내용과 계약서의 명칭이 다르게 기재되어 있다면 당사자 사이에 그 계약 내용의 해석을 둘러싼 소모적인 분쟁이 발생할 여지가 높아진다. 그러므로 당사자들이 출판권과 배타적발행권 설정에 관한 계약을 한꺼번에 체결하고자 한다면, 계약서의 명칭을 '출판권 및 배타적발행권 설정 계약' 이라고 기재하여야 할 것이고, 이와 동시에 계약서 명칭 바로 아래에 있는 문장 즉, 계약서의 서문에 해당하는 부분에도 당해 계약이 출판권과 배타적발행권의 설정에 관한 것임을 명기할 필요가 있으며, 이를 보다 확실히 하기 위해서는 계약서의 본문에 '권리의 설정' 이라는 제목 하에 본 계약이 출판권과 배타적발행권 모두를 설정하기 위한 것임을 다시 한 번 기재할 필요가 있다.

(2) 저작물의 표시 등

저작자의 표시	성명 : _____
	이명(필명) : _____
저작재산권자의 표시	성명 : _____
	주민등록번호 : _____
저작물의 표시	제호(가제) : _____
저작물의 내용	개요 : _____

출판권 및 배타적발행권 설정 계약의 저작재산권자가 해당 저작물의 저작권을 저작자로부터 양도받았거나 그 양도받은 자로부터 재차 양도를 받는 등 저작권의 양수인에 해당하는 경우, 출판권자 및 배타적발행권자는 해당 저작물에 저작자의 실명 또는 이명 등을 올바르게 표시(성명표시권)해야 하고, 저작자의 동의 없이는 해당 저작물의 제호, 내용 및 형식을 변경해서는 안 된다(동일성유지권). 또 해당 저작물의 복제물 또는 전송물에도 적절한 방법으로 저작재산권자의 성명, 맨 처음 발행연월일, 저작재산권자의 검인 등 저작재산권자의 표시를 해야 하고, 만일 이를 표시하지 않은 경우에는 형사 처분의 대상이 될 수 있다(저작권법 제138조 제3호). 당사자들이 차후 목적물의 이용범위와 관련된 분쟁 소지를 예방하기 위해서는 출판권 및 배타적발행권 설정 계약의 효력이 미치는 목적물의 범위를 명확하게 특정하는 것이 필요한데, 대개는 당사자들이 계약의 대상으로 삼고자 하는 저작물의 제목과 내용을 간략하게 기재하는 방식으로 이루어진다.

(3) 권리의 등록

① 저작권법에 따라 을은 위 저작물에 대한 출판권 및 배타적발행권 설정 사실을 한국저작권위원회에 등록할 수 있다.

② 제1항에 따라 을이 출판권 및 배타적발행권 설정등록을 하는 경우 갑은 등록에 필요한 서류를 을에게 제공하는 등 이에 적극 협력하여야 한다.

출판권자 및 배타적발행권자가 출판권 및 배타적발행권을 등록하지 않으면 제3자에게 대항할 수 없게 된다(저작권법 제54조 제2호).

출판권 또는 배타적발행권은 설정 계약에 의해서 바로 계약의 효력이 발생하는 것이긴 하지만, 등록하지 않으면 아무 소용이 없다는 뜻이다. 즉, 출판권 설정 계약을 했다고 해도 등록을 하지 않은 상태에서 저작재산권자가 정당한 이익을 가지는 제3자와 동일한 저작물에 관해 출판권 및 배타적발행권 설정 계약을 체결하게 되면, 출판권자 및 배타적발행권자는 그 제3자에게는 출판권 및 배타적발행권 설정 계약의 효력을 주장할 수가 없게 되므로, 저작재산권자의 협력을 얻어 출판권 및 배타적발행권 설정을 한국저작권위원회에 등록하는 것이 바람직하다.

(4) 배타적 이용

> ① 을은 위 저작물을 원작 그대로 출판할 수 있는, 그리
> 고 이 계약에서 정한 조건 및 방법에 따라 위 저작물
> 을 발행 등의 방법으로 이용할 수 있는 독점적이고
> 배타적인 권리를 가진다.
> ② 갑은 이 계약 기간 동안에 위 저작물의 제호 및 내용
> 의 전부와 동일 또는 유사한 저작물을 별도로 출판
> 및 발행 등의 방법으로 이용하거나 제3자로 하여금
> 이용하게 하여서는 아니 된다.
> ③ 갑은 을의 사전 동의 없이 위 저작물의 개정판 또는
> 증보판을 직접 출판하거나 제3자로 하여금 출판하도
> 록 하여서는 아니 된다.

출판권자 및 배타적발행권자는 해당 저작물을 출판 및 발
행 등을 할 수 있는 권리를 독점적이고 배타적으로 갖기 때
문에, 저작재산권자가 이를 위반하면 계약 위반은 물론이
고 출판권 및 배타적발행권을 침해하는 행위에도 해당하게
된다. 반면, 출판권자 및 배타적발행권자는 위와 같은 독점
적이고 배타적인 권리를 가짐과 동시에 계약에 따른 의무를
성실히 이행하여 해당 저작물을 완전한 형태로 출판 및 발
행 등을 할 의무도 함께 부담하는 것이기 때문에, 저자가 인
도한 원고의 내용대로 출판되지 않는 등 불완전하게 출판하
면, 계약에 따른 채무불이행 책임을 지게 된다.

〈불완전 출판〉 사건[11]

A는 고객관리 관련 서적(이하 '이 사건 저작물'이라고 함)의 저작자로서, B출판사와 이 사건 저작물에 관한 출판권 설정 계약(이하 '이 사건 출판권 설정 계약'이라고 함)을 체결하였다. B출판사는 이 사건 출판권 설정 계약에 따라 이 사건 저작물을 출판(이하 '이 사건 서적'이라고 함)하였다.

이 사건 서적의 초판부터 2013년까지는 저자 란에 A, C, D 공저라고 기재되어 있었는데, A는 이 사건 서적 2014년판이 출판되기 전 B출판사에게 위 저자 가운데 D를 삭제해 달라고 하였다.

그러나 B출판사가 출판한 이 사건 서적 2014년판의 겉표지에는 A, C 공저라고 표시되어 있었지만, 그 다음 장의 속지에는 예전처럼 A, C, D 공저라고 표시되어 있었다. A는 B출판사에게 저자 표시가 잘못된 점에 대해 강하게 항의하면서 이 사건 출판권 설정 계약을 해지한다는 내용의 메일을 발송했다.

이러한 상황에서 A는 ① A의 인지를 첨부하지 않은 이 사건 서적을 추가로 판매함으로써 출판권자의 복제권자 표지의무를 위반하였고, A에게 이 사건 서적의 실제 출판부수에 대한 인세를 정당하게 지급하지 않았으며, ② 이 사건 서적의 2014년판의 저자를 A의 의사에 반하여 A, C, D 공저로 표시하고, 무단으로 이 사건 저작물의 내용·형식 등을 변경하여 위 저작물에 담긴 중요한 공식이나 도표 등을 삭제한 채 출판하여 A의 이 사건 저작물에 관한 저작인격권(성명표시권 및 동일성유지권)을 침해했다고 주장하면서, B출판사를 상대로 손해배상 청구 소송을 제기하였다.

■ 이 사건 출판권 설정 계약 위반으로 인한 위자료 인정(O)

① 이 사건 서적 2014년판의 내용 중에는 당연히 기재되어야 하는 공식이 삭제된 부분이 5군데, 하위 제목이 상위 제목과 같은 형식으로 구성되어 있는 부분이 2군데 있는 점, ② 이 사건 서적 초판에도 공식이 누락된 채 출판되어 그 정오표를 인터넷 홈페이지에 게시하였고, 일부 장(챕터)의 제목이 잘못 인쇄되어 이를 스티커로 수정하여 판매한 적도 있는 점, ③ 이 사건 서적 2014년판 겉표지에는 A, C 공저라고 표시되어 있으나 표지 다음에 있는 속지에는 A, C, D 공저라고 표시되어 있는 점, ④ B출판사의 담당직원인 E가 이 사건 서적 2014년판이 출판될 무렵 A에게 '이 사건 서적의 편집 문제에 관해서는 이번 학기 제작은 이미 발주가 완료된 상태라 수정이 불가하다' 라는 내용의 메일을 발송하였고, 이 사건 서적 2014년판이 출판된 직후 A로부터 저자 표시가 잘못되었다는 항의를 받은 E가 일정 금액의 손해배상을 약속했다가 취소한 점, ⑤ 이 사건 서적은 A가 재직하고 있는 대학교뿐만 아니라 다른 대학교에서도 수업교재로 사용되고 있고, 실제로 초판이 출판된 이후 이 사건 변론종결일 현재까지 출판된 발행부수 가운데 상당 부분이 판매되는 등 고객관리 전공과 관련된 많은 교수와 학생들이 이 사건 서적을 접한 것으로 보이는 점 등을 인정할 수 있다.

---

11) 의정부지방법원 고양지원 2016. 10. 14. 선고 2015가합75698(본소), 2016가합71105(반소) 판결

대학교수로서 이 사건 저작물의 공동저작자이자 B출판사와 이 사건 출판권 설정 계약을 체결한 A는 이 사건 서적 자체의 불완전성으로 인하여 상당한 정신적 고통을 받았을 것이 넉넉히 인정되고, 오랫동안 대학교 전공서적의 출판·판매를 전문적으로 해왔던 B출판사로서는 이러한 사정을 충분히 알았거나 알 수 있었을 것으로 봄이 상당하다.

B출판사는 이 사건 서적 자체의 불완전성에 대해 저작자로서 최종적으로 그 내용을 제대로 확인하지 않은 A의 책임도 있다는 취지의 주장을 하고 있는데, 저작자인 A에게도 이를 확인할 의무가 있다는 사정만으로 B출판사에게 이 사건 출판권 설정 계약에 따라 이 사건 저작물을 완전한 형태로 출판해야 하는 의무가 면제되는 것은 아니고, 다만 위자료의 액수를 정함에 참작될 수 있을 뿐이다. 따라서 B출판사는 이 사건 출판권 설정 계약에 따른 채무의 불완전이행으로 인하여 A가 입은 정신적 손해에 대해 배상할 책임이 있다.

평석

이 사건에서 법원은 공저자 표시 및 편집 오류는 성명표시권이나 동일성유지권 침해로 보기는 어렵다고 판단한 후, A의 이 부분 위자료 청구에 B출판사의 이 사건 출판권 설정 계약에 따른 채무불이행에 따른 위자료 청구도 포함되어 있다고 보아 위와 같은 판단을 하였다.

이와 같이 저자 표시 및 편집 오류가 성명표시권이나 동일성 유지권 침해에는 해당되지 않더라도, 출판권 설정 계약 등 계약 위반에는 해당될 수 있고, 이러한 계약 위반에 따른 손해는 재산적인 손해라기보다는 정신적인 손해로 보는 것이 그 입증의 측면에서도 타당하다. 재산적 손해와 관련해서는 구체적 입증이 필요한 반면, 정신적 손해는 이에 대한 주장과 적절한 손해액 산정만으로도 충분하기 때문이다. 출판사는 타인의 저작물을 완전한 형태로 출판할 의무를 지기 때문에 불완전한 형태의 출판은 곧 채무불이행으로 귀결된다. 위 사례는 이러한 불완전 출판(저자 표시 및 편집 오류)에 관한 출판사의 채무불이행 책임을 인정한 사건이었다.

출판 관련 계약서에도 저자 표시에 관한 조항을 별도로 두는 것이 일반적이기 때문에 출판사가 저자의 의사와 다르게 저자 표시를 한다면 성명표시권 침해와는 별개로 채무불이행 책임도 지게 된다. 또한 보통 출판 관련 계약서에는 저자가 교정책임을 지는 것을 원칙으로 하고 있지만, 일반적으로 교정은 출판사가 먼저 이를 수행한 후 저자가 확인을 하는 방식으로 이루어지고 있기 때문에 저자가 교정에 관한 최종 확인 작업을 제대로 하지 않았다고 하더라도, 출판사의 손해액 산정에 참작될 수 있을 뿐 출판사의 채무불이행 책임이 면제된다고 할 수는 없다. 따라서 최종 출판을 앞두고 있는 출판사로서는 저자의 최종 확인에만 의존할 것이 아니라, 저자 표시는 제대로 되어 있는지, 편집에는 오류가 없는지 등을 꼼꼼하게 체크할 필요가 있다.

(5) 권리의 존속기간

> ① 위 저작물의 출판권 및 배타적발행권은 계약일로부
>   터 ＿＿＿년간 존속한다.
> ② 갑 또는 을은 계약기간 만료일 ＿＿＿개월 전까지 문
>   서로 상대방에게 계약 해지를 통고할 수 있으며, 이
>   에 따라 계약기간 만료일에 이 계약은 종료된다.
> ③ 제2항에 따른 해지 통고가 없는 경우에는 이 계약은
>   동일한 조건으로 1회에 한하여 ＿＿＿개월 자동 연장
>   된다.

출판권 및 배타적발행권의 존속기간은 당사자들이 특약으로 정할 수 있다. 다만, 당사자 간의 특약이 없는 경우, 저작권법에서는 출판권 또는 배타적발행권이 3년간 존속하는 것으로 규정하고 있다(저작권법 제59조 제1항).

기존의 출판권 등에 관한 설정 계약서에는 대부분 '계약기간 만료일 3개월 전까지 어느 한쪽이 문서로 통고(우편 발송 시 등기우편)함으로써 계약을 해제할 수 있고, 통고가 없는 경우에는 동일한 조건으로 5년씩(또는 7년씩) 자동연장 된다'라는 묵시적 자동갱신 조항이 들어 있어서 저작재산권자는 갱신 이후 저작물의 가치가 상승하더라도 동일한 조건에 묶여 재산권 행사 및 계약해지권을 제한 당하는 문제가 있었다.[12]

---

12) 공정거래위원회 2014. 8. 28.자 보도자료

이에 공정거래위원회는 매출액 상위 20개 출판사들에게 저작자가 계약만료 전 일정시점까지 해지의사를 통보하지 않는 경우에 5년 또는 7년 동안 자동갱신 되도록 하고 있던 것을 양 당사자가 합의한 기간 동안 1회에 한해 갱신하거나 자동갱신 조항을 둘 경우 존속기간을 단기(예: 1년)로 하도록 시정 요구하였다.

〈출판권 설정 계약 만료 후 시즌 2 출판〉 사건[13]

A는 YTN의 외교통상부 기자로서 유엔 사무총장 반기문을 약 1년 동안 취재하며 수집한 자료와 에피소드 등으로 《바보처럼 공부하고 천재처럼 꿈꿔라》라는 제목의 서적(이하 '이 사건 제목', '이 사건 저작물'이라고 함)을 저술하였다. B출판사는 A와 이 사건 저작물에 관한 출판권 설정 계약(이하 '이 사건 계약'이라고 함)을 체결하고, 5년간 이 사건 저작물을 이 사건 제목으로 출판하였다.

A는 이 사건 계약의 존속기간 만료일 3개월 전에 B출판사에게 이 사건 계약의 갱신을 원하지 않는다는 취지의 통고를 한 후, C출판사와 이 사건 저작물에 관한 새로운 출판권 설정 계약을 체결하였고, C출판사는 '2012 개정증보판'이라는 표현을 붙여서 이 사건 저작물을 발행했다.

B출판사는 이 사건 제목에 '시즌2'라는 표현을 붙이고, D를 저자로 하여 서적(이하 'B출판사 서적'이라고 함)을 발행하였다.

이에 A는 B출판사 서적이 무단 복제 증보판에 해당하는 것이라고 주장하면서, 서적인쇄·판매금지 가처분을 신청하였다.

■ 저작권 침해(O)

B출판사의 주장

이 사건 저작물의 초고는 A가 작성했지만, 이 사건 제목을
비롯하여 이 사건 저작물에 포함된 대부분의 내용은 B출판
사 대표를 비롯한 B출판사의 직원들이 재집필을 통해 새롭
게 창작한 것이므로, 이 사건 저작물은 A와 B출판사의 공
동저작물에 해당한다. 따라서 다른 출판사를 통해 개정증보
판을 발행한 A가 B출판사 서적의 인쇄 등의 금지를 구하는
것은 신의칙에 반하는 권리남용에 해당된다.

법원의 판단

1) 이 사건 저작물이 A의 단독저작물인지(O)

이 사건 계약은 A가 이 사건 제목을 포함한 이 사건 저작
물의 단독 저작권자임을 전제로 B출판사에게 출판권을 설
정하는 것을 그 내용으로 삼고 있는 점, B출판사는 이 사건
저작물을 발행한 약 5년간 A만을 저자로 표시하였고, 이 사
건 계약에 따라 A에게 지속해서 인세를 지급하였던 점 등을
고려하면, A가 이 사건 제목을 비롯한 이 사건 저작물을 창
작한 단독저작권자라고 보는 것이 타당하다.

---

13) 서울서부지법 2012. 7. 13.자 2012카합710 결정

2) B출판사 서적이 이 사건 저작물과 실질적으로 유사한지(O)

이 사건 제목은 이 사건 저작물을 나타내는 상징적인 표현으로서 이 사건 저작물의 주요 부분이라 할 수 있는데, B출판사 서적은 이 사건 제목을 그대로 사용하고 있는 점, B출판사 서적에는 A가 창작하여 이 사건 저작물에 포함된 다양한 에피소드에 관한 표현 및 기술방식 등이 매우 유사하게 기재되어 있는 점, 위 유사 부분의 분량이 전체 서적에서 상당한 부분을 차지하고 있는 점 등을 고려하면, B출판사 서적은 이 사건 저작물과 실질적으로 유사한 것으로 보인다.

3) A의 이 사건 가처분 신청의 인용(O)

따라서 B출판사가 B출판사 서적을 인쇄·제본·판매 및 배포하는 것은 A의 저작권을 침해하는 것이므로, A가 B출판사 서적의 인쇄 또는 판매금지 등을 구할 피보전권리가 인정되고, B출판사가 이를 다투고 있는 점, B출판사의 저작권 침해 행위로 인하여 이미 새로운 출판사를 통해 이 사건 저작물의 개정증보판을 발행한 A에게 직접적인 피해가 발생하고 있는 점, 저작권 침해 사건의 특성상 본안소송을 통해 피해를 구제받는 것이 용이하지 않다는 점 등 여러 사정을 고려하면 보전의 필요성도 인정된다.

평 석

이 사건은 이 사건 제목에 관한 권리를 누가 가지고 있고, 그 권리가 침해되었는지 여부가 다투어진 것이 아니라, 이 사건 저작물의 저작권자가 누구인지와 그 저작권자가 A라고 했을 때 이 사건 계약 종료 후 이 사건 제호에 '시즌2'라는 표현만을 붙여서 출판한 B출판사 서적의 내용이 이 사건 저작물과 실질적으로 유사한지 여부가 다투어진 사건이었다.

이 사건에서 법원은 A를 이 사건 저작물의 단독저작권자로 본 후, B출판사 서적의 내용이 이 사건 저작물과 실질적으로 유사하기 때문에 B출판사는 이 사건 저작물에 관한 A의 저작권을 침해하였고, 이에 따라 B출판사의 서적의 인쇄 등을 금지할 필요성이 있다고 보아 A의 이 사건 가처분 신청을 인용하였다.

한편, 서적의 제목 자체는 저작물의 표지에 불과하고 독립된 사상이나 감정의 창작적 표현이라고 보기 어려워 저작물로서는 보호를 받을 수가 없다.[14] 다만, 상표법상 보호될 여지는 있는데, 이에 대해서는 추후 자세히 살펴보도록 하겠다.

---

14) 대법원 1977. 7. 12. 선고 77다90 판결

104

(6) 2차적저작물 및 재사용 이용 허락

> ① 이 계약기간 중에 위 저작물이 번역, 각색, 변형 등에 의하여 2차적저작물로서 연극, 영화, 방송 등에 사용될 경우에는 그에 관한 이용 허락 등 모든 권리는 갑에게 있으며, 이때 발생하는 저작권사용료의 징수 등에 관한 사항에 대하여 을에게 위임할 수 있다.
>
> ② 이 계약의 목적물인 위 저작물의 내용 가운데 일부가 제3자에 의하여 재사용되는 경우에는 먼저 갑이 그에 관한 이용을 허락하여야 하며, 이때 발생하는 저작권사용료의 징수 등에 관한 사항에 대하여 을에게 위임할 수 있다.
>
> ③ 갑은 위 저작물을 원저작물로 하는 2차적저작물의 수출에 관한 사항의 전부 또는 일부를 을에게 위임할 수 있다.

기존 출판권 등에 관한 설정 계약서에는 해당 저작물의 2차적 사용에 대한 처리를 출판권자 등에게 전부 위임하도록 하는 조항이 들어 있다.

출판권자 등은 저작자로부터 원작 그대로 출판할 권리를 부여받는 것일 뿐이고, 저작자는 저작물을 2차적 콘텐츠로 가공할 경우 출판권자 이외 원하는 상대방과 거래조건을 협의하여 계약을 체결할 자유가 있는데도, 위와 같은 위임 조항 때문에 저작자는 선택의 여지없이 저작물의 2차적 사용에 대한 처리 권한까지 출판사에게 전부 위임할 수밖에 없게 되어, 더 나은 조건으로 제3자와 계약을 체결할 권리를 부당하게 제한받게 되는 문제가 야기되었다.[15]

이에 공정거래위원회는 출판권 등의 설정 계약을 체결하면서 저작물의 2차적 사용에 대한 처리를 해당 출판사에게 전부 위임하도록 하고 있는 현행 출판권 설정 계약의 관행을 개선하기 위해, 매출액 상위 20개 출판사들에게 출판사가 임의로 저작물을 2차적으로 사용하지 못하도록 2차적 사용에 대한 권리가 저작자에게 있음을 명시하고, 저작자가 위임 여부 등을 개별적으로 결정할 수 있도록 시정 요구하였다.

(7) 저작재산권, 출판권 또는 배타적발행권의 양도 등

① 갑은 위 저작물의 복제권, 배포권, 공중송신권의 전부 또는 일부를 제3자에게 양도하거나 이에 대하여 질권을 설정하고자 하는 경우에는 사전에 이를 을에게 통보하여야 한다.

② 을은 위 저작물의 출판권 또는 배타적발행권을 제3자에게 양도하거나 이에 대하여 질권을 설정하고자 하는 경우에는 반드시 갑의 문서에 의한 동의를 얻어야 한다.

---

15) 공정거래위원회 2014. 8. 28.자 보도자료

저작권법에는 '배타적발행권자는 저작재산권자의 동의 없이 배타적발행권을 양도하거나 질권의 목적으로 할 수 없다'(저작권법 제62조 제1항)라는 규정을 둠으로써, 배타적발행권자의 권리 양도 등에 관한 제한규정을 두고 있는 반면, 저작재산권자의 권리처분행위에 관해서는 아무런 규정도 두고 있지 않다. 그런데 기존의 출판권 등 설정 계약서에는 저작재산권자의 저작권의 전부 또는 일부를 제3자에게 양도하거나 이에 대하여 질권을 설정하고자 하는 경우, 출판권자 등의 서면동의를 얻도록 함으로써 저작재산권자의 권리를 과도하게 제한하는 조항을 두고 있었다.[16]

이에 공정거래위원회는 매출액 상위 20개 출판사들에게 저작자가 저작권의 전부 또는 일부를 제3자에게 양도할 경우 출판사의 사전 동의를 얻도록 하고 있는 위와 같은 계약서 조항을 삭제하고, 저작자가 저작권을 자유롭게 양도할 수 있도록 하되 출판권 등과 관련된 저작권 양도 시 출판사에게 그 사실만을 통보하는 것으로 시정 요구하였다.

2 저작재산권 양도계약

저작재산권을 양도하는 경우에 특약이 없는 때에는 2차적저작물작성권은 포함되지 않는 것으로 추정한다(저작권법 제45조 제2항). 따라서 저작재산권을 양수받는 출판사 입장에서는 저

---

16) 공정거래위원회 2014. 8. 28.자 보도자료

작권자와 저작권 양도계약을 체결할 때 2차적저작물작성권 양도에 관한 별도의 특약을 계약서에 명시해야 한다.

공정거래위원회는 통상적인 저작재산권 양도계약서의 기재 내용 가운데 '2차적저작물작성권을 포함한 저작권 일체를 양도하는 조항'과 관련하여, 저작권법 규정에 의하면 저작권을 전부 양도하더라도 2차적저작물작성권은 특약이 없는 한 양도되지 않는 것으로 추정됨에도 불구하고, 위 조항은 저작자의 명시적인 동의 없이 이를 다른 지분권과 일체로 양도할 수밖에 없도록 하는 것이어서 저작자에게 불리하고, 2차적저작물작성권의 가치는 저작물이 1차 매체(출판 등)를 통해 세상에 알려지기 전에는 적정하게 형성되기 어려우므로 위 조항은 저작자가 향후 더 나은 조건으로 제3자와 계약을 체결할 권리도 부당하게 제한한다고 판단하였다.

이에 공정거래위원회는 매출액 상위 20개 출판사들에게 분리가 가능한 7가지 저작재산권(복제권, 공연권, 공중송신권, 전시권, 배포권, 대여권 및 2차적저작물작성권)을 2차적저작물작성권까지 포함하여 일체로 영구히 출판사에게 매절하도록 하고 있는 출판업계의 관행을 시정하여 저작자가 양도할 권리를 개별적으로 선택하는 것은 물론, 2차적저작물작성권의 양도에 관해서는 별도의 명시적인 특약에 의하도록 시정요구하였다.[17]

---

17) 공정거래위원회 2014. 8. 28.자 보도자료

한편, 일반적으로 법률행위의 해석은 당사자가 그 표시행위에 부여한 객관적인 의미를 명백하게 확정하는 것으로서 당사자가 표시한 문언에 의하여 그 객관적인 의미가 명확하게 드러나지 않는 경우에는 그 문언의 내용과 그 법률행위가 이루어진 동기 및 경위, 당사자가 그 법률행위에 의하여 달성하려고 하는 목적과 진정한 의사, 거래의 관행 등을 종합적으로 고찰하여 사회정의와 형평의 이념에 맞도록 논리와 경험의 법칙, 그리고 사회 일반의 상식과 거래의 통념에 따라 합리적으로 해석하여야 한다.

따라서 저작권에 관한 계약이 저작권 양도계약인지 이용 허락 계약인지 불분명하여 저작권양도 또는 이용 허락 되었음이 외부적으로 표현되지 않은 경우, 저작권자에게 권리가 유보된 것으로 유리하게 추정하여야 하고, 계약 내용이 불분명한 경우 구체적인 의미를 해석함에 있어 거래관행이나 당사자의 지식, 행동 등을 종합하여 해석하여야 한다.[18]

3 저작물 이용 허락 계약

가끔 출판사들이 저자 등과 체결한 출판 관련 계약이 출판권 설정 계약인지 아니면 저작물 이용 허락 계약인지 모호한 경우가 있다. 이러한 경우에는 계약서의 내용과 앞서 본 법률행위의 해석 원칙에 따라 판단할 수밖에 없다.

---

18) 대법원 1996. 7. 30. 선고 95다29130 판결

〈펀드투자상담사 수험용 표준교재〉사건[19]

A출판사는 F협회와 교재 제작 및 총판위탁계약(이하 '제작총판위탁계약'이라고 함)을 체결하였고, 그 후 F협회는 A출판사에게 제작총판위탁계약은 자격시험 대비 교재에 관한 독점적 출판계약권을 A출판사에게 부여하는 내용의 계약이라는 취지의 확인서를 작성해 주었다.

F협회는 협회 산하 P위원회의 주관으로 증권, 부동산 및 파생상품 펀드투자상담사 자격시험을 시행하면서, 그 자격시험의 표준교재를 제작하였다. A출판사는 F협회와 다시 교재 제작 및 총판위탁계약을 체결하고 표준교재와 동일한 내용으로 H교재 I(이하 'A출판사 교재 1'이라고 함), H교재 II(이하 'A출판사 교재 2'라고 함), H교재 III(이하 'A출판사 교재 3'이라고 함)이라는 제목의 교재들을 발행하였다.

B회사는 증권, 부동산 및 파생상품 펀드투자상담사 관련 교재의 출판 및 판매와 온·오프라인을 통한 교육업 등을 하고 있고, C는 B회사의 대표이사이며, D와 E는 B회사의 소속 강사들이다. D는 A출판사 교재 3을 강의 교재로 하여, E는 A출판사 교재 1, 2를 강의교재로 하여 동영상 강의를 하였고, B회사는 이러한 동영상 강의를 웹사이트를 통해 수강생들에게 제공하고 있다.

이에 A출판사는 B회사 등이, A출판사의 독점적 출판권을 침해하였거나 A출판사가 F협회로부터 부여받은 교재에 대한 2차적 저작물작성권을 침해하였다고 주장하면서, B회사 등을 상대로 손해배상 청구 소송을 제기하였다.

■ A출판사가 독점적 출판권을 가지는 것인지(X)

 A출판사의 주장

F협회와 독점적·배타적 출판허락계약을 체결함으로써 표준 교재에 대한 독점적·배타적 출판허락을 받았다.

 B회사 등의 주장

A출판사가 F협회와 체결한 위탁계약은 A출판사가 교재의 제작 및 총판업무를 위탁받는 내용의 계약에 불과하고, A출판사에게 독점적 배타적 출판허락을 하는 계약이 아니다.

 법원의 판단

A출판사와 F협회 사이에 성립한 제작총판위탁계약은 저작물인 교재의 저작권과 출판권을 F협회에 유보하면서, A출판사에게 채권적으로 교재를 독점적·배타적으로 출판할 수 있도록 이용을 허락하는 출판이용 허락계약에 해당한다고 봄이 타당하다.

---

19) 서울고등법원 2013. 8. 22. 선고 2013나1398 판결

A출판사와 F협회 사이에 체결한 제작총판위탁계약에는 F협회가 A출판사에게 출판권을 설정해 준다는 내용은 없고, 오히려 저작물에 관한 저작권과 출판권을 F협회가 가지는 것으로 명시하고 있다. 따라서 위 제작총판위탁계약은 출판권 설정 계약이라기보다는 F협회가 A출판사에게 저작물을 이용하여 이를 제작하여 총판 등을 하도록 하는 저작물 이용 허락계약이라고 봄이 상당하다.

· · · ·

출판사들이 그림이나 사진 등을 외부에 의뢰하는 경우에는 출판권 설정 등에 관한 계약(어문저작물에 관한 계약)과는 별개로 그림 또는 사진 등의 저작권자와 저작물 이용 허락에 관한 계약을 체결해야 하고, 당해 저작물을 어떤 매체까지 이용할 수 있는지, 장래에 등장할 새로운 매체까지도 이용할 수 있는지 등 이용 매체의 범위를 명확히 해 둘 필요가 있다.

저작권에 관한 이용 허락 계약의 해석에 있어서 저작권 이용 허락을 받은 매체의 범위를 결정하는 것은 분쟁의 대상이 된 새로운 매체로부터 발생하는 이익을 누구에게 귀속시킬 것인가의 문제라고 할 것이다. 따라서 저작물 일체에 관한 이용권을 허락하는 것으로 약정하였을 뿐 새로운 매체에 관한 이용 허락에 대한 명시적인 약정이 없는 경우 과연 당사자 사이에 새로운 매체에 관하여도 이용을 허락한 것으로 볼 것인지에 관해서는 원칙적으로 다음의 사정을 고려하여 사회정의와 형평의 이념에 맞도록 해석하여야 한다.

① 계약 당시 새로운 매체가 알려지지 않은 경우인지, 당사자가 계약의 구체적 의미를 제대로 이해한 경우인지, 포괄적 이용 허락에 비하여 현저히 균형을 잃은 대가만을 지급 받았다고 보이는 경우로서 저작자의 보호와 공평의 견지에서 새로운 매체에 대한 예외조항을 명시하지 않았다고 하여 그 책임을 저작자에게 돌리는 것이 바람직하지 않은 경우인지 등 당사자의 새로운 매체에 대한 지식, 경험, 경제적 지위, 진정한 의사, 관행 등을 고려하여야 한다.

② 이용 허락 계약의 조건이 저작물 이용에 따른 수익과 비교하여 지나치게 적은 대가만을 지급하는 조건으로 되어 있어 중대한 불균형이 있는 경우인지, 이용을 허락 받은 자는 계약서에서 기술하고 있는 매체의 범위 내에 들어간다고 봄이 합리적이라고 판단되는 어떠한 사용도 가능하다고 해석할 수 있는 경우인지 등 사회일반의 상식과 거래의 통념에 따라 합리적이고 공평하게 계약 내용을 해석해야 한다.

③ 새로운 매체를 통한 저작물의 이용이 기존의 매체를 통한 저작물의 이용에 미치는 경제적 영향, 만일 계약 당시 당사자들이 새로운 매체의 등장을 알았더라면 당사자들이 다른 내용의 약정을 하였으리라고 예상되는 경우인지, 새로운 매체가 기존의 매체와 사용, 소비 방법에 있어 유사하여 기

존 매체시장을 잠식, 대체하는 측면이 강한 경우여서 이용자에게 새로운 매체에 대한 이용권이 허락된 것으로 볼 수 있는지 아니면 그와 달리 새로운 매체가 기술혁신을 통해 기존의 매체시장에 별다른 영향을 미치지 않으면서 새로운 시장을 창출하는 측면이 강한 경우여서 새로운 매체에 대한 이용권이 저작자에게 유보된 것으로 볼 수 있는지 여부 등 새로운 매체로 인한 경제적 이익의 적절한 안배의 필요성 등을 종합적으로 고려하여야 한다.[20]

4 매절계약

매절계약은 출판업계에서 자주 통용되는 계약 형태지만, 이는 대가를 인세가 아닌 원고료의 형태로 한꺼번에 지급하는 경우를 통칭하여 이르는 것으로, 출판과 관련된 특정한 형태의 계약이라기보다는 대가의 지급방법과 관련된 것이어서 전형적인 출판계약과는 그 의미가 전혀 다르다. 그러다보니 계약서의 명칭을 '매절계약서'라고 기재한 경우에는 그것이 저작권 양도계약인지 여부 등이 다투어지는 경우가 종종 있다. 매절계약을 체결한 때에는 그 원고료로 일괄지급한 대가가 인세를 훨씬 초과하는 고액이라는 등의 소명이 없는 한 이는 저작권 양도계약이라기 보다는 출판권 설정 계약 또는 독점적 출판계약이라고 보는 것이 합리적이다.[21]

---

20) 대법원 1996. 7. 30. 선고 95다29130 판결
21) 서울민사지방법원 1994. 6. 1. 선고 94카합3724 판결

그러나 매절계약을 체결했다고 하여 무조건 저작재산권 양도계약 또는 출판권 설정 계약 등이 되는 것이 아니라, 당해 매절계약에 담겨진 내용에 따라 그 계약의 형태가 결정되는 것이므로, 출판사들은 매절계약이라는 명칭으로 계약을 체결하기보다는 당사자들이 목적으로 하는 계약의 형태를 특정하여 그에 맞는 계약서 명칭을 기재하는 것이 바람직하다.

5 외주계약

인력이 부족한 소규모 출판사의 경우, 통상 편집저작물에 해당되는 서적을 출판하기 위해 그 편집을 외부에 맡기는 경우가 있다. 이와 같은 경우 가장 유념해야 할 점은 당해 편집저작물의 저작권을 누구에게 귀속시킬지를 명확히 해두어야 한다는 것이다. 일반적으로 출판사들이 편집에 관한 외주를 주는 경우, 개인적인 친분 관계 등으로 인해 별도로 계약서를 작성하지 않는 경우가 많다 보니, 그 완성된 편집저작물의 저작권에 관하여 외주를 준 출판사의 입장에서는 외주에 대한 대가를 지급했다는 이유로 당연히 자신이 그 편집저작물에 관하여 저작권을 가진다고 여기는 반면, 외주를 받아 실제로 편집 작업을 한 편집자 입장에서는 당해 편집저작물은 자신이 직접 창작한 것이기 때문에, 그에 관한 저작권은 자신에게 있다고 여기게 된다.

이러한 생각의 차이로 인해, 편집자는 출판사에게 편집저작물을 완성하여 넘긴 뒤에도 자신이 저작권을 가지고 있다는 이유로, 편집저작물의 저작권을 제3자에게 양도하는 경우가 종종 발생하게 된다. 물론 원칙적으로 저작권은 해당 저작물을 창작한 자에게 귀속되는 것이기 때문에, 비록 출판사가 편집에 관한 외주를 주어 그에 대한 대가를 지급했다고 하더라도, 그 편집저작물에 관한 저작권은 외주를 받은 편집자가 가지게 된다.

따라서 출판사 입장에서 외주를 준 편집저작물의 저작권을 확보하여 이에 대한 온전한 권리를 행사하기 위해서는 편집자와 반드시 외주계약서를 작성하여 '당해 편집저작물의 저작권은 출판사에게 귀속된다' 라는 저작권 귀속에 관한 명확한 문구를 넣어 두는 것이 무엇보다도 중요하다.

출판물에 삽입할 그림 등을 외부업체에 제작의뢰하는 경우, 출판사로서는 외부업체가 그린 그림 등이 타인의 저작권을 침해한 것인지 여부를 확인할 방법이 없기 때문에 계약서에 '추후 그림 등으로 인해 발생하는 저작권 분쟁 등 법적문제에 대해서는 외부업체가 모든 책임을 부담한다' 는 취지의 문구를 넣어 둘 필요가 있다. 그리고 이 경우에도 출판사는 추후 그림 등을 보다 자유롭게 활용하고자 한다면 그 그림에 대한 저작권을 출판사가 가진다는 문구를 계약서에 명시해야 할 것이다.

---

22) 서울동부지방법원 2010. 2. 10. 선고 2009가합17996(본소), 18005(반소) 판결

〈외부 제작물의 제3자 권리 침해〉 사건[22]

유아·아동도서를 출판하는 A출판사는 , B에게 3권 분량의 동화책(이하 '이 사건 동화책'이라고 함)에 그림을 그려줄 것을 의뢰하여, 이에 관한 계약(이하 '이 사건 계약'이라고 함)을 체결하였다. 이 사건 계약에는 '계약에 포함된 모든 그림은 B가 직접 그린 것이어야 하며, 다른 사람의 저작물을 베낌으로써 발생하는 법적 문제는 B가 책임을 진다'라는 조항이 있었다.

A출판사는 이 사건 동화책을 출판하여 판매하던 중 C로부터 B가 그린 그림이 자신의 저작권을 침해하였다는 통보를 받았고, 그 후 C는 A출판사와 B를 상대로 저작권 침해를 원인으로 하는 출판금지 및 손해배상 등 청구 소송을 제기하였다. 이 소송의 1심 법원은 C의 그림들과 B의 그림들 일부 사이에 실질적 유사성을 인정하여 C 승소 판결을 하였고, 2심법원에서도 1심 판결과 거의 유사한 내용으로 임의조정이 성립되었다.

A출판사는 C의 요구에 따라 위 소송 진행 전부터 이 사건 동화책의 출고를 보류하고 이미 공급받은 거래처에 판매 보류 및 반품을 통보하여 이 사건 동화책을 회수하였으며, 이 사건 동화책에서 C가 문제 삼은 그림들을 교체하여 판매하였다.

A출판사는 B가 이 사건 계약을 위반하였으므로, 이 사건 동화책을 출판하고 다시 회수함으로써, 인쇄하고도 판매하지 못하거나 반품 받은 서적들의 공급가액 상당, 그림 교체비용, A출판사가 C와의 소송에서 지출한 변호사 비용, A출판사의 영업손실 및 명예, 신용 실추에 따른 정신적 피해를 입었다는 이유로, B를 상대로 손해배상 청구 소송을 제기하였다.

■ B에게 손해 배상 책임이 있는지(O)

 B의 반박

C의 그림은 다른 해외 및 국내 작가의 그림 등을 그대로 모방한 것으로 창작성이 결여되어 있어 저작물로 보호될 수 없다. C의 그림과 B의 그림을 전체적으로 고찰할 경우 실질적 유사성을 인정할 수 없으며, 두 작가의 역량 차이 및 C 서적의 출판, 절판 시기 등을 고려할 때 의거관계 역시 인정되지 않는다. 따라서 B는 C의 저작권을 침해한 바 없으므로, C의 요구에 따라 그림을 교체한 A출판사의 손해를 B가 책임질 이유도 없다.

 법원의 판단

1) C 그림의 창작성

C의 그림 속 인물, 동물, 배경이 된 나무 등의 표정, 동작, 색채, 모양 등을 보면 전체적으로 다른 작가들의 그림과는 구별되는 C 나름의 독자성을 갖고 있어, 단순히 기존의 다른 작가들의 그림을 모방하였다기보다는 아동을 대상으로 하는 서적에 삽입될 그림으로 독자의 성향을 고려한 C의 정신적 노력의 소산이라고 볼 수 있으므로, 이는 저작권법상 보호될만한 창작물이라 할 것이다.

2) 실질적 유사성 및 의거성

B의 그림 가운데 일부는 그 동작·형태의 기본적인 윤곽선이 전체적으로 일치하여 독자에게 C의 그림과 매우 유사한 인상과 미감을 전해주고 있으므로, B의 그림과 C의 그림 사이에 실질적 유사성이 인정되고, B의 그림은 C의 그림을 토대로 작성된 것이라고 추정되어 의거 관계 역시 인정된다.

3) A출판사에 대한 손해배상 책임 발생

B는 이 사건 계약에 따라 A출판사에 대하여 이 사건 동화책의 그림을 타 저작물을 베끼지 않고 모두 직접 그릴 의무를 부담하고, 만약 타 저작물을 베끼는 등으로 법적 문제가 발생하면 책임을 지기로 하였다.

B가 C의 그림을 모방하여 저작권을 침해하였고, 이로 인하여 A출판사는 C로부터 이 사건 동화책의 그림을 수정할 것을 요구받았을 뿐 아니라, C로부터 소송까지 제기당하는 등 법적인 문제가 발생하였으므로, B는 그 법적인 문제를 해결할 의무를 부담하고, A출판사가 위 문제를 해결하기 위하여 비용을 지출하는 등 손해를 입었다면 이를 배상해 줄 의무가 있다.

■ A출판사에게도 공동책임이 있는지(X)

B의 반박

A출판사는 B로부터 출판권을 설정 받아 이 사건 동화책을 출판한 발행인이므로, C와의 분쟁으로 인한 책임을 공동으로 부담해야 한다. 그리고 A출판사는 출판업자로서 B의 그림이 C의 그림과 유사하여 문제가 발생할 소지가 있다는 점을 간과한 책임이 있으므로 설령 B에게 손해배상 책임이 있다 하더라도 A출판사의 과실을 참작하여야 한다.

법원의 판단

B는 현재 우리나라 동화책 삽화계의 중진 작가로서 그동안 어린이 도서만 100권 이상을 작업하였고, 수십 년에 걸쳐 삽화를 그려온 B의 삽화가로서의 역량, 출판미술협회 회원으로서 B의 사회적 지위, 학력 등에 비추어, 발행인인 A출판사로서는 삽화계의 전문가인 B가 타 저작물을 베끼지 않고 독창적으로 그림을 그릴 것을 신뢰하는 것으로 족하고, 더 나아가 B의 그림이 다른 삽화가의 그림을 모방하였는지 시중에 출판된 삽화들과 일일이 확인하여 문제가 발생할 소지가 있음을 확인할 주의 의무까지 부담하지는 않는다고 봄이 상당하므로, B의 위 주장은 이유 없다.

■ B가 A출판사에게 부담해야 하는 손해의 범위

1) 이 사건 동화책 출고 보류 및 반품에 따른 손해(O)

A출판사는 C로부터 이 사건 동화책의 그림이 C의 그림을 모방하였으니 출고하지 말아달라는 요청을 받았고, B의 그림과 C의 그림 사이에 실질적 유사성이 인정되는 점에 비추어 보면, A출판사로서는 분쟁을 더 확대시키지 않기 위하여 우선 문제된 그림이 들어 있는 이 사건 동화책의 출고와 출판을 보류하고, 이미 거래처에 납품된 서적을 회수하고 반품 받는 등의 조치를 취할 필요가 있었다. 그러므로 출고 보류 및 회수, 반품으로 인하여 서적을 납품하지 못함으로써 A출판사가 입은 손해와 B의 저작권 침해 행위 사이에 상당한 인과관계가 인정된다. 따라서 A출판사는 위 출고 보류, 회수, 반품 받은 서적을 정상적으로 납품하였다면 얻을 수 있었던 이익 상당의 손해를 입었으므로, B는 A출판사에게 이를 배상할 의무가 있다.

2) 그림 교체 비용(O)

A출판사는 B의 저작권 침해 행위로 인하여 이 사건 동화책의 그림을 교체하였고, 문제된 그림 외에 이야기의 흐름상 관련된 그림들을 모두 교체해야만 했으므로, B는 A출판사에게 이에 소요된 비용을 배상할 의무가 있다.

3) 변호사 비용(O)

A출판사는 B의 저작권 침해 행위로 인하여 C로부터 소송을 제기당하여 그 방어비용으로 변호사 비용을 지출하였다. 이 비용은 관련 소송 사건의 성격과 소송 목적물의 가액 등에 비추어 상당한 금액이라고 판단되므로, B는 A출판사에게 위 변호사 비용을 배상할 의무가 있다.

4) 위자료(X)

B가 C의 저작권을 침해함으로써 입은 A의 정신적 고통은 A출판사가 지출한 출고 보류 및 반품에 따른 손해, 그림 교체 비용, 변호사 비용 상당의 재산상 손해를 배상받음으로써 함께 배상받는다고 봄이 경험칙상 상당하므로, A출판사의 위자료 지급 청구는 이유 없다.

평 석

일반적인 출판 관련 계약서에는 저작자의 저작물이 타인의 저작권을 침해하지 않음을 보증하고, 저작권 분쟁이 발생하면 그에 따른 책임을 저작자가 진다는 계약 조항이 포함되어 있다. 이 사건 법원은 저작자인 B가 그린 그림이 C의 저작권을 침해하였다는 점을 인정한 후, B는 A출판사에게 이 사건 동화책의 출고 보류 및 반품으로 인한 손해, 그림 교체 비용, 변호사 비용을 배상하여야 한다고 판단하였다.

1 2 1
출판 관련 계약 시
선불금의 성격

보통 출판업계에서 원고료를 지급하는 방식은 크게 원고매절 방식과 인세지급 방식이 있다. ① 원고매절 방식은 출판사측에서 저자에게 인세를 지급하는 대신 일정액의 원고료를 일괄지급하고 저작물을 매입하여 복제·배포할 수 있는 권리를 가지며, 저작물의 판매로 인한 이익도 출판사측에 귀속시키는 방법으로, 출판업자에게 유리한 방식이고, ② 인세지급 방식은 저작물의 정가에 대한 일정 비율의 금액에 저작물의 판매부수를 곱하여 계산한 저작권 사용료를 지급하는 방법으로, 저작권자에게 유리한 방식이다.

인세지급 방식을 채택하는 경우, 출판업자는 저작권자의 저작 활동을 독려 또는 배려하기 위해서 일정량의 예상 판매부수를 산정하여 그에 대한 대가를 선불금 또는 선인세(이하 '선불금'이라고 함) 명목으로 미리 지급한 후, 총 판매부수가 선불금에 해당하는 예상 판매부수를 상회할 경우 총판매부수에 따른 인세에서 선불금에 해당하는 금액을 우선 충당하고 나머지 금액을 정산하여 지급하고 있다.

그러나 실제 판매부수가 선불금에 해당하는 예상 판매부수에 미달할 경우에는 저작권자의 저작 노력 자체에 대한 대가 내지 그 평가액을 어떻게 산정할 것인지가 문제되고, 결국 출판업자와 저작권자의 상충하는 이해관계를 합리적으로 조절·해결해야 할 필요성이 강하게 대두된다. 이 경우 출판업자와 저자 사이에 수수한 선불금의 성격을 어떻게 파악할 것인지는 당사자의 지위와 계약의 체결 경위, 계약서에 기재된 문구와 그 내용, 특히 출판업계에서 통용되는 저작권 사용료의 지급방식, 저작권자의 저작활동을 어떻게 평가할 것인지 여부 등을 두루 살펴 파악해야 한다.

보통 선불금을 포함하여 인세는 저자의 지명도와 책의 판매가능성, 예상 매출액의 규모, 출판 후 판매 부진에 따른 위험 등 출판업자의 기대를 고려하여 정해지는데, 만약 해당 저작물의 실제 판매부수가 저조하여 판매부수에 상응하는 인세를 공제한 나머지 선불금을 반환해야 한다면, 저자로서는 저작물의 창작을 위하여 투여한 노력 자체는 전혀 인정받지 못하는 반면 출판사는 해당 저작물의 판매에 관한 어떠한 위험도 부담하지 않게 되어 당사자 간 형평에도 맞지 않고 신의칙 내지 조리에도 반한다. 따라서 저작권자의 저작활동을 보장하는 안전장치로서, 그리고 손해의 공평한 분담을 위한 장치로서 최소한의 대가 지급이 필요하다.

---

23) 서울남부지방법원 2012. 9. 4. 선고 2011가단61916 판결

〈선불금 반환 청구〉 사건[23]

A출판사는 만화작가 B, 스토리작가 C와 고등학생용 생물 총 3권의 학습만화 교재 출판계약을 체결하고, 다시 B와 스토리작가 D, E, F와 고등학생용 국사 총 3권의 학습만화 교재 출판계약을 추가로 체결하였다(이하 생물 3권과 국사 3권을 합하여 '이 사건 만화교재'라 하고, 위 각 출판계약을 합하여 '이 사건 출판계약'이라고 함). 이 사건 출판계약에는 1만 부를 기준으로 한 선불금을 지급하고, 이를 인세에서 우선 공제하는 것으로 명기되어 있다.

A출판사는 《쉽게 보는 수능4교시》라는 제목으로 생물 1, 국사 1, 2의 만화교재(이하 '이 사건 출판교재'라고 함)를 출판하였다.

B는 A출판사에게 생물 2의 원고를 넘겼지만, A출판사는 교정과 조판을 마친 상태에서 B로부터 출판권 소멸통고서를 받는 등의 사정으로 정상 출판하지 않았고, 그 후 인터넷 서점에는 이 사건 출판교재가 절판되거나 품절되었다는 안내문구가 게재되었다.

이에 B는 출판계약을 위반하였다는 이유로 A출판사에게 출판권 소멸통고서를 발송하였고, A출판사는 국사 3권, 생물 3권의 세트가 맞춰지지 않으면 의미가 없으므로, 나머지 미완성 교재에 대한 계약위반 책임을 묻겠다는 반박서를 보냈다.

그 후 A출판사는 B에게 출판권 이양승인서를 교부했고, B는 직접 출판사를 설립하여 제목만 《생강》으로 변경한 만화 참고서를 출판하여 판매하기 시작했다.

A출판사는 B를 상대로 A출판사가 B에게 지급한 선불금 가운데 실제 판매부수에 따른 인세를 공제한 나머지 금액의 반환을 구하기 위한 선불금 반환 청구 소송을 제기하였다.

■ 이 사건 선불금의 성격 (계약금 X, 원고료 O)

 A출판사의 주장

A출판사가 이 사건 출판계약에 따라 B에게 지급한 금원은 이 사건 만화교재의 판매부수에 따라 장차 지급할 인세 가운데 교재별 적정 예상 판매량인 각 1만 부씩에 대한 인세를 산정하여 미리 지급한 것이다. 그런데 이 사건 출판교재의 실제 판매부수가 각 1만 부에 미달하였으므로, B는 실제 판매부수에 따른 인세를 제외한 나머지 금액을 A출판사에게 반환해야 한다.

 법원의 판단

① 이 사건 출판계약에는 여러 곳에서 B의 계약위반에 따른 A출판사의 손해배상 청구 규정을 두고 있지만, 그 손해배상 또는 위약벌(채무를 이행하지 않을 경우, 채무자가 채권자에게 돈이나 물건을 줄 것을 미리 약속하는 것) 등과 관련하여 'B가 계약 위반 시 선불금의 배액을 배상한다'는 등의 산정기준이 되는 규정을 전혀 두고 있지 않다. 따라서 이 사건 선불금이 이 사건 출판계약에 따른 손해배상금 등의 산정기준이 될 수 있는 계약금 명목으로 수수된 것으로 볼 수는 없다.

② 이 사건 출판계약에는 A출판사가 B에게 지급한 선인세 가운데 미정산 금액이 남아 있을 경우를 가정한 '선인세 공

제(정산) 규정 또는 '남은 금액만큼 다른 저작물로 대체 공급한다'는 취지의 별도 규정이 없다. 따라서 이 사건 출판계약의 체결 당시 A출판사와 B 사이에는 이 사건 만화교재가 출판된 후 그 실제 판매부수가 각 1만 부에 미달할 경우 이 사건 선불금을 어떻게 정산할 것인지 여부에 대해서는 전혀 생각하지 않았던 것으로 볼 수 있다.

③ A출판사는 출판권 이양승인서를 B에게 교부하면서 '이 사건 만화교재 각 권당 1만 부에 대한 선인세는 기지급되었다. 기출간된 이 사건 출판교재의 제작물(필름, 인쇄물, 도서)의 소유권과 제목에 대한 권리는 A출판사에게 있다'는 내용으로 통지하였다. 따라서 당시 A출판사는 이 사건 선불금이 실제 판매부수량에 연동하여 정산 지급된 성격의 돈이 아니라, A출판사가 기출간된 이 사건 출판교재를 포함하여 각 1만 부씩에 대한 교재 출판권과 판매권을 독점적으로 갖는 것을 전제로 그에 대한 총량적인 대가로 지급된 것으로 파악하고 있었다고 볼 수 있다.

위와 같은 사정을 종합해 볼 때, 이 사건에서 A출판사가 B에게 선불금 또는 선인세 명목으로 지급한 금원은, 이 사건 만화교재의 실제 판매부수에 따른 인세가 위 선불금을 초과하는 경우에는 선인세로서 공제 또는 우선충당의 대상이 되지만, 그에 미달하는 경우에는 B의 창작활동에 대한 대가 명목으로 지급된 원고료로서의 성격을 갖는다고 봄이 옳다.

따라서 각 1만 부씩에 해당하는 원고료를 지급함으로써, 이 사건 만화교재에 대한 독점적인 출판권과 판매권을 확보한 A출판사가 위 출판부수의 범위 내에서 자체적인 출판계획과 예상 판매량 등을 감안하여 각 1만 부씩 출간하든 또는 그 미달하는 부수를 출판하여 판매하든 그 출고부수 또는 판매부수에 상관없이 적어도 각 1만 부에 해당하는 선불금에 대해서는 특별한 사정이 없는 한 그 반환을 청구할 수 없다고 보아야 한다. 그리고 B 역시 위와 같이 지급받은 선불금의 범위 내에서는 그에 상응하는 A출판사의 이 사건 출판교재에 대한 출판권과 판매권을 부정할 수 없다.

■ B의 선불금 반환 범위

1) 생물 1권, 국사 1·2권 관련 선불금 반환 의무(X)

이 사건 출판교재의 실제 판매부수에 따른 인세가 선불금에 미달한다고 하여 B가 A출판사에게 이 부분 선불금을 반환할 의무는 없다.

2) 생물 2권 관련 선불금 반환 의무(X)

B가 A출판사에게 생물 2권의 원고를 인도했지만 A출판사가 여러 사정을 이유로 이를 출판하지 않았다. A출판사가 생물 2권에 대한 선불금을 지급하고 그 원고를 인도받음으로써 위 교재에 대한 독점적인 출판권과 판매권을 이미 확보

해 놓은 이 사건에서, 이 사건 출판계약이 B의 채무불이행이 아닌 A출판사와 B의 쌍방 '합의 해지'로 종료된 이상, A출판사는 생물 2권에 대한 원고료 지급을 면할 수는 없다. 따라서 A출판사는 B에게 이 부분에 대한 선불금 역시 반환을 청구할 수 없다.

3) 생물 3권, 국사 3권 관련 선불금 반환 의무(O)

B가 A출판사에게 이 사건 만화교재 가운데 생물 3권, 국사 3권에 대한 원고를 인도하지 않았음은 당사자 사이에 다툼이 없고 이 사건 출판계약은 합의 해지로 종료되었다. 따라서 A출판사는 B에게 이 부분 교재에 대한 원고료를 지급할 의무가 없으니, B가 지급받은 선불금 가운데 이 부분 교재에 해당하는 액수만큼은 부당하게 이익을 취득한 것이므로 A출판사에게 반환해야 한다.

평 석

출판 관련 계약서에는 선급금에 관한 조항을 두는 경우가 일반적이다. 선급금 조항은 보통 일정 금액을 선급금으로 지급하고 추후 인세에서 공제한다는 내용이다. 그러다보니 해당 선급금이 순수하게 선인세로서의 성격만 갖는지 아니면 원고료의 성격도 함께 갖는지 명확하지 않다. 물론 출판 관련 계약의 내용이 제대로 이행되고 인세가 선급금을 초과하는 경우라면, 출판사는 저작자에게 계약 내용대로 인세를 초과 금액에 대해서만 지급하면 되므로 아무 문제 없다. 그러나 출판 관련 계약에 문제가 발생하여 계약이 종료되고 인세 금액이 선급금보다 적은 경우에는 저작자가 출판사에게 그 차액만큼을 반환해야 하는지가 문제된다.

선급금이 순수하게 선인세의 성격만을 갖는다면 저작자는 실제 인세와 선급금과의 차액을 출판사에게 반환해야 한다. 그러나 선급금이 원고료의 성격을 갖는 것이고 계약 종료 당시 저작자가 출판할 원고를 출판사에게 인도한 상태라면, 저작자는 원고와 관련된 계약 상의 의무를 모두 이행한 것이므로 출판사에게 선급금을 반환할 필요가 없다.

이와 관련하여 이 사건 법원은 선급금의 성격을 원고료로 판단하였다. 이를 전제로 법원은 ① 생물 1권, 국사 1, 2권은 이 사건 계약 종료 당시 A출판사가 이미 출판하였으므로, B는 A출판사에게 위 교재들과 관련된 선급금을 반환할 의무가 없다. ② 생물 2권은 이 사건 계약 종료 당시 B가 A출판사에게 원고를 넘겨주었지만 단지 A출판사의 사정으로 출판하지 않은 것이므로, B는 생물 2권의 원고 인도 의무를 이행한 것이 되어서 A출판사에게 생물 2권과 관련된 선급금을 반환할 의무가 없다. ③ 생물 3권, 국사 2권, 3권은 이 사건 계약 종료 당시 B가 A출판사에게 위 교재들에 관한 원고를 넘겨주지 않았으므로, B는 위 교재들의 원고 인도 의무를 이행한 것이 아니게 되어 A출판사에게 위 교재들과 관련된 선급금을 반환할 의무가 있다고 판단하였다.

PART

05

· · · · · · ·

출판 관련
저작권 침해
판단

저작권 침해 여부를 판단함에 있어서 저작권 침해를 당했다고 주장되는 작품 등이 저작권법에 의해 보호 받을 수 있는 저작물에 해당하는지 여부는 가장 중요하고 핵심적인 부분이다. 따라서 저작권에 대해 알고자 한다면 먼저 저작물성이 무엇이고, 그러한 저작물성이 실제 저작권 침해 사건에서 어떤 역할을 하는지를 알아야 한다. 특히 사실적·기능적·학술적 저작물과 관련해서는 그것의 저작물성 여부에 따라 저작권 침해 여부가 판가름 나기 때문에 더욱 그렇다.

대법원은 저작물성을 판단하는 가장 기본적인 논리와 관련하여 "저작권의 보호 대상은 사람의 정신적 노력에 의하여 얻어진 사상 또는 감정을 말이나 문자 등에 의하여 구체적으로 외부에 표현한 창작적인 표현 형식일 뿐이고, 표현되어 있는 내용 즉 아이디어나 이론 등의 사상 및 감정 그 자체는 설사 그것이 독창성이나 신규성이 있다 하더라도 원칙적으로 저작권의 보호 대상이 되지 않는다"[24]라고 판시하고 있고, 아무리 표현되어 있더라도, 그것이 해당 저작물과 관련하여 전형적으로 수반되는 내용이거나 종래에 이미 존재했던 표현인 경우에도 저작권법상 보호대상이 되지 않는다고 보고 있다.[25]

---

24) 대법원 1999. 11. 26. 선고 98다46259 판결
25) 대법원 2000. 10. 24. 선고 99다10813 판결, 대법원 1991. 8. 13. 선고 91다1642 판결 등

저작물성

1 저작물성이 인정된 경우

저작물은 '인간의 사상이나 감정을 표현한 창작물'이고, 창작물은 '창작성이 있는 저작물'을 의미하며, 창작성은 완전한 의미의 독창성이 아니라, 남의 것을 모방하지 않고 작자 자신의 독자적인 사상 또는 감정의 표현을 담고 있음을 의미할 뿐이기 때문에 이러한 요건을 충족하기 위해서는 단지 저작물에 저작자 나름의 정신적 노력의 소산으로서의 특성이 부여되어 있고 다른 저작자의 기존의 작품과 구별할 수 있을 정도면 충분하다.[26]

앞서 본 《삼국지》 사건(81쪽 참고)에서 B는 A가 출판한 《전략삼국지》가 그 원저작자인 일본인 만화가에 의해 모두 창작된 것이 아니고, 일부 중국 만화 원전을 그대로 베낀 것이어서 불법작품에 해당하므로 A는 출판권을 주장할 수 없다고 반박했지만, 이에 대해 법원은 "A의 《전략삼국지》는 중국의

---

26) 대법원 2005. 1. 27. 선고 2002도965 판결

고전 《삼국지연의》의 사상과 감정을 만화의 형식을 통하여 새롭고 독특하게 표현하고 있으므로, 비록 전부 창작된 것이 아니고 부분적으로 중국 만화 원전과 유사한 표현이 존재한다고 하더라도, 그것이 남의 작품을 그대로 모방한 정도에 이르렀다고 인정할 자료가 없는 이상 《전략삼국지》는 창작성 있는 저작물이라 할 것이다"라고 판시한 바 있다.[27]

저작물에는 순수한 창작으로 만들어진 것뿐만 아니라 2차적저작물도 당연히 포함된다. 이와 관련하여 우리 저작권법에서는 '원저작물을 번역·편곡·변형·각색·영상제작 그 밖의 방법으로 작성한 창작물(2차적저작물)은 독자적인 저작물로서 보호된다'고 규정하고 있다(저작권법 제5조 제1항). 따라서 2차적저작물로 보호받기 위해서는 원저작물을 기초로 하되, 원저작물과 실질적 유사성을 유지하면서도 이것에 사회통념상 새로운 저작물이 될 수 있을 정도의 수정·증감을 가하여 새로운 창작성이 부가되어야 하는 것이다.[28]

출판물의 경우에는 출판물을 구성하는 각각의 것은 비록 저작물성이 없더라도 그 소재의 선택과 배열 또는 구성에 창작성이 있는 경우에는 편집저작물로서 독자적인 보호를 받을 수 있다(저작권법 제2조 제18호, 제6조).

---

27) 서울고등법원 2003. 8. 19. 선고 2002나22610 판결
28) 대법원 2010. 2. 11. 선고 2007다63409 판결

이와 관련하여 법원은 "한국입찰경매정보지는 법원게시판에 공고되거나 일간신문에 게재된 내용을 토대로 경매사건번호, 소재지, 종별, 면적, 최저경매가로 구분하여 수록하고 이에 덧붙여 피해자 직원들이 직접 열람한 경매기록이나 등기부등본을 통하여 알게 된 목적물의 주요 현황, 준공일자, 입주자, 임차금, 입주일 등의 임대차관계, 감정평가액 및 경매결과, 등기부상의 권리관계 등을 구독자가 알아보기 쉽게 필요한 부분만을 발췌·요약하여 수록한 것으로, 그 소재의 선택이나 배열에 창작성이 있는 것이어서 독자적인 저작물로서 보호되는 편집저작물에 해당한다"고 판시하였다.[29]

이에 반해 법조수첩과 관련하여 법원은 "일지 형태의 법조수첩은 그 수첩을 이용하는 자가 법조 유관기관 및 단체에 관한 사항과 소송 등 업무처리에 필요한 사항 등을 손쉽게 찾아볼 수 있다고는 하지만, 유용한 기능 그 자체는 창작적인 표현 형식이 아니므로, 위 수첩에 이러한 기능이 있다고 하여 곧바로 편집저작물에 요구되는 최소한의 창작성이 있다고 할 수는 없다. 위 수첩에 수록된 자료들은 법조 유관기관이나 단체가 배포하는 자료 또는 종래 법전 등이나 일지 형식의 수첩형 책자에 수록되어 있는 것이어서 누구나 손쉽게 구할 수 있고, 법률사무에 종사하는 자를 대상으로 한 일지 형태의 수첩을 제작하는 자라면 누구나 위 수첩에

29) 대법원 1996. 12. 6. 선고 96도2440 판결

실린 자료와 동일 또는 유사한 자료를 선택하여 수첩을 편집할 것으로 보인다. 또 위 수첩에 나타난 조직과 기능별 자료배치 및 법률사무에 필요한 참고자료의 나열 정도는 그와 같은 종류의 자료의 편집에서 통상적으로 행하여지는 편집방법이므로 위 일지 형태의 법조수첩은 그 소재의 선택 또는 배열에 창작성이 있는 편집물이라고 할 수 없다"고 판시하여 그 편집저작물성을 부정하였다.[30)]

(1) 학술적 서적 등의 저작물성

학술 범위에 속하는 저작물의 경우, 그 학술적인 내용은 누구에게도 자유로운 이용이 허용되어야 하는 것이기 때문에, 그 저작권의 보호는 창작적인 표현 형식에만 해당하게 된다. 그러므로 두 저작물 사이에 실질적인 유사성이 있는지 여부를 판단함에 있어서도 창작적인 표현 형식에 해당하는 것만을 가지고 대비하여야 한다.[31)]

---

30) 대법원 2003. 11. 28. 선고 2001다9359 판결
31) 대법원 1999. 11. 26. 선고 98다46259 판결

〈소아과 관련 서적〉 사건[32]

소아과 전문의 H는 일반인들과 육아상담을 하면서 자주 받았던 질문 내용들과 병원에서 진료를 하면서 받았던 질문 내용들을 기초로 하여 《삐뽀삐뽀 119 소아과》(이하 119 소아과라고 함)을 집필하였다.

A출판사는 H와 119 소아과에 대한 출판권 설정 계약을 체결하여 이를 제작·판매하여 왔고, 위 책에 대한 개정판에 대하여도 출판권 설정 계약을 체결하였다.

B출판사는 소아과 의사가 아기 엄마에게 친절하게 정보를 알려 주는 형태의 도서를 기획한 후 집필자로 적당한 소아과 의사를 물색하던 중, 소아과 전문의 L에게 《아기주치의》의 저작을 의뢰하여 L이 이를 저술하고, 출판권 설정 계약을 맺어 제작·판매하였다.

이에 A출판사는 B출판사와 L(이하 이를 통칭하여 'B출판사 등'이라고 함)이 119 소아과의 내용을 그대로 전재하거나 약간 변형하여 《아기주치의》를 제작·판매함으로써 A출판사의 출판권을 침해하였다는 이유로, B출판사 등을 상대로 출판권 침해에 따른 금지청구 소송을 제기하였다.

---

32) 서울남부지방법원 2012. 9. 4. 선고 2011가단61916 판결

B출판사 등의 반론

119 소아과는 책 출간 이전부터 단행본이나 육아잡지, 일간지의 건강 정보 등을 통하여 상식화된 내용이고, 대개 소아과 의사들이 주로 사용하는 용어를 기초로 하여 기술되어 있으며 그 표현 방법까지 일반적인 육아정보를 복제·재구성한 것이거나, 아이디어에 불과하여 저작권법의 보호대상인 창작적인 표현 형식에 해당한다고 할 수 없다.

법원의 판단

119 소아과의 각 해당 부분의 구체적인 내용이 B출판사 등의 주장처럼 그 자체로 독창적인 정도는 아니고 기존의 의학서적과 공통되거나 공지의 사실을 기초로 하고 있다고 할지라도, H가 수년간 pc통신 등을 통하여 아기 엄마들과 상담한 결과를 정리하여 나름대로의 표현방식에 따라 저술한 이상, 이는 H의 창조적인 정신적 노력에 의하여 만들어진 작품으로서의 성격을 가지고 있다 할 것이고, 거기에 일부 기존의 이론 등이 포함되었다 하여 이를 달리 볼 것이 아니므로, A출판사의 119 소아과는 저작권법에 의하여 보호되는 저작물로서의 창작성을 가지고 있으므로, B출판사 등의 이 부분 주장을 받아들이지 아니한다.

이 사건에서 법원은 "119 소아과의 세부적인 내용들은 기존의 의학서적 등에 나와 있는 것을 토대로 했더라도, 구체적인 표현 형식에는 H의 개성이 들어가 있다"고 하며 119 소아과를 저작권법상 보호되는 저작물로 인정하였다. 이와 같이 학술적인 내용의 서적이라도 구체적인 표현에 저자의 개성이 나타나 있으면 저작물이 될 수 있다.

· · · ·

국가고시나 전문자격시험의 수험서와 같은 실용서적의 경우에도 그 내용 자체는 기존의 서적, 논문 등과 공통되거나 공지의 사실을 기초로 한 것이라도 작성자 나름의 표현방식으로 개성이 표현된 것이라면 창작물에 해당한다.[33]

〈펀드투자상담사 수험용 표준교재〉 사건(110쪽 참고)에서 법원은 "위 교재는 작성자가 독자의 이해를 돕기 위하여 구성 및 배열 방식, 어휘, 도표 등의 시각적 자료 등을 선택·사용하여 서술하고, 그 표현에 작성자의 이해나 평가 등이 반영됨으로써 작성자의 개성이 표현으로 드러나 있으므로, 저작권의 보호대상이 되는 저작물에 해당한다"라고 그 저작물성을 인정하였다.[34]

---

33) 대법원 2012. 8. 30. 선고 2010다70520, 70537 판결
34) 서울고등법원 2013. 8. 22. 선고 2013나1398 판결

(2) 실존인물을 모델로 한 소설의 저작물성

〈핵물리학자 이휘소 평전〉 사건[35]

A는 이휘소의 평전인 《핵물리학자 이휘소》 (이하 'A의 평전'이라고 함)의 편저자이고, B는 이휘소를 모델로 한 소설 《플라투늄의 행방》 (이하 'B의 소설'이라고 함)의 저자이다.

A의 평전은 A가 수집한 자료들과 당시 항간에 떠돌던 소문을 편집한 부분과 A가 창작한 허구 부분이 결합되어 있다.

B는 A의 평전을 읽은 후 B의 소설을 저술했는데, 이휘소에 대한 사실적 묘사를 위하여 A의 평전을 상당부분 참고하였고, 소설을 출판하기 전에 A에게 A의 평전의 일부 내용을 인용한 것에 대한 승낙을 요청하였다.

그 후 A는 B에게 B의 소설이 A의 평전을 표절하였다는 내용의 내용증명을 발송하였다. A는 B가 A의 허락 없이 A의 평전의 핵심 내용인 60여 페이지 상당 부분(크게 제1 이용부분, 제2 이용부분으로 나눔)을 무단으로 전재하고 A가 창작한 허구적 스토리들을 그대로 이용하는 등 A의 평전을 표절하여 B의 소설을 저술하였다고 주장하면서 B를 상대로 저작권 침해를 이유로 한 도서제작 금지 가처분을 신청하였다.

---

35) 서울고등법원 1997. 7. 9. 선고 96나18627 판결

순수한 허구를 바탕으로 한 소설의 경우에는 그 자체에 작가의 독창성과 신규성이 그대로 녹아있기 때문에 그것의 저작물성을 인정하는 데에 큰 어려움이 없다. 그러나 역사적 사건이나 실존인물의 이야기에 작가의 상상력을 보태어 새로운 이야기로 풀어나가는 소설의 경우 그 속에는 논픽션으로 전개되는 부분 등 작가의 창작성과는 무관한 부분이 존재하기 때문에 이러한 장르의 소설도 저작권법상 보호받는 저작물에 해당될 수 있을지가 문제된다.

■ A의 평전과 B의 소설의 문학장르 상의 구분

A의 평전 가운데 본문은 전기를 바탕으로 한 창작물로서, 전기물이 사실만을 바탕으로 이루어짐에 반하여, A의 평전은 허구의 내용(예를 들어, 이휘소가 다리뼈 속에 설계도를 숨기고 귀국하여 청와대에서 박정희에게 넘겨주었다는 부분 등)이 몇 군데 포함되어 있어 문학장르 상 소설과 전기물의 중간적인 것으로 보아야 할 것이다.

한편, B의 소설은 이휘소를 모델로 했지만 실명을 그대로 사용하지 않은 모델소설로서 추리소설의 기법까지 가미한 저작물이다.

■ A의 평전이 저작권의 보호대상인지(O)

A의 평전 가운데 망인의 성장과정, 학력, 미국 유학생활, 경력, 학자로서의 뛰어난 연구업적, 당시의 시대상황과 주변정세(한국에서의 유신체제, 미국에서의 카터 대통령의 당선과 주한미군 철수 움직임 등) 하에서 이휘소가 유신과 주한미군 철수를 모두 반대하였던 일, 핵무기개발을 향한 박정희의 은밀하고도 집요한 노력, 그 과정에서 박정희가 이휘소의 도움을 필요로 하였던 점, 한국이 유도탄 개발 초기에 실패하였다가 끝내는 장거리 유도탄 개발에 성공하였던 일, 박정희가 사망한 후 국내에서는 핵무기 개발을 저지하려는 미국이 배후에서 이를 교사하였을 것이라는 소문이 한때 나돌았던 점 등은 객관적인 사실이거나 당시 항간에 나돌던 소문일 뿐이어서, 그 표현이 아닌 내용 자체는 A의 사상이 담긴 창작이라고 할 수 없고, 다만 외부에 표현된 표현 형식에 대하여만 저작권의 보호대상이 될 수 있다.

A가 허구로 지어낸 스토리 부분의 경우에는 그 표현 형식뿐만 아니라 구체화된 스토리 자체도 저작물로 보호받는다.

평 석

A의 평전은 사실적인 부분(또는 당시 항간의 소문)과 허구적인 부분이 섞여 있기 때문에, 이 둘을 나누어서 생각해 볼 필요가 있다.

먼저 사실적인 부분(또는 당시 항간의 소문)과 관련된 내용 자체는 A의 사상이 담긴 창작물이라고 할 수 없고, 그 표현 형식만이 저작권법상 보호대상이 되는 저작물이 될 수 있으므로 그 표현 형식을 베끼지 않고 그 내용만을 차용한 경우에는 이를 저작권 침해라고 볼 수 없다. 여기서 '표현 형식'이라고 함은 스토리를 표현하는 방식으로서 동일한 스토리라고 하더라도 이를 표현함에 있어서는 각자의 개성에 따라 다르게 표현될 수 있는 것이므로, 이러한 표현 형식을 베낀 경우에는 저작권 침해가 될 수 있는 것이다.

반면, 허구적인 부분은 표현 형식뿐만 아니라 내용도 저작권법상 보호대상이 되는 저작물이 되는 것이므로 이를 베끼게 되면 일응 저작권 침해에 해당될 수 있다.

(3) 트윗 글의 저작물성

■ 이외수 트윗 글의 저작물성(O)

 A의 주장

이 사건에서 문제되는 트윗 글 중에는 단순한 일상의 표현
으로서 사실의 보고에 불과한 경우도 있는데, 이러한 글들
은 창작성이 없어 저작권법상 보호대상인 저작물에 해당하
지 않는다.

---

36) 서울남부지방법원 2013. 5. 9. 선고 2012고정4449 판결

법원의 판단

일반적으로 트윗 글은 140자 이내라는 제한이 있고 신변잡기적인 일상적 표현도 많으며, 문제된 이 사건 트윗 글 중에도 문구가 짧고 의미가 단순한 것이 있기는 하다. 그러나 이외수의 트윗 글은 짧은 글귀 속에서 삶의 본질을 꿰뚫는 촌철살인의 표현이나 시대와 현실을 풍자하고 약자들의 아픔을 해학으로 풀어내는 독창적인 표현 형식이 포함되어 있는 것이 대부분이고, 각 글귀마다 이외수 특유의 함축적이면서도 역설적인 문체가 사용되어 그의 개성을 드러내기에 충분하다는 사실을 인정할 수 있다.

따라서 이 사건 이외수의 트윗 글은 전체적으로 이외수의 사상 또는 감정이 표현된 글로서 저작물이라 보는 것이 옳다.

평석

보통 문구가 짧은 글귀의 경우에는 창작성 결여로 저작물성이 인정되지 않는 경우가 대부분인데, 이 사건에서 법원은 비록 이외수의 트윗 글이 짧기는 하지만 거기에는 이외수의 개성이 녹아 있다는 이유로 그것의 저작물성을 인정하였다.

(4) 서체의 저작물성

1) 우리는 먼저 서예와 서체 도안을 구별할 필요가 있다. 서예는 서예가의 사상과 감정을 창작적으로 표현한 정신활동의 소산물로서 독립적으로 예술적 특징과 가치를 가지는 창작물이고, 글자체 또는 서체 도안은 기록이나 표시 또는 인쇄 등에 사용하기 위하여 공통적인 특징을 가진 형태로 만들어진 한 벌의 글자꼴(숫자, 문장부호 및 기호 등의 형태를 포함)을 말한다(디자인보호법 제2조 제2호).

서예는 작품에 체화된 서예가의 사상이나 감정 등을 전달하는 반면, 글자체 또는 서체 도안은 인쇄기술에 의하여 사상이나 정보 등을 전달하는 기능을 한다. 또한 서예는 미적 감상용인 반면, 글자체 또는 서체 도안은 문자 등의 표시에 시각적 효과 등을 첨가하거나 강화함으로써 보다 효과적으로 정보 등을 표현·전달하는 용도로 사용된다.

이와 같이 글자체 또는 서체 도안은 미술저작물의 일종인 서예와는 개념, 기능, 용도 자체가 다르므로, 특별한 사정이 없는 한 그 자체는 미적 감상의 대상으로 할 의도로 작성된 것은 아니라고 봄이 상당하다. 그렇다면 글자체 또는 서체 도안은 우리 민족의 문화유산으로서 누구나 자유롭게 사용하여야 할 문자인 한글 자모의 모양을 기본으로 삼아 인쇄기술에 의해 사상이나 정보 등을 전달한다는 실용적인 기능을 주된 목적으로 하여 만들어진 것이 분명해 보인다.

일부 국가에서는 특별입법을 통하거나 저작권법에 명문의 규정을 두어 인쇄용 글자체 또는 서체 도안에 대하여 보호하는 한편 보호의 내용에 관하여도 일반 저작물보다는 제한된 권리를 부여하고 있는 경우가 있기는 하지만, 우리 저작권법은 글자체 또는 서체 도안의 저작물성이나 보호의 내용에 관하여 명시적인 규정을 두고 있지 않다.

실용적인 기능을 주된 목적으로 하여 창작된 응용미술 작품은 거기에 미적인 요소가 가미되어 있다고 하더라도 그 자체가 실용적인 기능과 별도로 하나의 독립적인 예술적 특성이나 가치를 가지고 있어서 예술의 범위에 속하는 창작물에 해당하는 경우에만 저작물로서 보호가 된다.

글자체 또는 서체 도안은 일부 창작성이 포함되어 있고 문자의 실용성에 더하여 미감을 불러일으킬 수 있는 점이 인정된다 해도 그 미적 요소 내지 창작성이 문자의 본래의 기능으로부터 분리·독립되어 별도로 감상의 대상이 될 정도의 독자적 존재를 인정하기는 어렵다. 그런 의미에서 우리 저작권법의 해석상으로는 글자체 또는 서체 도안은 저작권법에 의한 보호 대상인 저작물에 해당하지 않는 것이 명백하다.[37]

물론 이러한 글자체 또는 서체 도안도 디자인보호법상 디자인[38]으로 보호를 받을 수는 있다. 그렇지만 글자체 또는 서

---

37) 대법원 1996. 8. 23. 선고 94누5632 판결

체 도안이 가지는 위와 같은 내적인 한계 때문에 글자체 또는 서체 도안이 디자인권으로 설정 등록된 경우라도 디자인 보호법에서는 ① 타자·조판 또는 인쇄 등의 통상적인 과정에서 글자체를 사용하는 경우와 ② 이러한 글자체의 사용으로 생산된 결과물에 대해서는 그 디자인권의 효력이 미치지 않도록 규정하고 있다(디자인보호법 제94조 제2항).

2) 여기서 다시 글자체 또는 서체 도안과 서체 프로그램을 구분할 필요가 있다. 글자체 또는 서체 도안과 달리 서체 프로그램은 컴퓨터 프로그램으로서 저작권법상 보호 대상이 되기 때문이다.[39]

타인이 만든 글자체 또는 서체 도안을 무단으로 사용하는 것이 디자인보호법상 디자인권 침해가 되는 것은 별론으로 하더라도, 저작권 침해 문제는 발생하지 않는다. 그러나 타인의 서체 프로그램을 인터넷상에 무단으로 업로드하거나 그와 같이 업로드 된 서체 프로그램을 다운로드하는 행위는 타인의 컴퓨터 프로그램의 복제권 등을 침해하는 것이어서 저작권 문제가 발생하게 된다.

---

38) 디자인이란 물품[물품의 부분(제42조는 제외한다) 및 글자체를 포함한다. 이하 같다]의 형상·모양·색채 또는 이들을 결합한 것으로서 시각을 통하여 미감(美感)을 일으키게 하는 것을 말한다(디자인보호법 제2조 제1호).
39) 대법원 2001. 6. 26. 선고 99다50552 판결

다만, 서체 프로그램의 라이선스 계약을 위반하는 것은 해당 서체 프로그램 자체를 무단으로 복제한 것이 아닌 이상 원칙적으로는 저작권 침해와는 무관하고, 단지 계약 위반의 문제만 발생한다고 봄이 상당하다. 왜냐하면 서체 프로그램과 관련된 저작권 침해 문제는 서체 프로그램 자체를 무단으로 복제하거나 그 자체를 무단으로 인터넷상에서 전송하는 등의 행위를 해야만 하는 것인데, 구매한 서체 프로그램을 자신의 컴퓨터 등에 정당하게 복제하여 사용하던 중에 그 라이선스 계약 범위를 넘은 사용이 있다고 해서 이를 무단 복제나 무단 전송 행위라고 볼 수는 없기 때문이다. 그러므로 서체 프로그램 자체를 무단으로 복제하는 등의 행위와 정당하게 구매한 서체 프로그램의 라이선스 계약 범위를 초과하여 사용하는 행위는 명확하게 구분할 필요가 있는 것이다.

한편, 앞서 디자인보호법상 글자체 디자인권의 효력 제한과 비슷하게, 비록 타인의 서체 프로그램을 무단으로 복제해서 이를 이용하여 보고서 등의 결과물을 만들었다고 하더라도, 보고서 등 결과물에 대해서는 저작권 침해의 효력이 미치지 않게 된다. 예를 들어, A가 인터넷상에 있는 B회사의 서체 프로그램을 불법 다운로드해서 자신의 컴퓨터에 복제한 후, 그 프로그램을 이용해 ppt를 만들어 자신의 홈페이지에 게재하였다고 하자. 이 경우 서체 프로그램의 저작권 침해와 관련된 A 행위는 그 프로그램을 다운로드 받는 그때 발생하는 것이므로 형사상 공소시효 또는 민사상 소멸시효는 그때를 기준으로 기산되는 것이지, 그 프로그램을 이용해 만든 결과물인 ppt가 현재까지도 홈페이지에 게재되어 있다고 해서 저작권 침해가 계속 진행 중에 있다고 볼 수는 없는 것이다. 왜냐하면 홈페이지에 게재된 ppt는 서체 프로그램을 이용해서 만든 결과물에 불과할 뿐, 그 자체가 서체 프로그램 저작권 침해와는 아무런 관련성이 없기 때문이다.

이제 법원이 어떤 기준으로 서예의 저작물성을 판단하고 있는지 서예와 관련된 두 가지 사례를 살펴보도록 하겠다.

〈영화 축제 글자체〉 사건[40]

A는 서예과 교수이면서 서예가인데 궁체에 대비되는 필체로서 독특하고 개성 있는 민체를 연구하여 이를 작품화하여 왔고, 이러한 민체로 작품화한 춘향가를 제7회 한국서예청년 작가전에 출품하였다.

B회사는 영화 〈축제〉를 제작하여 상영하였는데 영화 제목인 '축제'라는 글자(이하 '이 사건 글자'라 함)를 기재함에 있어 위 춘향가에서 A가 쓴 글자를 사용하였다.

C는 출판사를 경영하는 자로서 소설 〈축제〉를 출판하면서 소설의 표지, 홍보물, 광고물에 '축제'라는 글자를 이 사건 글자를 사용하여 기재했다.

이에 A는 B회사와 C가 자신의 허락 없이 자신이 쓴 춘향가에 나오는 글자를 사용하였다는 이유로 B회사와 C를 상대로 저작권 침해에 따른 손해배상 및 해명서 게재를 청구하였다.

■ 이 사건 글자의 저작물성(O)

A가 쓴 이 사건 글자는 A의 사상 또는 감정 등을 창작적으로 표현한 것으로서 A의 정신적 노력의 특성이 부여되어 있는 저작물이라고 보이므로, A는 이 사건 글자에 대하여 저작재산권과 저작인격권을 취득하였다고 할 것이다.

평 석

이 사건 법원은 이 사건 글자의 저작물성을 판단함에 있어서 특별히 이유를 설명하지 않고 그 저작물성을 인정하였다. 이는 이 사건 글자가 응용미술로서가 아니라 순수 예술품이라는 점을 전제한 것으로서, 실무적으로는 해당 미술을 만든 사람이 누구이고 그것이 어떤 용도로 사용되었는지 등을 고려하여 그 미술의 저작물성을 판단하고 있다.

---

40) 서울지방법원 1997. 2. 21. 선고 96가합42432 판결

〈SBS 짝 vs SNL 코리아 짝〉 사건[41]

SBS 〈짝〉은 결혼 적령기의 일반 남녀들이 애정촌이라는 공간에 모여 짝을 찾는 과정을 보여주는 리얼리티 프로그램이다.

SNL 코리아는 tvN의 시즌제 코미디 프로그램으로 매주 유명한 연예인이 출연하여 생방송으로 진행되고, 그 주된 구성은 정치나 인물 풍자, 슬랩스틱 코미디 및 패러디 등인데, 그 가운데 〈짝〉은 일반 남녀가 아닌 연기자가 재소자 또는 환자 역할을 맡아 애정촌에 모여서 짝을 찾는 상황에서 발생하는 여러 가지 사건을 보여주고 있다.

이에 SBS는 CJ E&M을 상대로 SNL 코리아 〈짝〉은 SBS 〈짝〉의 표현 방식 등을 모방한 것으로 〈짝〉의 저작권자인 SBS의 저작권을 침해하는 것이라고 주장하면서, B회사를 상대로 이에 따른 손해배상을 청구하였다.

■ SBS 〈짝〉에 사용된 글자체 등의 저작물성(X)

SBS 〈짝〉에 사용된 글자 자체는 창작 경위와 이용 실태 등을 고려할 때 순수 서예작품처럼 그 자체로 독립하여 감상의 대상으로 삼기 위한 것이라고 보기 어려우므로 독립된 미술저작물에 해당한다고 할 수 없다. 글자 부분을 제외한

---

41) 서울중앙법원 2013. 8. 16. 선고 2012가합80298 판결

간판 역시 흰색 바탕을 가진 원형 물체의 내부에 검정색 원을 그려 넣은 것에 불과하여 그 자체로 특별한 창작성을 인정할 요소를 가지고 있다고 보기 어렵다. 따라서 위와 같은 제목 표현 방식은 저작권의 보호를 받는 별도의 미술저작물이라 할 수 없고, 글자 부분을 제외한 간판 역시 다른 저작물과 구분될 정도로 저작자의 개성이 나타나 있지 않으므로 저작권의 보호 대상이 될 수 없다.

평 석

SBS 〈짝〉에 사용된 (짝)이라는 글자를 만들게 된 경위는 TV 예능프로그램의 제목을 나타내기 위한 것이고, 원칙적으로 글자체는 우리 민족의 문화유산으로서 누구나 자유롭게 사용하여야 할 문자일 뿐만 아니라 그 자체가 서예 작품과 같은 독립된 감상의 대상이 된다고 보기도 어려우므로, 저작권법상 보호받을 수 있는 미술저작물에 해당한다고 할 수 없다 할 것이다.

2 응용미술의 저작물성

우리 주변에서 쉽게 볼 수 있는 미술의 한 영역으로서의 디자인은 물품과 관련된 것들이 대부분인데, 이를 응용미술이라고 한다. 대량 생산되는 물품에 동일한 형상으로 복제되어 있는 디자인의 경우, 저작권법에서는 그것이 응용미술저작물에 해당하는 경우에 한해서만 저작권법상 보호하고 있다.

본래 산업상의 대량생산에 이용할 목적으로 창작된 응용미술에 대하여 디자인보호법 외에 저작권법에 의한 중첩적 보호가 일반적으로 인정되면 신규성 요건이나 등록 요건, 단기의 존속기간 등 디자인보호법의 여러 가지 제한 규정의 취지가 무의미해지고 기본적으로 디자인보호법에 의한 보호에 익숙한 산업계에 많은 혼란이 우려된다. 그러므로 이러한 응용미술에 대하여는 원칙적으로 디자인보호법에 의한 보호로서 충분하고 특별히 그 자체가 하나의 독립적인 예술적 특성이나 가치라는 별도의 요건 즉 이용된 물품과 구분되는 독자성을 충족하고 있는 창작물에 해당하는 경우에만 예외적으로 저작권법에 의한 보호가 중첩적으로 주어진다고[42] 보는 것이 타당할 것이다.

이는 응용미술작품이 실용적인 기능을 주된 목적으로 하여 창작된 경우에 비록 거기에 미적인 요소가 가미되어 있다고 하더라도 그 모두가 바로 저작권법상의 저작물로 보호될 수는 없고, 그 자체가 실용적인 기능과 별도로 하나의 독립적인 예술적 특성이나 가치를 가지고 있어서 예술의 범위에 속하는 창작물에 해당하는 경우에만 저작물로서 보호된다는 것을 의미한다.[43]

실제 미술과 관련된 저작권 침해 사건들 가운데 디자인에 관한 것들이 상당 부분을 차지한다. 따라서 법원에서도 물

---

42) 대법원 1996. 2. 23. 선고 94도3266 판결

품과 관련된 디자인이 '물품에 동일한 형상으로 복제될 수 있는지'(복제 가능성) 여부와 '그 물품과 구분되는 독자성이 있는지'(분리 가능성) 여부를 먼저 판단하고 있다.

저작권법 제2조 제15호에서는 응용미술저작물에 관하여 '디자인을 포함하여 물품에 동일한 형상으로 복제될 수 있는 미술저작물로서 그 이용된 물품과 구분되어 독자성을 인정할 수 있는 것'으로 정의하고 있으므로, 응용미술저작물로서 저작권법의 보호를 받기 위해서는 창작성 이외에 산업적 목적으로의 이용을 위한 '복제 가능성'과 당해 물품의 실용적·기능적 요소로부터 '분리 가능성'이라는 두 가지 요건을 추가적으로 더 갖추고 있어야 한다.[44]

출판물도 대량생산되는 물품에 해당하기 때문에 출판물에 적용되는 디자인도 응용미술에 해당하고, 따라서 그것이 저작권법상 보호대상인지 여부는 다른 디자인과 마찬가지로 그것의 응용미술저작물성 여부에 따라 달라진다 할 것이다.

(1) 〈책 표지와 제목 디자인〉 사건

책 표지는 보통 제목과 표지 디자인으로 구성되어 있다. 제목과 관련하여 만화 〈또복이〉 사건에서 대법원은 "또복이는

---

43) 대법원 1996. 8. 23. 선고 94누5632 판결, 대법원 2000. 3. 28. 선고 2000도79 판결
44) 대법원 2004. 7. 22. 선고 2003도7572 판결

사상 또는 감정의 표명이라고 보기 어려워 저작물로서의 보호는 인정하기 어렵다"고 판시한 이래로, 일관되게 저작물의 명칭이나 제목에 대해서는 그 저작물성을 인정하지 않고 있다. 이는 제목의 경우 문구가 짧고 의미가 단순하여 거기에 창작성이 있다고 볼 수 없기 때문이기도 하지만, 만일 제목에 저작물성을 인정하게 되면 그 다음부터는 어느 누구도 그 제목 저작권자의 허락 없이는 해당 제목과 같은 문구를 사용할 수 없게 되는 불합리한 문제가 생기기 때문이다. 제목처럼 짧은 문구를 사용할 때마다 제목 저작권자에게 허락을 받는다는 것은 현실적으로 어려운 일이고, 문화융성이라는 저작권법의 목적에도 부합하지 않는 것이다.

제목은 상표법 또는 부정경쟁방지 및 영업비밀보호에 관한 법률(이하 '부정경쟁방지법' 이라고 함)로 보호할 수 있다. 다만, 상표법에 의하는 경우에는 상표등록 출원 시 지정상품을 특정해야 하기 때문에 특정된 지정상품에 대해서만 보호를 받게 되고, 상표등록된 타인의 상표를 사용하더라도 그것이 상표적 사용에 해당하지 않는 경우(디자인적 사용 또는 제품에 관한 설명 문구 등)에는 상표권 침해로 보지 않게 되는 한계가 있다. 그리고 부정경쟁방지법에 의한 보호를 받기 위해서는 상품의 표지로서의 명칭 또는 제목이 국내에 널리 인식되어 있어야 한다는 까다로움이 있다.

〈책 표지와 제목 디자인〉 사건[45]

A 등은 초판 4종(이하 '이 사건 초판 4종'이라 함) 서적의 표지·제호를 디자인했는데, B회사 등이 이와 유사한 디자인을 그 개정판 4종(이하 '이 사건 개정판 4종'이라 함) 서적의 표지와 내지에 사용하여 출판·판매하였다.

이에 A 등은 B회사 등이 A 등의 위 표지·제호 디자인에 관한 저작권을 침해했다는 이유로 B회사 등을 상대로 출판 및 판매금지 등 청구 소송을 제기하였다.

■ 이 사건 초판 4종의 표지·제호 디자인의 응용미술저작물성(X)

이 사건 초판 4종의 표지·제호 디자인은 모두 이 사건 초판 4종의 내용이 존재함을 전제로 하여 이를 효과적으로 전달하기 위한 수단에 불과하고, 책 표지라는 실용적인 기능과 분리되어 독립적으로 존재할 수 없으며, 그 문자·그림의 형태나 배열 등의 형식적 요소 자체만으로는 미술저작물이라고 할 수 있을 정도의 독자적인 실체가 인정되지 않으므로, 위 표지·제호 디자인은 저작권법의 보호 대상이 되는 응용미술저작물이 아니다.

---

45) 대법원 2013. 4. 25. 선고 2012다41410 판결

책 제목은 그 자체에 창작성이 있다고 할 수 없지만, 책 표지에 있는 개별적인 그림 등은 그것에 창작성이 있다면 얼마든지 저작권법상 보호되는 미술저작물로 인정될 수 있다. 그러나 표지 자체나 표지에 있는 단순한 그림 등은 그것의 실용적인 기능 등을 감안하여 응용미술저작물성 여부를 판단해야 하는데, 이 사건에서 법원은 이 사건 초판 4종에 있는 표지·제목 디자인은 그 개별적인 그림도 저작물성이 인정되지 않을 뿐만 아니라, 제목이나 전체적인 표지 디자인이 독자적인 예술적 가치가 있다고 보기 어렵기 때문에 저작권법상 보호되는 응용미술저작물에 해당하지 않는다고 판단하였다.

(2) 〈교과서 편집 디자인〉 사건

그렇다면 책의 편집 디자인은 어떨까? 저작권법 제6조에서는 '편집저작물은 독자적인 저작물로 보호받을 수 있다'고 규정하고 있다. 여기서 말하는 편집저작물은 '편집물로서 그 소재의 선택·배열 또는 구성에 창작성이 있는 것'을 의미한다. 그러나 책의 편집 디자인은 서적의 내용과는 무관하게 서체의 모양, 크기, 색깔, 줄 간격의 조정, 여백의 정도, 그림이나 사진의 변형 내지 배열, 배경색 결정, 캐릭터나 기호의 사용 등에 창작성이 있다는 것을 말하는 것이므로, 편집저작물과는 다른 의미를 지닌다.

〈교과서 편집 디자인〉 사건[46]

A는 디자인업자로서 학습도서 출판업체인 B회사와 교과서(이하 '이 사건 교과서' 라고 함) 디자인 용역 계약을 체결하였다. 그 후 A는 이 사건 교과서 디자인을 B회사에 납품하였다. 그런데 B회사는 이 사건 교과서를 출판하면서 이 사건 교과서의 디자인자로 A가 아닌 B회사의 직원들을 기재하였다. 이에 A는 B회사와 인쇄업자인 C회사를 상대로 성명표시권 침해에 따른 인쇄, 제본, 판매 및 배포 등 금지가처분을 신청하였다.

■ 이 사건 교과서의 편집 디자인이 응용미술저작물에 해당하는지 (X)

응용미술저작물이 되기 위한 요건으로서, '해당 물품과 구분되는 독자성' 이란 넥타이 문양처럼 당해 물품의 기능적 요소와는 구분되는 미적 요소로서 그 자체로 얼마든지 다른 물품(의류, 가방 등)에도 적용될 수 있는 성질을 의미한다. 그런데 이 사건 교과서의 편집이나 구성 등 형식적인 부분은 모두 그 내용(교과서 원고)을 효과적으로 전달하기 위한 수단에 불과하므로, 문자·그림의 형태나 배열 등의 형식적 요소 자체만으로는 하나의 미술저작물이라고 할 수 있을 정도의 독자적인 실체가 인정되지 않는다.

---

46) 서울중앙지방법원 2010. 1. 13. 선고 2009카합3104 결정

교과서를 비롯한 학습도서는 원칙적으로 문자를 그 구성 요소로 하고 있고, A의 작업 부분도 상당 부분 문자의 형태(서체, 크기 등)나 배치(줄 간격 등)와 관련되어 있는데, 이는 도서의 고유한 특성으로서 문자를 구성 요소로 하지 않는 대부분의 물품에는 이를 그대로 적용할 수가 없으므로(문양이나 장식이 여러 물품에 실질적으로 동일한 형태로 구현될 수 있는 것과 대조된다), A의 작업물이 물품과의 '분리 가능성'을 요건으로 하는 응용미술저작물에 해당한다고 보기 어렵다.

이 사건 교과서의 편집 형식이나 구성의 저작물성이 부정되는 것과는 별개로, A가 이 사건 교과서에 삽입한 그림 가운데 A가 직접 창작하여 독립적인 예술적 특성이나 가치를 가지고 있는 것은 개별적으로 응용미술저작물로 인정될 여지도 있으나, 이에 대한 주장과 입증이 전혀 없을 뿐만 아니라, 삽화 작업은 위 디자인 용역 계약의 내용에 포함되지도 않았으므로 이 사건 교과서 디자인 가운데 개별적으로 응용미술저작권에 해당하는 부분이 있다고 보기도 어렵다.

평 석

교과서의 편집이나 구성은 아이디어에 해당하기 때문에 이러한 부분이 비슷해도 저작권 침해가 되지 않는다. 그러나 교과서에 삽입된 개별 그림 등이 창작성이 있는 경우에는 각각 보호 받을 수 있으므로, 출판물 관련 저작권 사건에서 삽화에 대한 저작권 침해 주장도 잊지 않아야 할 것이다.

3 아이디어 또는 누구라도 그렇게 표현할 수밖에 없는 경우

1) 저작권법은 아이디어와 표현을 구분하여 아이디어는 보호하지 않고, 표현만 그 보호의 대상으로 삼고 있기 때문에 출판물 관련 저작권 사건에서 그 출판물을 구성하는 요소들 가운데 어떤 것이 아이디어에 해당하고 어떤 것이 표현에 해당하는지를 구분하는 것이 매우 중요하다. 아이디어와 표현의 이분론은 단순한 이론이 아니라 실제 저작권 침해 사건에서 자주 인용되는 논리 가운데 하나다.

서적의 편집 디자인의 경우, 그 자체만으로는 실체가 있다고 할 수 없으므로, 저작권법상 표현이 아닌 아이디어라고 볼 수 있다. 〈교과서 편집 디자인〉 사건(159쪽 참고)에서 법원은 "학습도서 출판업체인 B회사의 작업은 A로부터 제공받은 견본 디자인을 기초로 한 것이어서 수정 작업 후에도 견본 디자인 구성의 전체적인 분위기는 크게 달라지지 않은 것으로 보이지만, 이러한 전체적인 분위기만으로는 회화, 조각, 공예와 같은 미술저작물로서의 독자적인 실체가 형성되어 있다고 볼 수 없고, 오히려 이는 도서의 편집 방향을 제시하는 아이디어의 영역에 속한다고 보아 A의 디자인과 B회사의 디자인이 실질적으로 동일 또는 유사하다고 인정할 수 없다"고 판단하였다.[47]

---

47) 서울중앙지방법원 2010. 1. 13. 선고 2009카합3104 결정

2) 저작권법에서는 저작물을 '인간의 사상이나 감정을 표현한 창작물'이라고 정의하고 있다(저작권법 제2조 제1호). 따라서 아이디어는 창작성 여부와 무관하게 표현된 것이 아니라는 이유로 저작권법상 보호 받지 못하고, 비록 표현된 것이라도 누구라도 그렇게 표현할 수밖에 없는 경우 역시 창작성이 있다고 할 수 없기 때문에 저작권법상 보호 받지 못한다.

특히 예술성의 표현보다는 기능이나 실용적인 사상의 표현을 주된 목적으로 하는 기능적 저작물은 그 표현하고자 하는 기능 또는 실용적인 사상이 속하는 분야에서의 일반적인 표현 방법, 규격 또는 그 용도나 기능 자체, 저작물 이용자의 이해의 편의성 등에 의하여 그 표현이 제한되는 경우가 많으므로, 작성자의 창조적 개성이 드러나지 않을 가능성이 크다.[48]

이러한 법리는, 창작 행위에 전형적으로 수반되는 것들에까지 저작권 보호를 통해 특정인에게 독점권을 부여하게 되면 장래에 다른 창작자의 창작 기회를 박탈하게 되기 때문에 이러한 것은 만인의 공유(public domain)에 두는 것이 문화 창달이라는 저작권법의 목적에 부합하고, 또한 이러한 경우 대개는 그 침해를 주장하는 자가 그와 같은 표현을 최초로 창작하였다고도 볼 수 없는 사정 등에 그 논거를 두고 있다.

〈석굴암 관련 서적〉 사건[49]

A는 《석굴암 그 이념과 미학》(이하 'A의 서적'이라 함)이라는 제목의 서적을 출간하였고, B는 《재상의 꿈-석굴암 창건의 비밀》(이하 'B의 소설'이라 함)이라는 제목의 소설을 집필하였으며, C출판사는 B의 소설을 출판하여 판매하고 있다.

A의 서적은 석굴암 관련 문헌을 근거로 삼아 석굴암 창건의 동기 및 그 주체, 역사적인 배경, 돔형 지붕의 기원 등을 서술하고, 석굴암의 이념과 석굴암 조각들의 모습을 유기적으로 연결하여 서술하고 있다.

B는 A의 서적과 실질적 유사성이 있는 B의 소설을 작성하였고, C출판사는 이와 같은 B의 소설을 출판하였다.

이에 A는 이러한 B와 C출판사의 행위는 A의 복제권, 2차적저작물작성권, 저작인격권(동일성유지권)을 침해하는 것이라는 이유로, B와 C출판사를 상대로 손해배상 청구 소송을 제기하였다.

48) 대법원 2009. 1. 30. 선고 2008도29 판결
49) 대법원 2014. 6. 12. 선고 2014다14375 판결

■ 역사적 사실과 설화에 대한 새로운 해석 부분(아이디어 영역)

A의 서적 가운데 김대성 설화에 나오는 곰을 백제 유민으로 해석하고, 김대성이 반란을 일으킨 백제 유민을 죽인 후 죄책감에 시달리면서 곰이 나오는 꿈을 꾸게 되고 백제 유민을 죽인 것을 참회하면서 그 원혼을 달래기 위하여 석굴암을 창건하였으며, 깨진 천개석은 대립하는 삼국의 모습을 의미한다는 서술, 토함산 근처에 축성공사에 동원된 백제 유민의 거류지가 있을지 모른다는 서술, 퇴임한 김대성이 왕실 및 조정과 일정한 거리를 두고 토함산에 은둔하다시피 사찰 건립에만 매진하였다는 서술, 김대성이 서역을 다녀온 자로부터 돔형 지붕에 관한 지식을 얻어 돔형 지붕을 설계하게 된다는 서술 등은 역사적 설화에 대한 새로운 해석으로서 아이디어의 영역에 속하는 것이고, A의 서적 가운데 위 서술 부분의 표현과 C의 소설 가운데 그에 대응하는 부분의 표현은 주어와 술어의 선택, 문장의 완결성 및 구체적인 내용이 서로 달라 실질적 유사성이 있다고 보기 어렵다.

■ 동일한 역사적 배경 등으로 인한 부분(누가 하더라도 그렇게 밖에 표현할 수 없는 경우)

A의 서적과 B의 소설은 삼국시대라는 역사적 배경과 김대성 설화 및 석굴암이라는 소재가 공통적으로 사용되고 있으므로, 그에 관계되는 단어나 구성에 공통되는 부분이 생기는 것은 부득이하다.

역사적인 사실 자체는 만인이 공유할 수 있는 공중의 영역
에 속하는 것이므로 이러한 부분은 저작권법에 의하여 보호
받지 못하는 아이디어에 속한다. 그리고 이러한 역사적 사실
에 대해 해설하는 것 자체도 아이디어에 해당한다. 그러나
역사적 사실에 대한 해설은 창작적 표현 형식에 해당하고 그
러한 부분을 무단으로 베낀다면 이는 저작권 침해에 해당한
다. 그러므로 역사적 사실을 나열하고 그에 대한 해설을 하
는 방식이 동일하다고 해도 그 해설의 구체적 내용 즉, 표현
형식이 상이하다면 이를 두고 저작권 침해라고 할 수는 없
는 것이다.

또한 위와 같이 아이디어에 속하는 역사적 배경 등을 공통
으로 하다 보면 주인공, 사건, 소재가 동일하거나 유사할 수
밖에 없고, 서술 과정에서 사용되는 단어나 구성도 동일하
거나 유사할 수밖에 없으므로, 이를 두고 저작권 침해라고
할 수는 없을 것이다.

4 사실적·기능적·학술적 저작물의 보호 범위 제한

소설이나 극본과 같은 문예적 저작물은 표현 방법이 다양한 만큼 동일한 아이디어를 전혀 다르게 표현하는 것이 가능하므로, 이는 저작권법상 보호대상이 될 가능성이 높다. 그러나 사실과 정보의 전달 또는 일정 기능의 수행을 주된 목적으로 하고 있는 사실적 저작물이나 기능적 저작물은 그 표현 방법이 제한되어 있어서 그에 관한 저작권 보호 범위를 좁게 해석하지 않으면 그 사실과 정보까지 보호하는 불합리한 결과를 가져올 수도 있으므로 보호 범위를 제한해야 한다.[50] 〈석굴암 관련 서적〉 사건에서 대법원은 "A의 서적 가운데 석굴암이 건립되던 8세기 중엽의 신라의 정치 상황에 대한 서술은 역사적인 사실을 나열한 것이고, 동틀돌에 관한 표현은 동틀돌의 모습을 통해 추론되는 설계 및 기능을 설명한 것이며, 화쟁에 관한 표현은 화쟁사상을 설명한 것에 불과하여 창작성을 인정하기 어렵다"고 판시한 바 있다.[51]

학술의 범위에 속하는 저작물의 경우 그 학술적인 내용은 만인에게 공통되는 것이고 누구에 대하여도 자유로운 이용이 허용되어야 하는 것으로서 그 저작권의 보호는 창작적인 표현 형식에 있지 학술적인 내용에 있는 것은 아니므로, 저작권의 침해 여부를 가리기 위하여 두 저작물 사이에 실질적인 유사성이 있는가의 여부를 판단함에 있어서도 창작적인 표현 형식에 해당하는 것만을 가지고 대비하여야 할 것이다.[52]

〈희랍어 문법〉 사건[53]

A와 B는 각각 희랍어 문법책(이하 각각 'A의 서적' 'B의 서적' 이라고 함)을 출판하였다. B는 A의 서적이 B의 강의 내용 가운데 키-레터스로 성, 수, 격, 인칭, 시제 등을 알 수 있는 방법과 도식, 도표 및 수학적인 분석방법 등의 독창적인 표현 방식을 마치 A 자신의 것처럼 사용함으로써 B의 저작권을 침해하였다고 주장하는 내용을 B의 서적에 기술하였다. 이에 A는 B를 상대로 출판물에 의한 명예훼손에 따른 위자료 청구 소송을 제기하였다.

B는 희랍어 문법에 관한 강의록을 만들어 강의를 해왔고, 이러한 강의를 할 때 몇 개의 철자로서 희랍어를 분석해 가는 방법론을 사용하면서 그 몇 개의 철자를 키-레터스라는 용어로 부르고 수학적인 방법으로 도식 등을 이용하였다.

A는 B로부터 당시 B가 작성한 강의록을 기본교재로 하여 희랍어, 히브리어, 라틴어 문법기초 등에 관하여 개인교습을 받았다.

이 소송에서 B는 A가 A의 서적에 B의 저작물인 위 강의 일부를 그대로 또는 약간 변경하여 인용하였다고 주장하면서 저작권 침해에 따른 손해배상을 반소로 청구했다.

---

50) 서울중앙지방법원 2013. 5. 10. 선고 2012가합80045 판결
51) 대법원 2014. 6. 12. 선고 2014다14375 판결
52) 대법원 1999. 11. 26. 선고 98다46259 판결
53) 서울남부지방법원 2012. 9. 4. 선고 2011가단61916 판결

■ A가 B의 저작권을 침해했는지(X)

1) 히브리어와 희랍어의 특성과 신약이 희랍어로 구약이 히브리어로 기록되어 있다는 사실에 대한 기술 또는 희랍어의 학습방법에 관한 부분

이러한 학술적인 내용은 아이디어의 영역에 속하므로 그 이론을 이용하더라도 구체적인 표현까지 베끼지 않는 한 저작권의 침해로 인정되지 않는다. 그런데 A의 저작물이 B의 강의록의 구체적인 표현까지 그대로 베꼈다고 인정되지는 않으므로, A가 B의 저작권을 침해했다고 볼 수는 없다.

2) 희랍어의 문법적 특성에 관한 설명 부분

희랍어의 문법에 관한 단어의 음절 구분과 이를 가로로 그은 선에 수직선을 넣어 그 명칭, 악센트의 종류와 규칙, 악센트의 일반원리 등을 도식화한 희랍어의 문법적 특성은 동일한 사실에 관하여 여러 가지 표현 형식이 있을 수 있는 문예작품과 달리 개성이 있기 어려울 뿐 아니라, B가 사용하기 이전부터 보편적으로 사용되어 온 것임을 알 수 있으므로 B의 강의록 가운데 위 부분이 독창적으로 표현된 것이라고 인정할 수 없다. 또 위 부분에 관한 설명에 사용된 용어도 종래부터 사용되어 온 문법용어이기 때문에 원고가 그의 저서에서 B의 강의록과 유사한 내용을 인용하고 있다 하더라도 저작권의 침해가 된다고 할 수 없다.

3) 희랍어의 어미변화 설명에 사용한 용어인 키―레터스의 선택이나 분석 내용의 기술 방법 관련 부분

희랍어의 어미변화를 설명하는 용어 키―레터스(key-letters)나 분석 내용의 기술 방법에는 독창성이 있는 것으로 보이고, A가 그의 저작물에서 희랍어의 분석방법론으로 사용한 키―레터스 또한 B의 그것과 거의 동일한 내용인 점도 인정된다. 그러나 B가 사용하고 있는 키―레터스를 이용한 희랍어의 분석 방법은 비록 그것이 독창적이라 하더라도 어문법적인 원리나 법칙에 해당하여 저작권의 보호대상이 아닌 아이디어의 영역에 속하므로 그 이론을 이용하더라도 구체적인 표현까지 베끼지 않는 한 저작권의 침해로 되지는 않는데, A의 저서와 B의 강의록의 내용으로 보아 A가 B의 표현형식을 그대로 베꼈다고는 인정되지 아니하므로 이 부분도 저작권의 침해가 된다고 할 수 없다.

평석

이 사건에서 법원은 학술적인 내용이나 키―레터스를 이용한 희랍어의 분석 방법과 같은 어문법적인 원리나 법칙은 아이디어에 해당하기 때문에 구체적인 표현을 베끼지 않고 그 이론만을 이용한 경우에는 저작권 침해라고 할 수 없고, 희랍어의 문법적 특성의 표현은 누가 하더라도 유사하게 표현될 수밖에 없으므로 단순히 그 표현이 유사하다고 해서 저작권 침해라고 할 수 없다고 판단하였다. 따라서 타인의 학술적인 이론 등을 이용하여 나름대로의 표현 형식에 따라 저작을 하는 것은 단순히 아이디어만을 차용하는 것이기 때문에 이를 저작권 침해라고 할 수 없고, 또한 학술적인 내용 가운데 누가 하더라도 그렇게 밖에는 표현될 수 없거나 그 표현의 한계가 있는 경우에도 단지 표현이 유사하다는 이유만으로는 이를 저작권 침해라고 볼 수 없다.

5 종래 표현 또는 통상적인 표현

저작권법에 의하여 보호되는 저작물의 요건으로서의 창작성이란 완전한 의미의 독창성을 말하는 것이 아니라, 남의 것을 단순히 모방한 것이 아니고 작자 자신의 독자적인 사상 또는 감정의 표현을 담고 있음을 의미하는 것이어서 이러한 요건을 충족하기 위해서는 저작물에 그 저작자 나름대로 정신적 노력의 소산으로서의 특성이 부여되어 있고 다른 저작자의 기존의 작품과 구별할 수 있을 정도면 충분하다.[54]

이러한 점에서 볼 때, 저작권 침해 주장자의 침해 부분이 이미 종래부터 존재했던 표현이라면 창작물이라고 할 수 없는 것이므로 타인이 그러한 부분을 무단으로 사용하였다고 해도 저작권 침해라고 볼 수 없는 것이다. 마찬가지로 출판물의 내용이 종래부터 있었던 표현이라면 그 부분은 그 출판물 저작권자의 저작물이 아니라 종래에 그 표현을 했던 사

---

54) 대법원 2005. 1. 27. 선고 2002도965 판결

람의 저작물이 될 것이다. 물론 이는 그 종래의 표현이 창작성이 있는 경우를 전제로 한다.

그리고 어떤 표현이 우리가 일상적으로 사용하는 표현이라면 이는 통상 종래에도 그런 표현과 동일·유사한 표현이 존재할 가능성이 거의 확실하다고 볼 수 있으므로 창작성이 있다고 보기는 어려울 것이다. 이와 관련하여 〈석굴암 관련 서적〉 사건(163쪽 참고)에서 대법원은 "조각상에 관한 표현은 조각상의 특성, 외관을 단순히 사실적으로 묘사한 것이거나 일반적이고 통상적인 표현의 범주를 벗어날 정도의 묘사라고 보기 어렵다"라고 판시함으로써, 조각상에 관한 표현의 창작성을 인정하지 않았다.[55]

이와 같이 종래 표현이나 통상적인 표현은 비록 그것이 표현된 것이라도 거기에 창작성이 있다고 보기는 어렵기 때문에 저작물로 인정받을 수 없다. 따라서 출판물과 관련된 저작권 침해 사건에서 상대방은 앞서 본 아이디어와 표현의 이분론 및 아이디어와 표현의 합체론 등 침해 주장자의 작품의 저작물성을 부인할 수 있는 모든 논리를 다 동원했는데도 이를 쉽사리 깰 수 없는 경우에는 위와 같이 침해 주장자가 침해당했다고 주장하는 부분이 종래에 이미 존재한 것은 아닌지 또는 일상적이고 통상적으로 쓰이는 표현은 아닌지 여부를 반드시 확인할 필요가 있다.

---

55) 대법원 2014. 6. 12. 선고 2014다14375 판결

6 서적의 제목

(1) 저작권 침해 여부

저작물의 제목은 저작권법상 저작물로 보호받을 수 없다. 책 제목이 저작물에 해당하는지 여부가 다투어졌던 〈영어공부 절대로 하지 마라!〉 사건에서 법원은 "이 사건 제목은 비록 문장적 구성과 반어적인 의미를 지니고 있어 일견 독특하게 보이지만, 기존의 통념화된 영어학습방법을 거부한다는 구호적 의미를 전달하는 것으로서 창작적 표현이라기보다는 아이디어의 영역에 해당하여 제호 그 자체만으로는 저작물이라고 보기 어렵다"[56]라고 판시한 바가 있다.

(2) 상표권 침해 여부

서적의 제목은 특별한 사정이 없는 한 누구나 사용할 수 있는 보통명칭 또는 관용상표와 같은 성격을 가지는 것이므로 제목으로서의 사용에 대하여는 상표권의 효력이 미치지 않는 것이 원칙이다. 즉, 타인의 등록상표를 출판물의 제목으로 이용한 경우라도 상표의 본질적인 기능이라고 할 수 있는 출처 표시를 위한 것이 아니라, 서적의 내용 등을 안내·설명하기 위하여 사용되는 경우에는 상표권 침해로 볼 수 없다는 것이다.

---

[56] 서울고등법원 2002. 9. 4. 선고 2002나3596 판결

오직 타인의 등록상표를 자신의 상표로서 사용한 경우에만 상표권 침해가 되는 것인데, 이 경우 상표로서 사용한 것인지 여부는 상품과의 관계, 상품 등에 표시된 위치, 크기, 등록상표의 주지성 그리고 사용자의 의도와 사용 경위 등을 종합하여 실제 거래에서 그 표시된 표장이 상품의 식별표지로서 사용되고 있는지 여부를 종합하여 판단하여야 한다.[57]

〈책 제목에 ebs를 표시한 서적〉 사건[58]

A가 발행한 《빈틈없는 쓰기·어휘·어법》 교재(이하 'A의 교재'라고 함)의 앞표지에는 중앙 부분 위 아래로 'ebs' 및 '개념 총집합 쓰기·어휘·어법'이라는 문자가 기재되어 있고 그 세로 표지에도 'ebs 빈틈없는 쓰기·어휘·어법'이라는 문자가 기재되어 있다.

A는 지정상품을 서적, 학습지 등으로 하는 등록상표와 동일한 ebs표장(이하 '이 사건 표장'이라 함)이 그 지정상품과 동일한 상품에 표시됨으로써 상표법을 위반했다는 이유로 기소 되었다.

57) 대법원 2011. 1. 13. 선고 2010도5994 판결
58) 대법원 2011. 1. 13. 선고 2010도5994 판결

■ 상표법 위반(X)

A의 책의 앞표지와 세로표지 및 뒤표지의 하단부에는 A
가 운영하는 학원 이름인 '○○○국어논술전문학원' 등이
'산' 글자를 도형화한 표장 및 학원의 주소, 인터넷 주소,
전화번호 등과 함께 기재되어 있고, 책의 각 페이지마다 상
단에는 A의 영문 이름이, 하단에는 '산' 글자를 도형화한
표장 및 학원의 인터넷 주소와 함께 학원 이름 '○○○국어
논술전문학원'이 각 기재되어 있으므로, 전체적으로 A의 책
의 출처가 A 또는 A가 운영하는 '○○○국어논술전문학원'
인 것으로 명확히 인식된다고 할 것이다.

또한 A의 책의 내용을 이루는 쓰기·어휘·어법 문제와 그에
대한 해설 등은 A가 ebs에서 방송강의를 하면서 제작·사용
한 것들인데, 책의 첫 페이지에 '이 책은 ebs에서 방송하고
있는 강의 교재입니다'라고 명시하고 있고, A도 A의 책이
ebs 방송강의 교재로 사용되었음을 나타내어 자신이 운영하
는 학원의 수강생들에게만 배포할 의도로 이 사건 표장을
위에서 본 바와 같이 사용한 점 등도 알 수 있다.

이와 같은 제반 사정들을 종합적으로 고려해 보면, 이 사건
표장은 ebs 방송강의의 교재로 사용되었다는 이 사건 책의
내용 또는 용도를 안내·설명하기 위한 것일 뿐 그 출처를 표
시하는 상표로 사용된 것이라고 할 수는 없으므로, 위 등록
상표에 관한 상표권을 침해하였다고 할 수 없다.

서적의 제목에 타인의 등록상표와 동일·유사한 표장이 있다고 해서 그 모두가 상표권 침해가 되는 것은 아니다. 즉, 서적의 제목이 단순히 책의 내용 또는 용도를 안내·설명하기 위한 것이라면 이는 상표적 사용이 아니어서, 이를 두고 상표권 침해라고 할 수는 없는 것이다.

그래도 출판사들은 서적을 출간할 때 그 서적의 제목으로 표기하려는 단어 또는 문구와 동일·유사한 표장이 상표로 등록되어 있는지 여부를 확인할 필요가 있는 것이고, 확인 결과 만일 서적의 제목과 동일·유사한 등록상표가 있다면, 그 서적의 제목이 단순히 서적의 내용 또는 용도를 안내·설명하기 위한 것에 불과한 것인지 여부를 판단하여 그것을 서적의 제목으로 사용할지 여부를 결정하여야 할 것인데, 상표권 침해 여부는 법리적인 판단을 요하는 부분이니만큼 이런 경우에는 반드시 전문가와 상담 후 결정하는 것이 바람직할 것으로 생각된다.

. . . .

외국 서적의 제목과 동일한 명칭이 국내에서 서적류로 상표 등록 되어 있는 상태에서, 상표권자가 아닌 자가 그 외국 서적의 제목과 동일한 제목의 책을 출판한 것이 상표권 침해에 해당하는지가 다투어진 사건이 있었다.

《녹정기》 사건[59]

C는 대만작가인 B가 저작한 《녹정기》를 번역하였고, A출판사는 그 번역물에 관한 저작권을 C로부터 양수받아(저작재산권 양도 등록을 하지는 않았음) 《녹정기》라는 제목의 무협소설을 출판하였으며, 《녹정기》를 서적 외 1건으로 하여 상표등록하였다.

A출판사가 폐업하자 C는 D출판사와 출판권 설정 계약을 체결하였고, D출판사는 C가 번역한 위 서적을 일부 수정 및 가필하여 《녹정기》라는 제목의 서적을 출판하였다. 그 후 C는 자신이 번역한 《녹정기》를 저작권 등록했다.

이에 A출판사는 D출판사를 상대로 저작권 침해를 이유로 한 출판금지 가처분을 신청하여 인용결정을 받았다. 그러자 D출판사가 이러한 가처분 인용결정에 대해 이의를 제기하였다.

■ 상표권 침해(X)

A출판사가 《녹정기》에 대해 상표등록을 한 것은 사실이지만, 상표법 제51조(현행 상표법 제89조)에서는 상표권이 등록되어 있더라도 품질을 나타내는 보통명칭으로 사용하거나 관용상표인 경우에는 상표권의 효력이 미치지 않는다고 규정하고 있다. 따라서 서적의 제목이 상표로 등록된 경우라도 다른 출판사 등이 그것과 동일·유사한 제목을 서적의 명칭이

---

59) 대법원 1995. 9. 26. 선고 95다3381 판결

나 내용을 나타내는 것으로 사용한다면 이는 품질을 나타내는 보통명칭 또는 관용상표와 같은 성격을 가지는 것이어서 상표권의 효력이 미치지 않는다고 해석하여야 할 것이다.

평 석

이 사건에서 법원은 D출판사가 책 제목으로 사용한 《녹정기》는 실제 원저작물의 원래 명칭이고 그 출판물의 내용을 나타내는 것에 불과한 것이므로, 이러한 제목의 사용은 출처 표시를 위한 '상표적 사용'이라고 볼 수 없다는 취지로 D출판사의 상표권 침해를 인정하지 않았다.

. . . .

그러나 서적의 제목은 다른 상품과 식별하는 능력이 있고 출처표시로서의 기능도 있다. 특히 타인의 등록상표를 정기 간행물이나 시리즈물의 제호로 사용하는 등의 경우에는 사용 태양, 사용자의 의도, 사용 경위 등 구체적인 사정에 따라 실제 거래에서 제목의 사용이 서적의 출처를 표시하는 식별표지로서 인식될 수도 있으므로, 그러한 경우에까지 상표권의 효력이 미치지 않는 것으로 볼 수는 없다.

음반 제목의 경우에 대법원은 "음반의 제명(題名)은 특별한 사정이 없는 한 그 음반에 수록된 해당 저작물의 창작물로서의 명칭 내지는 그 내용을 함축적으로 나타내는 것이어서 상품의 출처를 표시하는 기능을 하기 어려운 경우가 대부분이지만, 음반은 일반 유체물과 마찬가지로 독립된 거래의 대상이 되는 상품이므로, 음반의 종류, 성격, 제명이 저작물의 내용 등을 직접적으로 표시하는지 여부, 실제 사용 태양, 동일 제명이 사용된 후속시리즈 음반의 출시 여부, 광고·판매 실적 및 기간 등 구체적·개별적 사정에 따라 음반의 제명이 일반 수요자에게 상품의 출처를 표시하고 자기의 업무에 관계된 상품과 타인의 업무에 관계된 상품을 구별하는 표지로서 인식되는 때에는, 그 음반의 제명은 단순히 창작물의 내용을 표시하는 명칭에 머물지 않고 자타상품의 식별표지로서 기능한다고 봄이 상당하다"라고 판시하여, 음반의 제목도 상표로서 기능을 할 수 있다고 판결하였다.[60]

서적의 제목이 가지는 상표적 기능의 귀속주체와 관련하여 대법원은 "서적이라는 상품에 사용된 상표가 가지는 출처표시기능은 저자가 아니라 출판업자를 위한 것이라고 보아야 한다"[61]라고 판시함으로써 출판사에게 귀속된다고 판단하였고, 음반의 제목에 대해서도 대법원은 "자타상품의 식별표지로서 기능하는 음반의 제명에 화체된 업무상의 신용이나 고객흡인력 등은 음반의 제작·판매자가 투여한 자본과 노력 등에 의하여 획득되는 것이므로, 특별한 사정이 없는 한 음반의 제작·판매자에게 귀속된다"[62]라고 판시함으로써 음반 제작·판매자에게 귀속된다고 판단하였다.[63]

---

60) 대법원 2007. 1. 25. 선고 2005다67223 판결
61) 대법원 2006. 11. 23. 선고 2006다29983 판결
62) 대법원 2007. 1. 25. 선고 2005다67223 판결

〈영어공부 절대로 하지 마라!〉 사건[64]

A는 B출판사와 A가 저술한 영어학습법에 관하여 독점 출판권 설정 계약을 체결하였고, 《영어공부 절대로 하지 마라》(이하 '영절하'라고 함)라는 제목으로 출판되었다.

A가 저술한 영절하는 제목이 반어적인 것으로 특이할 뿐만 아니라 그 내용면에서도 영어학습방법을 기존의 문자 학습에서 소리 학습으로 전환한다는 독창적인 발상을 제시하고 있어, 출판되자마자 독자들로부터 큰 인기를 끌었기 때문에, 영절하의 내용과 그 저자인 A는 신문과 방송 등을 통해 널리 알려지게 되었다.

그 후 B출판사는 영절하를 A의 협의나 양해 없이 자신이 출판한 서적(이하 '이 사건 서적'이라고 함)의 제목의 일부로 사용하여 이를 제작·판매하였다.

A는 '영어공부 절대로 하지 마라!'에 관하여 상표를 사용할 상품 및 구분을 제15류 정기간행물 등 10건으로 하여 상표등록을 출원하여 등록을 받았다.

이에 A는 B출판사가 A와의 협의나 양해 없이 이 사건 서적의 제호로 영절하를 사용하여 제작·판매한 것은 자신의 등록상표에 관한 상표권을 침해한 것이라고 주장하면서 B출판사를 상대로 서적 인쇄 등 금지 가처분을 신청하였다.

---

63) 대법원 2007. 1. 25. 선고 2005다67223 판결
64) 대법원 2005. 8. 25. 선고 2005다22770 판결

■ 상표권 침해 여부

2심법원의 판단(X)

서적류 제호는 당연히 해당 저작물의 창작물로서의 명칭 내지는 그 내용을 함축적으로 나타내는 것이며 그러한 창작물을 출판하고 제조·판매하는 자는 저작권법에 저촉되지 않는 한은 누구든지 사용할 수 있는 것으로서 품질을 나타내는 보통명칭 또는 관용상표와 같은 성격을 가지는 제목으로서의 사용에 대하여는 상표법 제51조(현행 상표법 제89조)의 규정에 의하여 상표권의 효력이 미치지 않으므로, 비록 B출판사가 영절하를 제목 가운데 일부로 사용하여 이 사건 서적을 제작·판매하고 있지만, 이는 상표적 사용이라 할 수 없으므로 A의 상표권을 침해한 것으로 볼 수 없다.

대법원의 판단(파기환송)

B출판사는 영절하를 제목의 일부로 하는 시리즈물의 형식으로 이 사건 서적을 제작·판매하였는데, 제목의 사용 태양, 사용 의도, 사용 경위 등에 비추어 시리즈물인 서적의 출처를 표시하고 있는 것으로 볼 여지가 있다. 2심법원으로서는 B출판사의 위와 같은 제목의 사용이 서적의 출처를 표시하는 식별표지로서 인식될 수 있는지 여부에 대하여 심리한 후 그와 같은 사용으로 인정할 수 있는 경우에는 A의 상표권을 침해하는 상표적 사용으로 보아 A의 상표권의 효력

이 이에 미치는 것으로 보아야 할 것이다. 그럼에도 불구하고, 2심법원은 등록상표를 서적류의 제목으로 사용하더라도 상표적 사용에 해당하는 경우가 있을 수 있음을 간과하고, B출판사가 A의 등록상표를 시리즈물인 서적의 제목의 일부로 사용함으로써 서적의 출처를 표시하고 있는지 여부에 대하여 아무런 심리·판단을 하지 아니한 채 상표권의 효력이 서적의 제목으로서의 사용에는 당연히 미치지 아니하는 것으로 보았다.

평 석

이 사건은 영절하의 저자인 A가 '영어공부 절대로 하지마라!'에 대하여 상표등록을 한 후, B출판사가 영절하를 서적의 시리즈물의 제목으로 사용한 것에 대하여 상표권 침해라고 주장하면서 이 사건 서적의 인쇄 등 금지 가처분을 신청한 사건이었다. 보통 서적의 제목은 서적의 내용을 함축적으로 설명해 주는 것에 불과하여 등록상표와 동일 또는 유사한 상표를 사용해도 상표권 침해가 되지 않지만, 이 사건에서 대법원은 시리즈물인 서적의 경우에는 그 서적의 제목이 단순히 서적의 내용을 설명하는 것이라기보다는 그 서적의 출처를 표시하는 것으로 볼 수도 있으므로 상표권 침해가 될 수 있다는 취지로 판시하였다. 따라서 출판사의 입장에서는 기존 서적류로 등록된 타인의 상표와 동일·유사한 서적의 제목을 시리즈물인 서적으로 출판할 예정인지 여부를 확인하여 서적의 제목을 결정해야 할 것이다.

(3) 부정경쟁행위 여부

부정경쟁방지법 제2조 제1호 (나)목은 '국내에 널리 인식된 타인의 성명, 상호, 표장 기타 타인의 영업임을 표시하는 표지와 동일 또는 유사한 것을 사용하여 타인의 영업상의 시설 또는 활동과 혼동을 일으키게 하는 행위'를 부정경쟁행위의 하나로 규정하고 있다.

여기서 '국내에 널리 인식된 타인의 영업임을 표시하는 표지'는 국내의 전역 또는 일정한 범위 내에서 거래자 또는 수요자들이 그것을 통하여 특정의 영업을 다른 영업으로부터 구별하여 널리 인식하는 경우를 말하는 것으로서, 단순히 영업내용을 서술적으로 표현하거나 통상의 의미로 사용하는 일상용어 등은 포함하지 않으나, 그러한 경우라도 그것이 오랫동안 사용됨으로써 거래자 또는 수요자들이 어떤 특정의 영업을 표시하는 것으로 널리 인식하게 된 경우에는 부정경쟁방지법이 보호하는 영업상의 표지에 해당하게 된다.

또 부정경쟁방지법이 규정하는 혼동의 의미에는 단지 영업의 주체가 동일한 것으로 오인될 경우뿐만 아니라 두 영업자의 시설이나 활동 사이에 영업상·조직상·재정상 또는 계약상 어떤 관계가 있는 것으로 오인될 경우도 포함된다.

〈주간 부동산뱅크〉 사건[65]

A회사는 영업활동의 일환으로 정부의 부동산 정책과 관련 법령을 해설·홍보하고 전국의 각종 부동산 매물정보와 시세를 소개하여 건전한 부동산 거래질서의 확립에 기여한다는 목적으로 《부동산뱅크》라는 제목의 정기간행물을 등록한 이래 그때부터 약 8년 동안 격주로 월평균 4만부 이상을 발행해 왔다.

위 잡지는 부동산 전문지로서 그 동안 많은 공신력을 쌓아왔고 각종 일간신문이나 잡지, 방송 등을 통해서도 부동산뱅크라는 이름으로 각종 부동산 경기 동향, 아파트 시세 등의 부동산 정보를 제공하는 등 국내 일반 수요자 및 거래자 등에게 높은 인지도를 가지고 있다.

B는 부동산 거래 분야에 있어서 A회사가 발행하는 《부동산뱅크》지에 대한 일반 수요자들의 높은 공신력과 인지도를 알고 '부동산뱅크 공인중개사' 라는 상호로 부동산중개업을 영위하였다.

이에 B는 부정경쟁방지법을 위반하였다는 이유로 기소 되었다.

---

65) 대법원 1997. 12. 12. 선고 96도2650 판결

■ 부정경쟁방지법 위반(O)

A회사는 영업을 위하여 《주간 부동산뱅크》라는 고유한 명칭의 잡지를 발행하는 방법으로 오랫동안 부동산 정보를 제공하여 왔고 그로 인하여 부동산뱅크라는 표현은 단순히 영업 내용을 그대로 서술적으로 표현하는 일상용어가 아니라 일반 거래자들에게 있어서는 어느 특정인의 부동산 관련 영업의 표지로서 널리 인식되어 있다고 볼 것이다. 설령 부동산뱅크 자체에 식별력이 없다고 보더라도 위와 같은 사정에 비추어 볼 때, 위 《부동산뱅크》라는 잡지의 표지는 단순한 일상용어를 의미하는 것이 아니라 어느 특정인의 영업에 관련되어 있다는 특별하고 현저한 의미를 취득하였다고 볼 것이다, 따라서 위 부동산뱅크와 유사한 명칭인 부동산뱅크 공인중개사라는 상호의 간판을 내걸고 부동산 중개업을 영위한 B의 행위는 일반 부동산 거래자들로 하여금 B의 위 공인중개사가 위 《부동산뱅크》 잡지 발행회사와 어떤 영업상·조직상·재정상 또는 계약상의 관계나 특수한 인적관계가 있는 것으로 혼동케 할 우려가 있다.

평 석

부동산뱅크라고 하면 부동산과 관련된 정보 등을 모아 둔 곳 등으로 쉽게 이해할 수 있다. 따라서 부동산과 관련된 업무를 영위하는 영업주체와 관련하여 부동산뱅크라는 표지에 특별히 식별력이 있다고 보기는 어렵지만 그러한 표지가 특정인의 영업에 관련되어 있다는 것이 수요자들 사이에 널리 인식되면 그 표지는 식별력을 취득하게 되는데, 이러한 상황에서 그 표지를 무단으로 사용하여 그 표지의 영업주체와 혼동을 일으키게 한다면 이는 부정경쟁방지법상 부정경쟁행위에 해당될 수 있다 할 것이다. 그러나 주지성 있는 상품표지라 해도 그 사용으로 인해 오인·혼동이 발생하지 않는다면 부정경쟁행위로 볼 수 없다.

소설 〈애마부인〉 vs 영화 〈애마부인 5〉 사건[66]

A는 소설 〈애마부인〉의 저자이고, B회사는 영화 〈애마부인〉 시리즈 1편부터 5편까지 제작한 영화제작사이다. B회사는 〈애마부인〉 시리즈 가운데 1편부터 4편까지는 영화감독 C로 하여금 제작하게 하였고, 5탄은 영화감독 D로 하여금 제작하도록 하였다. A는 B회사가 〈애마부인〉 1편을 제작할 당시 이에 동의하였다.

그 후 A는 B회사가 〈애마부인〉 2편부터 4편까지 제작하는 것에 대해서는 문제 삼지 않다가 〈애마부인 5〉에 대해서는 그 내용과 제목이 자신의 소설 〈애마부인〉의 저작권을 침해하였고, 특히 제목에 대해서는 부정경쟁방지법을 위반한 것이라고 하면서, B회사를 상대로 영화제작·배포·상영등 금지 가처분을 신청했다.

66) 서울고등법원 2006. 11. 14. 자 2006라503 결정

■ 영화 〈애마부인 5〉의 제작·상영이 소설 〈애마부인〉과의 관계에서
  부정경쟁행위에 해당하는지(X)

 A의 주장

B회사가 A로부터 소설 〈애마부인〉을 영화화 하는데 동의
를 얻었음을 기화로 그 후에 아무런 사전 양해도 없이 또 다
시 애마부인의 제호를 사용하여 영화 〈애마부인 5〉를 제작
한 행위는 부정경쟁방지법 제2조 제1호 소정의 상품의 주체
와 출처의 혼동을 불러 일으켜 작가인 A의 현재 및 장래의
평판에도 영향을 미쳐서 현재 및 장래의 영업상 이익이 침해
될 우려가 있으므로 이는 위 법에서 금하고 있는 부정경쟁
행위에 해당한다.

 법원의 판단

소설 〈애마부인〉이 주지성 있는 상품표지라 하더라도 A는
위 소설을 원작으로 하여 영화 〈애마부인〉을 제작할 것을
승낙한 바 있었고, 그 후 B회사가 영화 〈애마부인〉의 2, 3,
4편을 제작할 때 제목의 사용을 묵시적으로 승낙하였거나
아무런 이의도 한 바 없었다. 위 각 영화들은 대부분 흥행
에도 성공하여 위 소설과 별도로 영화로서의 주지성을 이미
획득하고 두 표지가 병존하여 왔으므로 더 이상 소설 〈애마
부인〉이 먼저 사용된 표지로서의 우선권을 내세우기 어렵
고, 이익형량의 원칙에 따라 새로운 영화를 제작하게 된 B

회사 쪽에서 구별이 가능한 부가어를 덧붙이는 등 혼동 위험을 줄일 수 있는 조치를 취하면 족하다.

영화 〈애마부인〉으로서의 표지가 보호가치가 있을 정도의 주지성을 나름대로 획득하고 있는 상황에서 A가 새삼스럽게 우선권을 내세워 새로이 형성된 영화 〈애마부인〉의 주지성을 부정하려 하는 것은 신의성실의 원칙으로 보아도 허용되지 않는다. 그러므로 B회사의 영화 〈애마부인 5〉의 제작·상영이 소설 〈애마부인〉과 주체 및 출처의 혼동을 일으키게 하는 행위이고 이로 인하여 A의 영업상 이익을 침해한다고 보기는 어렵다. 따라서 B회사가 영화 〈애마부인 5〉를 제작·상영하는 행위가 부정경쟁행위라고 할 수는 없다.

평석

소설 〈애마부인〉이 국내에 널리 알려져 있는 상품표지라고 하더라도, 이와는 별개로 영화 〈애마부인〉 시리즈 또한 그 시리즈물의 상영과 흥행으로 인해 이미 국내에 널리 알려져 있는 상품표지이다. 그리고 A가 영화 〈애마부인〉 1편에 대해서는 그 영화화를 명시적으로 승낙했었고 2편 ~ 4편까지 영화제작에 대해서도 별다른 이의를 제기하지 않았음에도, 영화 〈애마부인 5〉를 제작할 때에 그 제목 등의 사용을 문제 삼는 것은 신의칙상 허용되지 않는 것이므로, 영화 〈애마부인 5〉의 상영·제작을 두고 소설 〈애마부인〉과 관련하여 부정경쟁행위라고 볼 수는 없다.

Ⅰ2Ⅰ
2차적저작물 등의
출판

1 개요

저작권 침해 사건에서 어떤 저작물이 다른 저작물의 복제물
에 해당하는지 아니면 2차적저작물에 해당하는지 또는 독립
저작물에 해당하는지에 따라 저작권 침해 여부와 침해되는
저작권의 종류가 달라진다. 따라서 출판물과 관련된 저작권
침해 사건에서도 침해 저작물이 피침해 저작물과의 관계에
서 어떤 저작물에 해당하는지를 먼저 파악해야 한다.

2 복제물

저작권법에서는 '저작자는 그의 저작물을 복제할 권리를 가
진다' 라고 규정하고 있고(저작권법 제16조), 복제에 대해서는 '인
쇄·사진촬영·복사·녹음·녹화 그 밖의 방법으로 일시적 또
는 영구적으로 유형물에 고정하거나 다시 제작하는 것을 말
한다' 라고 정의하고 있다(저작권법 제2조 제22호). 그러므로 저작
권법상 저작물의 복제는, 기존의 저작물에 의거하여 그 내용
과 형식을 인식할 수 있거나 감지하기에 충분한 정도로 다시

만드는 것을 말하고, 기존의 저작물과 완전히 동일한 경우뿐만 아니라 어느 정도의 수정·증감이 있다고 하더라도 실질적으로 거의 비슷한 경우도 포함한다.

이와 관련하여 〈무역 관련 서적〉 사건(75쪽 참고)에서 법원은 "이 사건 변형 저작물은 그 변형의 경위 및 정도 등에 비추어 볼 때 사회 통념상 독자적인 창작성이 가해졌다고 할 정도로 보이지 않으므로, 이 사건 변형 저작물을 새로운 저작물로 볼 수 없다"라고 판시하였다.[67]

일반적으로 만화는 대상의 성격을 과장하거나 생략하여 익살스럽고 간명하게 사회를 풍자·비판하는 그림 형식을 말하며, 소설처럼 긴 스토리(story)를 그림과 대화(對話)로써 풀어내는 서사만화(敍事漫畵)는 스토리, 인물들의 대화(주로 말풍선 속에 기재됨), 컷(cut, 하나의 구획으로 된 그림의 단위) 나누기, 컷 내의 그림 등을 그 구성요소로 하고 있다.

이와 같이 글과 그림이 유기적으로 결합된 만화저작물에 있어서 원작과 제3자가 출판한 작품과의 동일성 여부는 글과 그림의 표현 형식, 연출의 방법(이야기의 전개순서에 따라 글과 그림으로 구성되는 개개의 장면을 구상하고 그 이야기의 전개를 위해 지면을 다양한 크기와 모양의 칸으로 분할하며 그 분할된 해당 칸에 구상한 장면을 배열하는 것) 등을 종합적으로 고려하여 판단하여야 한다.

---

67) 서울지방법원 1998. 5. 22. 선고 97가합51273 판결

이와 관련하여 《삼국지》 사건(81쪽 참고)에서 법원은 "B 출판의 《슈퍼삼국지》와 A 출판의 《전략삼국지》는 전체의 약 30% 가량에 해당되는 쪽의 전부 또는 일부 컷에 있어서 말풍선 내의 대사의 흐름, 대사를 끊어주는 시점, 컷 나누기, 개개 컷의 구성, 컷 내의 그림의 배치, 인물의 표정·동작 및 주변의 묘사 등이 상당히 유사하지만, 그림의 표현 형식에 있어서 《전략삼국지》는 약화체로 표현되어 있고 흑백의 단색으로 되어 있는 데에 비하여 《슈퍼삼국지》는 사실체로 표현되어 있고 컴퓨터 그래픽 채색작업에 의한 천연색으로 되어 있을 뿐만 아니라, 대표적인 등장인물들의 얼굴형이 《전략삼국지》의 그것과 확연히 달라 그 자체로 창작성이 인정될 정도로 독특하고, 한국만화애니메이션학회장에 대한 감정촉탁 결과에 의하더라도 《슈퍼삼국지》는 스토리 전개 및 연출방식에서 《전략삼국지》를 표절하였을 가능성은 높지만, 그림체에서는 《전략삼국지》를 표절하였을 가능성이 매우 낮다고 되어 있는바, 사정이 이러하다면 양 작품의 유사점만으로는 곧바로 《슈퍼삼국지》와 《전략삼국지》가 동일성이 있는 작품이라고 단정하기 어렵고, 오히려 《슈퍼삼국지》가 《전략삼국지》와의 동일성을 손상할 정도로 변경되었다고 볼 여지도 있다"라고 판시하였다.[68]

---

68) 대법원 2005. 9. 9. 선고 2003다47782 판결

3 2차적저작물

저작권법에서는 2차적저작물을 '원저작물을 번역·편곡·변형·각색·영상제작 그 밖의 방법으로 작성한 창작물'로 정의하고 있다(저작권법 제15조 제1항). 따라서 2차적저작물은 번역·편곡·변형·각색·영상제작 그 밖의 방법으로 작성한 창작물로서 기존 저작물과 실질적 유사성(그 표현상의 본질적 동일성)을 유지하면서 구체적인 표현에 수정·증감·변경 등을 가하여 새롭게 사상 또는 감정을 창작적으로 표현(실질적 개변)함으로써 이를 접하는 사람이 기존의 저작물이 갖고 있는 표현상의 본질적인 특징을 직접 느껴서 알 수 있는 것을 말하고, 이는 원저작물과는 별개로 독자적인 저작물로 보호된다.

따라서 원저작물 저작권자의 허락 없이 원저작물을 기초로 하여 2차적저작물을 창작한 경우에 원저작물 저작권자의 2차적저작물작성권 침해는 변론으로 하더라도, 2차적저작물의 창작자는 그 2차적저작물 자체에 대해 독자적인 저작권을 가지게 되므로, 제3자가 그러한 2차적저작물을 무단으로 사용한다면 2차적저작물의 창작자는 그러한 제3자의 행위에 대해 저작권 침해를 주장할 수가 있는 것이다. 즉, 원저작물 저작권자의 2차적저작물작성권 침해와 그 2차적저작물 자체와 관련된 저작권 발생은 전혀 별개의 문제라고 할 수 있다.

한편, 일반인들이 2차적저작물과 관련하여 오해를 하는 또 다른 부분이 있다. 예컨대, A라는 저작물을 디지털화한 경우(예를 들어 종이책을 전자책으로 만든 경우), 일반인들은 그와 같이 디지털화된 것을 A저작물의 2차적저작물로 생각하는 경우가 많다. 그러나 위에서 언급한 바와 같이, 2차적저작물은 원저작물을 기초로 그러한 원저작물을 변경하여 거기에 새로운 창작성이 더해져야만 하는 것인데, 단순히 A저작물을 디지털화했다고 해서 A저작물의 내용에 새로운 창작성이 부가된 것은 아니므로, 위와 같이 디지털화된 것은 A저작물의 단순한 복제물에 불과할 뿐 이를 2차적저작물로 볼 수는 없는 것이다.

(1) 번역물 사이의 저작권 침해 여부 판단 기준

번역물은 그 원저작물과는 별개로 원저작물의 2차적저작물로서 보호를 받게 된다. 이 경우 유의하여야 할 것은 번역물이 2차적저작물로서 독립된 보호를 해주는 이유는 원저작물에 나타나 있는 창작적인 부분(사건의 전개, 구체적인 줄거리, 등장인물의 성격과 상호관계, 배경설정 등에 있어서의 창작성)이 아니라 번역물자체의 창작성 즉, 원저작물을 언어 체계가 다른 나라의 언어로 표현하기 위한 적절한 어휘와 구문의 선택 및 배열, 문장의 장단 및 서술의 순서, 원저작물에 대한 충실도, 문체, 어조 및 어감의 조절 등 번역자의 창의와 정신적 노력이 깃든 부분 때문이다. 따라서 번역물들 사이의 저작권 침해 여부를 판단할 때 원저작물의 창작적인 부분은 고려 대상이 아님을 유념할 필요가 있다.

〈소설 당나귀 귀 번역〉 사건[69]

A출판사는 저작권자인 프랑스 출판사(이하 '원저작권자' 라고 함)와 독점 번역출판계약을 체결하여 쎄르쥬 뻬레즈의 3부작 가운데 첫 번째인 《당나귀 귀》라는 프랑스 소설(이하 '원작 소설' 이라고 함)을 번역한 소설(이하 '이 사건 소설' 이라고 함)을 출판하였고, 이 사건 소설의 번역자인 D로부터 이 사건 소설에 대한 번역저작권을 양수하였다.

동화작가인 B는 동화(이하 '이 사건 동화' 라고 함)를 저술하였고, C와 이 사건 동화의 출판계약을 체결한 후 이를 출판하였다. 이에 A출판사는 이 사건 동화는 이 사건 소설에서 그 줄거리와 표현들을 베껴 이 사건 동화를 저술하여 출판함으로써 이 사건 소설의 원저작권자의 저작권과 A출판사의 이 사건 소설에 관한 번역저작권을 침해하였다는 이유로 B와 C(이하 'B 등' 이라고 함)를 상대로 저작권 침해정지 청구 소송을 제기하였다.

A출판사는 원저작권자에 대한 저작권 침해에 대해서는 A출판사가 이 사건 소설의 한국어 번역물에 대한 독점번역출판권자로서 원저작권자를 대위하여 B 등을 상대로 저작권 침해정지 청구 소송을 제기하는 것이라고 주장하였다.

---

69) 대법원 2007. 3. 29. 선고 2005다44138 판결

■ 이 사건 소설과 이 사건 동화 사이의 실질적 유사성(X)

1) 주요 인물들의 설정과 상호관계, 상황 설정, 구체적인 줄거리 및 사건의 전개과정, 구체적인 일화 등의 유사성(실질적 유사성 판단 대상이 아님)

이 사건 소설은 프랑스어 원작 소설을 우리말로 번역한 저작물로서, 이 사건 소설과 이 사건 동화는 주요 인물들의 설정과 상호관계, 상황 설정, 구체적인 줄거리 및 사건의 전개과정, 구체적인 일화 등에 있어서 유사성이 있으나, 위와 같은 부분들은 위 프랑스어 원작 소설의 창작적 표현이지 번역자에 의하여 이 사건 소설에 새롭게 부가된 창작적인 표현이 아니므로 위와 같은 부분들의 유사성을 이유로 양 저작물 사이에 실질적 유사성이 있다고 할 수 없다.

2) 적절한 어휘와 구문의 선택 및 배열, 문장의 장단 및 서술의 순서, 원저작물에 대한 충실도, 문체, 어조, 어감 조절 등의 유사성(X)

이 사건 소설의 개개 번역 표현들을 구성하고 있는 어휘나 구문과 부분적으로 유사해 보이는 어휘나 구문이 이 사건 동화에서 드문드문 발견되기는 하나, 그 실질적 유사성을 인정하기 위해서는 이 사건 동화에서 유사 어휘나 구문이 사용된 결과 이 사건 소설이 번역저작물로서 갖는 창작적 특성이 이 사건 동화에서 감지될 정도에 이르렀다는 점이 인정되어야 한다.

총 문장 2,000여 개의 이 사건 소설과 총 문장 1,000여 개의 이 사건 동화에서 총 53항 가운데 일부 유사 어휘나 구문이 차지하는 질적 혹은 양적 비중은 미미하고, 이 사건 소설은 사회비판 소설로서 청소년 등을 독자층으로 하여 아이의 시각에서 위선적인 세상을 풍자하는 것을 주제로 설정하고 있는 반면, 이 사건 동화는 유아 동화로서 아동 등을 독자층으로 삼아 학교에서 집단 따돌림을 당하는 학생에게 희망과 꿈을 심어주는 것을 주제로 설정하여 교육성과 단순성 등이 이 사건 소설보다 훨씬 강한 관계로, 전체적으로 쉬운 어휘와 구문, 밝은 어조를 사용하여 독자에게 친근감과 안정감을 느끼도록 문장과 문단이 전개되고 있다.

그 결과 위와 같은 유사 어휘나 구문 등이 배열된 순서나 위치, 그 유사 어휘나 구문이 삽입된 전체 문장이나 문단의 구성, 문체, 어조 및 어감 등에서 이 사건 소설과 이 사건 동화는 상당한 차이를 보이고 있으므로, 위와 같은 정도의 일부 어휘나 구문의 유사성은 이 사건 소설과 이 사건 동화의 전체적인 구성이나 표현의 차이에 흡수되어 이 사건 소설이 번역저작물로서 갖는 창작적 특성이 이 사건 동화에서 감지된다고 보기는 어렵다.

따라서 이 사건 소설과 이 사건 동화 사이에 실질적 유사성이 있다고 할 수 없다.

이 사건은 프랑스어 원작 소설인 《당나귀 귀》를 번역한 이 사건 소설의 저작권자 A가 그 원작 소설을 바탕으로 이 사건 동화를 집필한 동화작가인 B와 C출판사를 상대로 저작권 침해를 이유로 한 침해정지 청구를 한 사건이었다. 동일한 원저작물을 번역한 번역저작물 사이에서는 주요 인물들의 설정과 상호관계, 상황 설정, 구체적인 줄거리 및 사건의 전개과정, 구체적인 일화 등은 서로 비슷할 수밖에 없고, 원저작권자의 창작적 표현에 해당하므로 이 사건 소설과 이 사건 동화의 실질적 유사성을 판단함에 있어서는 이러한 부분을 비교 대상으로 삼을 수는 없는 것이었다.

따라서 법원은 이러한 부분을 제외한 번역물 또는 번안물 고유의 창작적 표현이라고 할 수 있는 어휘와 구문의 선택 및 배열, 문장의 장단 및 서술의 순서, 원저작물에 대한 충실도, 문체, 어조 및 어감의 조절 등에 관한 실질적 유사성 여부를 판단하였고, 그 결과 이 사건 소설과 이 사건 동화는 이러한 부분에서 상당한 차이를 보이고 있다는 이유로 양 저작물의 실질적 유사성을 인정하지 않았다.

이와 같이 동일한 원저작물을 번역한 번역저작물 사이에서는 번역저작물 고유의 창작적 표현의 유사성 여부에 따라 실질적 유사성 여부를 판단하여야 한다.

(2) 요약물의 저작권 침해 판단 기준

출판 등을 하다보면 가끔 타인의 저작물을 요약해서 사용해야 할 때가 있다. 물론 기존 저작물의 저작권자로부터 이용 허락을 받는다면 아무 문제가 없겠지만 이용 허락이 없는 경우에는 그 요약물이 2차적저작물인지 아니면 독립저작물인지에 따라 저작권 침해 여부가 달라지는데, 2차적저작물 또는 독립저작물인지 여부는 원저작물과 요약물 간의 실질적 유사성 유무에 따라 판단하여야 한다.

즉, 어문저작물인 원저작물을 기초로 하여 이를 요약한 요약물이 원저작물과 실질적인 유사성이 없는 별개의 독립적인 새로운 저작물이 되는 경우에는 원저작물 저작권자의 2차적저작물작성권을 침해하지 않게 된다. 여기서 요약물이 원저작물과 실질적인 유사성이 있는지는 요약물이 원저작물의 기본으로 되는 개요, 구조, 주된 구성 등을 그대로 유지하고 있는지 여부, 요약물이 원저작물을 이루는 문장들 가운데 일부만을 선택하여 발췌한 것이거나 발췌한 문장들의 표현을 단순히 단축한 정도에 불과한지 여부, 원저작물과 비교한 요약물의 상대적인 분량, 요약물의 원저작물에 대한 대체가능성 여부 등을 종합적으로 고려하여 판단해야 한다.[70]

---

70) 대법원 2013. 8. 22. 선고 2011도3599 판결

〈요약물〉 사건[71]

A회사 대표이사 B는 원저작자(이하 '이 사건 원자작자'라고 함)가 저술한 영문저작물(이하 '이 사건 원저작물'이라고 함)의 내용을 요약한 영문요약물(이하 '이 사건 영문요약물'이라고 함)을 외국법인 C회사로부터 제공받아 이를 한글로 번역한 요약물(이하 '이 사건 번역요약물'이라고 함)을 A회사의 인터넷 웹사이트를 통해 유료로 제공함으로써 원저작물 저작권자의 2차적저작물작성권을 침해하였다는 이유로 저작권법 위반으로 기소되었다.

■ 이 사건 영문요약물이 이 사건 원저작물 저작권자의 2차적저작물작성권을 침해하는지(O)

이 사건 영문요약물은 이 사건 원저작물을 요약한 것에 불과하고, 이 사건 번역요약물은 이 사건 영문요약물을 번역한 것에 불과하며, 이 사건 영문요약물 및 번역요약물은 이 사건 원저작물과 목차 및 주요내용 등에 있어서 상당부분 유사성을 가지고 있다. 이 사건 원저작물은 성공전략이나 경영전략에 대한 이 사건 원작자의 사상이 표현된 것으로서, 그 주요 전략내용 등은 이 사건 영문요약물이나 이 사건 번역요약물에도 그대로 유지되고 있다. 따라서 A회사 및 B가

---

71) 대법원 2013. 8. 22. 선고 2011도3599 판결

작성한 이 사건 번역요약물은 이 사건 원저작물과 실질적으로 유사하여 2차적저작물에 해당한다.

평석

이 사건 영문요약물과 번역요약물이 이 사건 원저작물의 2차적저작물에 해당하는지 아니면 독립저작물에 해당하는지가 쟁점이 된 이 사건에서 법원은 이 사건 영문요약물과 번역요약물이 이 사건 원저작물과 목차 및 주요내용 등을 그대로 유지하고 있다는 이유로 독립저작물이 아닌 이 사건 원저작물의 2차적저작물에 해당한다고 판단하였다. 타인의 저작물을 2차적저작물로 작성하기 위해서는 그 타인으로부터 동의나 승낙을 받아야만 하는데, A회사 등은 이러한 동의나 승낙 없이 이 사건 원저작물을 2차적저작물에 해당하는 이 사건 영문요약물을 그대로 번역하여 이 사건 번역요약물을 작성하였으므로 이 사건 번역요약물 또한 이 사건 원저작물의 2차적저작물에 해당한다는 이유로, 이 사건 원저작자의 2차적저작물작성권 침해를 인정하였다.

한편, 이 사건에서 A회사와 B는 이 사건 원저작물의 내용을 영문으로 요약한 C회사에 문의하여 이 사건 영문요약물이 이 사건 원저작물의 저작권과는 무관한 별개의 독립된 저작물이라는 취지의 의견을 받았고, 법무법인에 저작권 침해 관련 질의를 하여 이 사건 번역요약물이 이 사건 원저작물의 저작권을 침해하지 않는 것으로 사료된다는 취지의 의

견을 받았으므로, A회사와 B는 이 사건 원저작물의 저작권을 침해한다는 고의 또는 인식이 없었다고 주장하였으나, 이에 대해 법원은 A회사와 B는 C회사가 이 사건 원저작자의 동의나 승낙을 받았는지에 대해서는 확인해 보지 않았으므로, A회사와 B에게 저작권 침해에 대한 고의가 없었다거나 저작권 침해가 되지 않는다고 믿는데 정당한 이유가 있다고 볼 수는 없다고 판단하였다.

저작권법의 위반에 대해 형사 처분하기 위해서는 그 침해자가 객관적으로 타인의 저작권을 침해해야 하는 것은 물론이고, 그러한 저작권 침해에 대한 고의와 인식이 있어야만 한다. 그래서 A회사와 B는 비록 이 사건 번역요약물이 이 사건 원저작물의 저작권을 침해한다고 하더라도 C회사로부터 저작권 침해 여부를 확인한 것은 물론 법무법인으로부터 저작권 침해에 해당하지는 않는 것으로 사료된다는 의견을 받았기 때문에 저작권 침해에 대한 고의 또는 인식이 없다고 할 수 있고, 그렇다면 A회사와 B는 저작권법을 위반한 것이 아니라고 주장하였으나, 이에 대해 법원은 A회사와 B는 C회사에게 이 사건 영문요약물의 작성을 이 사건 원저작자로부터 동의 또는 승낙을 받았는지에 대해 확인하지 않았고, 법무법인으로부터 위와 같은 의견을 받은 것만으로는 저작권 침해에 대한 고의와 인식이 없다고 볼 수는 없다고 판단하였다.

따라서 저작물을 제공받는 입장에서는 저작권법 위반에 대한 고의 또는 인식이 없다고 하기 위해서는 A회사와 B의 위와 같은 정도의 주의의무만으로는 부족하고, 그 제공받는 저작물이 그 제공자의 순수한 창작물인지 여부, 만일 그 제공받는 저작물이 또 다른 저작물의 2차적저작물이라면 그것의 원저작물의 저작자로부터 동의나 승낙을 받고 작성한 것인지 여부를 반드시 확인해야만 할 것이다.

(3) 출판물을 이용한 강의의 저작권 침해 판단 기준

출판물을 이용하여 강의를 하는 경우, 그 강의가 출판물의 2차적저작물인지 아니면 독립저작물인지가 문제된다. 이에 대한 알아보기에 앞서 '강의'가 어떤 저작물에 해당하는지를 살펴볼 필요가 있다. 저작권법 제4조에서는 저작물을 9가지로 예시하고 있는데, 그 가운데 어문저작물의 한 예시로 '강연·연설'을 규정하고 있다. 따라서 강의는 어문저작물에 해당하기 때문에 제3자가 타인의 강의를 표절하면 이 또한 저작권 침해에 해당하게 된다.

그런데 여기서 살펴볼 내용은 이용 허락을 받지 않고 타인의 출판물을 이용해서 강의를 하는 것이 저작권 침해가 되는지 여부이다. 타인의 출판물을 그대로 줄줄 읽어주는 형태로 강의를 한다면 이는 복제에 불과하여 이런 경우는 의심할 여지없이 복제권 침해가 되는 것이다. 그러나 일반적인 강의는 타인의 출판물에 나오는 일부 내용을 그대로 옮기거나 약간 변경하는 부분도 있지만, 수강생들이 이해하기 쉽도록 강사 나름의 요령과 방식에 따라 설명을 부가하는 부분도 분명 존재하기 때문에 이러한 강의가 타인의 출판물과의 관계에서 2차적저작물에 해당하는지 아니면 타인의 출판물과는 별개의 독립된 저작물에 해당하는지가 모호한 경우가 있다.

한편, 저작물이 교과용 도서 또는 그 중에서도 검정도서라는 이유만으로 그 저작권의 범위가 제한된다거나 저작권에 내재적 한계가 있다고 할 수는 없다. 그러나 이러한 검정도서는 교육 목적 등에 비추어 상당한 공공성 및 공공재로서의 성질을 지니고, 이를 반영하여 그 제작, 검정심사, 채택 및 가격결정 과정에서까지 엄격한 절차 및 제한이 부과되는 한편, 타인의 공표된 저작물을 저작권자의 허락 없이도 게재할 수 있는 권한을 부여 받는 등의 특별한 대우를 받고 있는 점(저작권법 제25조), 학교의 장 등이 해당 학교에서 사용할 검정도서를 선정하면 해당 학교 학생들은 그 검정도서를 사용해야 하는 등 소비자의 선택권이 제한되어 있고, 채택된 교과서는 그 학교의 해당 교과 학습 교재로서 독점적인 지위를 누리게 되는 점 등은 그 저작권의 행사에 있어 충분히 고려되어야 한다.[72]

---

72) 서울중앙지방법원 2011. 9. 14.자 2011카합709 결정

〈검정교과서를 이용한 인터넷 강의〉 사건[73]

A 등은 중등 국어·생활국어·영어 과목의 각 검정교과서와 각 검정교과서에 대한 평가문제집(이하 이들을 통틀어 '이 사건 교과서 및 평가문제집' 이라고 함)의 대표저작자들이다.

B회사는 A 등으로부터 독점적인 이용 허락을 받아 이 사건 교과서 및 평가문제집을 출판하였고, 인터넷 웹사이트에서 중등 교과과정에 대한 온라인 강의를 유료로 제공한다.

C회사는 오프라인 강의를 포함한 중등 교과과정에 대한 온라인 강의를 유료로 제공하고 있고, A 등 및 B회사의 이용 허락 없이 이 사건 교과서 및 평가문제집을 교재로 사용하고 있다.

C회사의 해당 강사들이 이 사건 교과서 및 평가문제집의 지문을 그대로 칠판에 적고, 빔프로젝터를 통해 영사하고, 낭독하고, 그 내용을 설명하는 음성을 녹화하여 제작한 동영상 파일과 이 사건 교과서 및 평가문제집의 내용을 복제한 수업자료로 구성된 강의를 인터넷 웹사이트를 통해 전송하는 행위에 대하여 B회사는 이 사건 교과서 및 평가문제집의 독점적 이용권자로서 이 사건 가처분을 구하고, A 등은 주위적으로 동일성유지권 침해정지청구권에 기하여, 예비적으로는 복제권, 공연권, 전송권, 2차적저작물작성권 및 동일성유지권 침해정지청구권에 기하여 이 사건 가처분을 신청하였다.

---

73) 서울고등법원 2012. 4. 4.자 2011라1456 결정

■ C회사의 강의가 이 사건 교과서 및 평가문제집에 관해 A 등이
  가지는 2차적저작물작성권을 침해하는지(O)

 A 등 및 B회사의 주장

이 사건 교과서 및 평가문제집의 지문과 동일한 부분 이외
에 지문에 대한 강사 나름의 설명이 부가되어 있는 부분을
감안하더라도 이 사건 강의는 전체적으로 볼 때, 이 사건 교
과서 및 평가문제집의 2차적저작물에 해당하므로, C회사가
이 사건 강의를 제작하는 행위는 A 등의 이 사건 교과서 및
평가문제집에 대한 2차적저작물작성권을 침해하는 행위에
해당한다.

 C회사의 반박

이 사건 강의가 이 사건 교과서 및 평가문제집과는 별개의
독립된 저작물에 해당하므로, A 등이 이 사건 교과서 및 평
가문제집에 대하여 가지는 저작권의 효력이 미치지 않는다.

 법원의 판단

1) 이 사건 강의에 창작성이 가미되어져 있는지(O)

이 사건 강의는 이 사건 교과서 및 평가문제집의 지문 일부
를 칠판에 그대로 적거나 영사하는 부분, 지문 일부를 그대

로 낭독하는 부분, 이 사건 교과서 및 평가문제집의 지문 일부를 그대로 옮기거나 동일성을 유지한 채 약간의 변형만을 가하여 만든 학습자료 부분과, 수강생들이 각종 시험에 대비하여 손쉽고 재미있게 지문의 내용을 이해·암기하거나 출제 가능한 문제의 풀이방법을 지득할 수 있도록 강사 나름의 요령과 방식에 따라 지문 이외의 설명을 부가한 부분이 서로 혼재되어 있고, 위 설명 부분의 경우에는 강사 나름의 독창적인 표현 방법으로서의 창작성이 인정될 여지가 있다.

2) 이 사건 강의가 이 사건 교과서 및 평가문제집의 2차적저작물에 해당하는지 아니면 독립저작물에 해당하는지(2차적저작물에 해당)

이 사건 강의별로 이 사건 교과서 및 평가문제집의 지문과 동일한 부분과 해당 강사의 설명이 부가된 부분의 비율을 정확하게 추출해 내기는 어렵다.

그러나 이 사건 강의 가운데 일부 강의의 경우 이 사건 교과서 및 평가문제집의 지문(다만, 이 사건 교과서 및 평가문제집 가운데 타인의 저작물을 인용한 부분은 제외한다)을 그대로 판서 또는 영사하거나 낭독하는 부분이 강의 내용 가운데 상당 부분을 차지하고 있고, 해당 강사가 지문의 내용을 나름의 요령과 방식으로 설명하는 경우에도 해당 지문을 낭독하는 중간에 지문에 대한 간단한 해설 또는 번역을 붙이거나 그 지문에 대한 설명을 부가하는 내용 또한 상당 부분을 이룬다.

이 사건 강의의 대상이 되는 중등 국어·생활국어, 영어 과목은 교과서나 평가문제집의 지문이 담고 있는 내용뿐만 아니라 그 내용을 표현하기 위한 표현방식 자체도 매우 중요한 의미를 가지므로, 중등 국어·생활국어, 영어의 교과서 및 평가문제집을 교재로 삼아 강의를 하는 경우 해당 교과서 및 평가문제집의 지문에 사용된 표현을 기본적으로 차용하고 이에 설명을 부가하는 방식의 강의 방법이 일반적으로 사용될 것으로 보인다.

이러한 사정들과 이 사건 강의의 목적, 구성 등을 모두 종합해 보면, 비록 이 사건 강의에 강사 나름의 창작적인 표현으로 설명하는 부분이 일부 포함되어 있고, 각 강의별로 위와 같은 강사의 창작적 표현이 부가된 부분의 정도가 다를 수 있다 해도, 전체적으로 평가할 때, 이는 이 사건 교과서 및 평가문제집의 창작적인 표현의 본질적인 특성을 해하지 않는 범위 내에서의 수정·증감·변경에 지나지 않으므로, 이 사건 교과서 및 평가문제집과 실질적 유사성이 인정되는 2차적저작물에 해당할 여지가 많다.

따라서 C회사가 A 등의 허락 없이 이 사건 강의의 영상물을 제작하여 수강생들에게 제공하는 행위는 A 등의 이 사건 교과서 및 평가문제집에 대한 2차적저작물작성권을 침해하는 행위에 해당한다 할 것이다.

강의는 어문저작물에 해당하기 때문에, 강의를 표절하면 강사의 저작권을 침해할 수 있고, 타인이 저작권을 가지는 저작물을 강의 교재로 사용하게 되면 그 강의를 하는 강사도 그 타인의 저작권을 침해할 수 있게 된다. 타인의 강의교재를 이용한 강의가 저작권 침해가 되려면, 그 강의가 강의 교재의 복제물이거나(복제권 침해) 2차적저작물이어야(2차적저작물작성권 침해) 하고, 강의 교재와는 별개의 독립된 저작물이 된다면 저작권 침해는 되지 않는다. 그렇다면 강의가 타인의 저작권을 침해하는지 여부는 그것이 강의 교재와의 관계에서 어떤 저작물로 평가받느냐에 달려 있고, 이러한 평가는 강의 교재의 특성상 강사가 강의 교재의 내용을 그대로 낭독하는 부분과 그대로 판서하는 부분 등이 전체 강의에서 차지하는 비중이 어느 정도인지 등을 고려해서 판단해야 한다.

이 사건에서 법원은 이 사건 강의 대상은 중등 국어·생활국어, 영어 과목으로써, 강의 시 교과서 및 평가문제집에 나오는 지문을 익히는 것이 매우 중요한 부분을 차지하기 때문에 강사로서도 이러한 지문들을 상당부분 낭독하거나 칠판에 판서할 수밖에 없다는 점을 고려하여, 이 사건 강의는 이 사건 교과서 및 평가문제집의 2차적저작물로 판단하였고, 이에 따라 이 사건 강의는 A 등이 이 사건 교과서 및 평가문제집에 대해 가지는 2차적저작물작성권을 침해하는 행위라고 판결하였다.

4 독립저작물

어떤 저작물이 기존 저작물을 다소 이용하였더라도 기존 저작물을 추지할 수 없을 정도로 환골탈태하여 양 저작물 사이에 실질적 유사성이 없는 것을 '독립저작물' 이라고 하고, 이러한 독립저작물은 앞서 본 2차적저작물과는 달리 기존 저작물의 저작권의 효력을 받지 않는다.

즉, 다른 사람의 원저작물을 원형 그대로 복제하지 않고 사회통념상 새로운 저작물이 될 수 있을 정도의 수정·증감·변경을 가하여 새로운 창작성을 부가하였더라도 원저작물과의 실질적 유사성이 유지되고 있다면 2차적저작물에 해당하므로, 원저작자의 동의 없이 위와 같은 저작물을 작성하는 행위는 원저작자의 2차적저작물작성권을 침해하는 행위이지만, 원저작물에 새로운 창작성이 부가되어 원저작물과의 실질적 유사성을 상실하게 되었다면 이는 원저작물과는 별개의 독립된 저작물로서 원저작자의 2차적저작물작성권의 효력이 미치지 않게 되는 것이다.

〈검정교과서를 이용한 인터넷 강의〉 사건(203쪽 참고)에서 법원은 해당 강의를 검정교과서의 2차적저작물로 판단하였다. 그렇다고 해서 출판물을 이용한 모든 강의가 그 출판물의 2차적저작물이 되는 것은 아니다. 즉, 일반적으로 수험생들이 학습서를 구입하여 스스로 공부하는 이외에 학원에서 수험강의를 듣는 이유는 학습서에 나와 있는 내용 이외에 강사의 축적된 노하우나 개성 있는 전달기법 등을 통한 해당 과목의 이해 및 응용, 암기 등 수험목적을 달성하는 방법을 습득하고자 한다는 수험강의의 특성에 비추어 강의교재와 강사의 강의 사이에는 실질적인 유사성이 존재할 가능성이 낮은 경우가 일반적이기 때문에 강의가 강의교재의 2차적저작물이 되는 경우는 흔하지 않다

이와 관련하여 〈펀드투자상담사 수험용 표준교재〉 사건(110쪽 참고)에서 A출판사의 펀드투자상담사 교재를 이용한 강의가 그 교재의 저작권자인 F협회의 복제권 및 2차적저작물작성권을 침해하는 것인지 여부에 관해 살펴보겠다.[74]

■ B회사가 만든 동영상 강의가 F협회의 표준교재에 관한 복제권 및 2차적저작물작성권을 침해한 것인지 여부

1) 복제권 침해(X)

 A출판사의 주장

B회사 등이 만든 동영상 강의가 F협회의 저작물인 표준교재의 내용을 그대로 판서하거나 낭독하는 것이 많은 부분을 차지하므로, B회사 등의 동영상 강의의 제작·판매는 F협회의 복제권을 침해하는 것이다.

---

74) 서울고등법원 2013. 8. 22. 선고 2013나1398 판결

B회사 등의 반론

동영상 강의에서 표준교재를 인용하는 부분은 학술적 개념이나 이론에 해당하여 창작성이 있는 표현에 해당하지 않고, B회사 소속 강사 D와 E가 교재 내용을 그대로 판서하거나 낭독하는 부분이 있다고 하더라도, 그러한 부분은 강의 내용 가운데 극히 일부에 불과하며, D와 E는 독창적인 설명이나 암기법 등을 사용하여 강의한 것이므로 동영상 강의가 F협회의 표준교재에 관한 복제권을 침해하지는 않는다.

 법원의 판단

B회사 소속 강사 D와 E가 표준교재에 기술되어 있는 내용을 동영상 강의내용 중에서 그대로 낭독하거나 판서한 부분은 자본시장과 금융투자업에 관한 법률 등의 관련 법령의 내용에 해당하거나 표준교재가 저작되기 이전에 저술된 다른 서적들의 해당 부분과 표현이 동일하거나 유사하여 창작성이 있는 표현에 해당하지 않는다. 또 기존 학술이론 등에서 제시된 개념을 그 분야에서 일반적으로 사용하는 용어나 표현 형식을 이용하여 설명한 것에 불과하거나 그 밖에 논리 및 표현 방법의 특성상 저작자의 창조적 개성이 발현된 것이라고 하여 그에 대한 저작권을 용인하기에 적합하지 않은 부분도 존재한다. 이러한 사정에 비추어 보면, 그와 같은 부분에 대해서는 F협회의 복제권이 미친다고 할 수 없다.

2) 2차적저작물 작성권 침해(X)

A출판사의 주장

B회사 등이 만든 동영상 강의는 표준교재의 내용을 변형·각색하여 영상으로 제작한 2차적저작물에 해당하므로, B회사 등은 F협회의 2차적저작물 작성권을 침해하였다.

B회사 등의 반론

B회사 등이 만든 동영상 강의는 표준교재와 실질적 유사성이 없으므로 2차적저작물에 해당하지 않고, 설령 2차적저작물에 해당한다고 하더라도 저작권법 제28조의 공표된 저작물의 인용에 해당하므로, F협회의 2차적저작물 작성권을 침해하는 것이 아니다.

법원의 판단

B회사 소속 강사 D와 E가 표준교재에 기술되어 있는 표현을 그대로 낭독하거나 칠판에 판서하는 부분은 B회사 등이 만든 동영상 강의내용 중에서 극히 일부분에 해당하고, 일반적으로 수험생들이 교재를 사서 스스로 공부하는 이외에 동영상 강의를 듣는 이유는 교재에 기술되어 있는 추상적인 개념을 강사의 다양한 설명을 통하여 쉽게 이해하고, 강사가 보유하고 있는 시험에 대한 정보나 독특한 전달기법 등으로

수험 고부의 효율성을 증대시키고자 하는 것이다. 이러한 학습 강의의 특성을 고려하면, B회사 등이 만든 동영상 강의는 그 주된 내용이 D와 E가 상당한 노력을 기울여 만든 독창적인 설명방법으로 구성된 것으로 표준교재와 실질적 유사성이 없는 새로운 저작물로 보이고, 이를 표준교재에 기술된 내용을 변형·각색하여 영상으로 제작한 2차적저작물에 해당한다고 단정하기 어렵다. 그러므로 B회사 등은 F협회의 2차적저작물 작성권을 침해하였다고 볼 수 없다.

평 석

이 사건에서 법원은 B회사가 만든 동영상 강의는 F협회가 그 저작권을 가지고 있는 표준교재의 복제물도 아니고 2차적저작물도 아닌 이와는 별개의 독립된 저작물로 보았다. 이와 같이 특정 서적을 이용한 강의가 그 서적의 복제물인지, 2차적저작물인지, 독립저작물에 해당하는지 여부는 해당 강의의 내용과 서적의 내용을 비교하여 강의내용 가운데 서적의 내용을 그대로 판서하거나 낭독하는 부분이 있는지 만약 그렇다면 그 내용이 서적 저작자의 창조적 개성이 발현된 부분인지 아니면 기존부터 존재한 이론적인 내용 등에 불과한 것인지 등을 종합적으로 고려하여 판단하여야 할 것이다.

출판물의 저작권

1 저작재산권과 저작인격권

(1) 개 요

저작권은 저작재산권과 저작인격권으로 구성되어 있다. 따라서 저작권 침해 사건에서는 그것이 저작재산권 침해인지, 저작인격권 침해인지, 또 그 중에서도 구체적으로 어떤 권리가 침해되었는지 명확히 특정할 필요가 있다.

이렇게 침해된 저작권의 종류를 특정해서 주장하는 것은 여러 가지 면에서 의미가 있다. 먼저 손해액에 영향을 미친다. 저작권은 권리의 다발이기 때문에 각 권리 침해에 대해서 손해배상을 청구하는 것이 원칙이다. 또한 권리 침해에 따른 손해액 구분이 명확하지 않거나 손해액 산정 자체가 불분명한 때에는 침해되는 권리의 수(數)에 따라 법원의 손해액 인정액이 달라질 수도 있다. 그리고 이처럼 저작권의 종류를 특정해서 주장하다 보면, 자칫 빠뜨릴 수 있는 저작인격권 침해 주장을 놓치지 않을 수 있다.

(2) 저작재산권

저작재산권은 복제권, 공연권, 공중송신권, 전시권, 배포권, 대여권, 2차적저작물작성권 총 7가지 권리가 있다. 보통 저작권 침해 사건에서 가장 많이 문제가 되는 저작재산권은 복제권과 2차적저작물작성권이다. 저작권자는 제3자가 자신의 저작물을 그대로 사용하고 있다면 복제권 침해를 주장하면 되겠지만, 일부 변형하여 사용하고 있을 때에는 복제권 침해를 주장해야 할지 아니면 2차적저작물작성권 침해를 주장해야 할지가 애매한 경우가 있다. 일부 변형이 다소의 수정·증감이나 변경에 불과하여 새로운 창작성까지는 더해지지 않았다고 봐야 할지, 구체적인 표현에 수정·증감·변경 등을 가하여 새롭게 사상 또는 감정을 창작적으로 표현한 것이라고 봐야 할지 애매한 경우가 있는 것이다. 이런 경우 일반적으로 실무에서는 '복제권 또는 2차적저작물작성권이 침해되었다'라고 주장한다.

누차 강조하지만 저작권을 침해당했을 때에는 되도록 침해된 저작권의 종류를 구체적으로 확인한 후 그에 따라 저작권 침해를 주장하는 것이 바람직한데, 이를 위해서는 침해된 권리가 저작재산권인지 또는 저작인격권인지 아니면 둘 다인지 여부를 확인하는 작업과 저작재산권과 저작인격권 가운데 침해된 권리가 각각 어떤 것인지를 확인하는 작업이 함께 이루어져야 할 것이다.

어떤 저작물이든 저작권 침해가 발생하게 되면, 보통은 저작재산권 가운데 복제권 침해를 수반한다. 물론 위와 같이 원저작물을 무단으로 일부 변형한 것이 2차적저작물에 해당할 될 때에는 복제권 침해가 아닌 2차적저작물작성권 침해가 문제될 수 있고, 작품 소장자가 작품 저작권자의 동의 없이 가로·공원·건축물의 외벽 그 밖에 공중에게 개방된 장소에 항시 전시하는 경우에는 복제권의 침해 없이 전시권 침해만 문제되는 경우도 있긴 하다. 그리고 통상적인 저작권 침해 사건에서는 복제권만 문제되는 경우는 드물고, 배포권 또는 공중송신권도 함께 문제되는 경우가 대부분이다.

따라서 독자들도 앞으로 저작권 침해 사건을 접할 때는 저작권자가 침해당했다고 주장하는 권리가 어떤 것들이고, 법원은 저작권자가 주장한 권리들 가운데 어떤 권리의 침해를 인정했고 또 어떤 권리에 대해서는 그 침해를 인정하지 않았는지 좀 더 관심 있게 살펴보았으면 한다.

1) 복제권과 2차적저작물작성권

① 복제권과 2차적저작물작성권은 선택적으로 주장되는 경우도 있고(복제권 또는 2차적저작물작성권이 침해됐다), 순차적으로 주장되는 경우도 있다(주위적으로는 복제권이 침해되었고, 예비적으로 2차적저작물작성권이 침해되었다).

② 먼저 복제권에 관해 살펴보면, 저작자는 그의 저작물을

복제할 권리 즉, 복제권을 가지고 있고(저작권법 제16조), 여기서 말하는 복제는 '인쇄·사진 촬영·복사·녹음·녹화 그 밖의 방법으로 일시적 또는 영구적으로 유형물에 고정하거나 다시 제작하는 것'을 말한다(저작권법 제2조 제22호). 타인의 저작물을 전부 복제하는 것은 물론이고, 일부를 복제하더라도 저작물성이 있는 부분 즉, 창작성이 있는 부분을 복제하는 경우에도 복제권 침해가 된다.

어문저작물에 대한 저작권 침해 소송에서 기존 저작물 전체가 아니라 일부를 복제하였다고 다투는 경우에는 먼저 복제 여부가 다투어지는 부분이 창작성 있는 표현에 해당하는지, 상대방의 해당 부분이 기존 저작물의 해당 부분에 의거하여 작성된 것인지와 기존 저작물의 내용과 형식을 인식할 수 있거나 감지할 수 있는지를 개별적으로 보아야 하고, 나아가 복제된 창작성 있는 표현 부분이 기존 저작물 전체에서 차지하는 양적·질적 비중 등도 고려하여 복제권 침해 여부를 판단하여야 한다.[75]

그 결과 복제 여부가 다투어지는 부분이 기존의 다른 저작물의 표현과 동일·유사한 경우, 기존 이론이나 개념을 그 분야에서 일반적으로 사용하는 용어에 의하여 설명하거나 정리한 경우, 논리 구성상 달리 표현하기 어렵거나 다르게 표현하는 것이 적합하지 않은 경우 등 누구라도 같거나 비슷

---

75) 대법원 2012. 8. 30. 선고 2010다70520, 70537 판결

할 수밖에 없는 표현, 즉 저작물 작성자의 창조적 개성이 발현될 여지가 없는 경우에는 저작물의 창작성이 인정되기 어려우므로 복제권의 침해로 인정될 수 없고, 기존 저작물이 전체적으로 볼 때는 저작권법에 정해진 창작물에 해당한다 하더라도 그 내용 가운데 창작성이 없는 표현 부분에 대해서는 기존 저작물에 관한 복제권의 효력이 미치지 않는다.[76]

③ 다음으로 저작자는 그의 저작물을 원저작물로 하는 2차적저작물을 작성하여 이용할 권리 즉, 2차적저작물작성권을 가지고 있고(저작권법 제22조), 여기서 말하는 2차적저작물은 '원저작물을 번역·편곡·변형·각색·영상제작 그 밖의 방법으로 작성한 창작물'이다(저작권법법 제5조 제1항).

2차적저작물작성권은 복제권과 함께 저작권 침해 사건에 있어 가장 자주 등장하는 저작재산권이기 때문에, 저작권 침해가 발생하였을 경우 복제권과 더불어 가장 먼저 떠올려야 하는 권리다. 이와 같이 복제권과 2차적저작물작성권은 원저작물을 기초로 하여 그와 동일한 유형물을 작성하거나(복제) 또는 동일하지는 않지만 실질적으로 유사한 새로운 저작물을 작성하는 행위(2차적저작물작성)를 통제할 수 있는 권리로서 저작재산권의 핵심을 이루고 있다. 따라서 흔히 표절했다고 하면 거의 대부분은 2차적저작물작성권 침해 여부가 문제되는 사건이라고 생각하면 된다.

---

76) 서울고등법원 2013. 8. 22. 선고 2013나1398 판결

〈출판물 이용 허락 기간 만료 후 이용〉 사건[77]

A회사는 인터넷 홈페이지(이하 'A회사 홈페이지'라고 함)에 수능, 내신 관련 동영상 강의 서비스를 제공하고 있고, B회사는 교과서, 평가문제집 등 교육 관련 서적을 출판하고 있다. B회사는 저자들과 교재(이하 'B회사 교재'라고 함)를 A회사의 동영상 강의 서비스에 이용하는 것에 관한 출판물 이용계약(이하 '이 사건 계약'이라고 함)을 체결하고, B회사 교재를 이용하여 동영상 강의(이하 '이 사건 동영상 강의'라고 함)을 제작하고, 유료로 제공하였다.

그 후 이 사건 계약이 기간 만료로 종료되었고, A회사와 B회사는 이용료 등에 관한 합의가 이루어지지 않아 결국 재계약 협상이 결렬되었는데도, A회사는 계속해서 이 사건 동영상 강의를 A회사 홈페이지를 통해 수강생들에게 제공하였다.

A회사는 이 사건 동영상 강의에 B회사 교재가 이용되었다고 하더라도, 이 사건 동영상 강의는 강의를 진행하는 해당 강사의 독창적인 교수법에 의해 진행되는 것으로서, 그 내용이 B회사 교재와 실질적으로 유사하지 않은 독자적인 저작물이고, 그렇지 않더라도 A회사가 B회사 교재를 이 사건 동영상 강의에 이용한 것은 저작권법 제28조가 정하고 있는 '공표된 저작물의 인용' 또는 저작권법 제35조의3이 정하고 있는 '저작물의 공정한 이용'에 해당하므로, B회사 교재에 대한 저작권을 침해한 것이 아니라고 주장하면서, B회사를 상대로 A회사의 이 사건 동영상 강의가 B회사 교재에 관한 저작권을 침해하였음을 원인으로 한 A회사의 B회사에 대한 손해배상채무는 존재하지 않음을 확인하는 채무부존재확인 소송을 제기하였다.

■ 이 사건 동영상 강의가 B회사 교재에 대한 B회사의 2차적저작물
  작성권 등을 침해하는지(O)

— 이 사건 동영상 강의가 B회사 교재의 2차적저작물인지, 별개의
  독립된 저작물인지(2차적저작물에 해당)

이 사건 동영상 강의의 내용은 B회사 교재와의 실질적 유사
성이 유지되는 범위 내에서 이를 수정·증감 또는 변경한 것
에 지나지 않는다고 봄이 상당하므로, 이 사건 동영상 강의
는 B회사 교재의 2차적저작물에 해당한다.

① 이 사건 동영상 강의에 수강생들이 각종 시험에 대비하
여 손쉽게 지문의 내용을 이해·암기하거나 출제 가능한 문
제의 풀이방법을 학습할 수 있도록 강사 나름의 요령과 방식
에 따라 지문 이외의 설명을 부가한 부분이 포함되어 있고,
위 설명 부분의 경우 강사 나름의 독창적인 표현 방법으로
서의 창작성이 인정될 여지가 있다고 하더라도, 이 사건 동
영상 강의는 기본적으로 B회사 교재를 토대로 한 것으로서,
강사가 B회사 교재의 일부 지문 및 문제 등을 그대로 낭독
하거나 판서하면서 강의가 진행된다.

② 해당 강사의 창작적인 표현이라고 인정할 수 있는 부분
들을 감안하더라도, 국어 교과의 특성상 교과서 또는 문제

---

77) 서울중앙지방법원 2015. 2. 12. 선고 2012가합541175 판결(이 사건은 항
    소심인 서울고등법원에서 조정이 성립되어 종결된 사건이다)

집의 지문 자체가 중요한 내용이 되고, 게다가 이 사건 동영상 강의의 목적, 수강생의 연령 등까지 고려하면, 이 사건 동영상 강의의 전체적인 내용과 진행 방식은 B회사 교재의 기본적인 구성과 체계, 지문 내용에서 크게 벗어날 수 없다.

③ 따라서 이 사건 동영상 강의에서 B회사 교재로부터 인용되는 부분을 제외할 경우 나머지 ○○고등학교 국어 교과과정에 대한 강의로서의 실질적인 가치를 가질 수 없을 것으로 보인다.

④ 또한 이 사건 동영상 강의에 대한 속기록을 기준으로, 각 강의에서 B회사 교재와 유사한 음절수를 해당 강의에 포함된 전체 음절수로 나눈 값을 토대로 산정한 이 사건 동영상 강의와 B회사 교재의 유사율은 14.17%(= 유사 음절 수 합계 141,594개 ÷ 전체 음절 수998,580개 × 100, 소수점 둘째 자리 미만 버림)에 이르는 바, 위의 유사한 음절이 모두 B회사 교재만의 창작성이 인정되는 부분에 대한 것이라고 볼 수는 없다고 하더라도, 적어도 위 유사한 음절 부분은 이 사건 동영상 강의에서 B회사 교재를 그대로 또는 본질적인 변형 없이 사용한 부분에 해당한다고 봄이 상당하다.

따라서 A회사가 B회사 교재를 이용하여 이 사건 동영상 강의를 제작하여 수강생들에게 제공한 행위는 B회사 교재에 대한 B회사의 2차적저작물작성권 등을 침해하는 행위에 해당한다.

이 사건에서 B회사 교재는 고등국어 교과서, 자습서 및 평가문제집이었고, 강사가 이와 같은 교재를 이용해서 강의를 진행할 때에는 교과서 등에 있는 지문 등의 중요성을 감안하여 상당부분 이를 낭독하거나 판서를 하게 된다. 따라서 일반적인 강의 교재를 이용한 강의에 비해 교과서 등을 이용하여 강의를 하는 경우에는 그 교재 내용에 대한 인용의 정도가 상대적으로 높을 수밖에 없다.

이러한 점으로 인해, 교과서 등을 이용한 강의의 경우는 강의 교재로 이용된 교과서 등의 2차적저작물이 될 가능성이 상당히 높아지게 된다. 이와 같은 이유로 이 사건에서도 고등국어 교과서 등인 B회사 교재를 이용한 이 사건 동영상 강의가 B회사 교재의 2차적저작물로 인정되었던 것이다.

2) 공연권

타인의 출판물을 무단으로 이용하여 강의하는 경우에는 2차적저작물작성권 침해 여부가 문제될 수 있다는 점은 앞서 본 바와 같다. 이와 더불어 강의를 하는 행위가 공연에 해당한다면 공연권 침해 문제도 발생할 수 있다. 여기서 말하는 '공연'이란 저작물 또는 실연·음반·방송을 상연·연주·가창·구연·낭독·상영·재생 그 밖의 방법으로 공중에게 공개하는 것을 의미한다(저작권법 제2조 제3호). 따라서 타인의 출판물을 이용한 강의가 저작권법상의 공연에 해당한다면 공연권 침해를 인정할 수 있을 것이나, 이 경우에도 타인의 출판물과 강의 사이에 동일성 내지 실질적 유사성이 존재하여야 함은 물론이다.

3) 배포권과 공중송신권

저작자는 저작물의 원본이나 그 복제물을 배포할 권리를 가진다(저작권법 제20조). 여기서 말하는 '배포'란 저작물 등의 원본 또는 그 복제물을 공중에게 대가를 받거나 받지 아니하고 양도 또는 대여하는 것을 의미한다(저작권법 제2조 제23호). 다만, 저작물의 원본이나 그 복제물이 당해 저작재산권자의 허락을 받아 판매 등의 방법으로 거래에 제공된 경우에는 배포권이 제한된다(저작권법 제20조 단서). 이를 '권리소진의 원칙'이라고 하는데, 이는 적법하게 구입한 저작물을 그 저작권자의 허락 없이 특정인에게 배포하더라도 배포권 침해에 해당하지 않게 되는 것을 의미한다. 만일 판매 등의 방법으로 공중에게 배포된 출판물을 누군가 이를 다시 배포(예 : 중고서적의 판매)하고자 할 경우 배포권에 관한 저작재산권자의 허락을 또 다시 받아야 한다면, 이는 여간 불편한 일이 아닐뿐만 아니라 우리의 거래 현실과도 맞지 않기 때문에 저작권법은 위와 같은 규정을 통하여 배포권을 일부 제한하고 있는 것이다.

한편, 저작자는 그의 저작물을 공중송신 할 권리를 가진다

(저작권법 제18조). 여기서 말하는 '공중송신'이란 저작물, 실연·음반·방송 또는 데이터베이스를 공중이 수신하거나 접근하게 할 목적으로 무선 또는 유선통신의 방법에 의하여 송신하거나 이용에 제공하는 것을 의미한다(저작권법 제2조 제7호). 이러한 공중송신은 방송·전송 및 디지털음성송신으로 구성되어 있다. 이와 같이 공중송신은 유·무선은 물론 방송 등을 통하여 공중에 대하여 송신하는 모든 형태의 이용행위를 의미하고, 인터넷 웹스토리지 등에 공중이 다운로드할 수 있도록 파일형태로 된 출판물 등을 업로드 하여 '그 이용에 제공하는 경우'도 이에 포함된다. 다만, 특정인 사이에서 타인의 저작물을 이메일로 주고받거나 전용뷰어를 통해 특정인에게 타인의 저작물을 제공하는 행위는 공중이 수신하거나 접근하게 할 목적으로 하는 것은 아니므로 이는 공중송신의 범위에 포함된다고 할 수는 없을 것이다.

이와 같이 배포권과 공중송신권은 명확히 구별되는 권리임에도 불구하고, 일반인들은 이러한 배포권과 공중송신권을 혼동하여 사용하는 경우가 종종 있다. 예를 들면, 인터넷상에 타인의 저작물을 무단으로 유포하는 것을 두고 배포권 침해라고 주장하는 경우가 있다. 그러나 이는 복제물을 유형물의 형태로 일반 공중에게 양도하거나 대여하는 것이 아니므로 '배포'가 아니라 공중송신의 한 형태인 '전송'에 해당하므로, 이러한 경우는 공중송신권 침해라고 주장한 것이 옳을 것이다.

〈만화 그림과 만화 스토리〉 사건[78]

A1, A2, A3(이하 이들 모두를 통칭할 때는 'A1 등'이라고 함)는 만화 스토리 작가이고, B는 만화가이다. A1 등은 B의 의뢰를 받아 만화 스토리를 작성해서 B에게 제공했다(A1이 작성한 만화 스토리를 기초로 만들어진 만화를 '이 사건 제1 만화'라고 하고, A2가 작성한 만화 스토리를 기초로 만들어진 만화를 '이 사건 제2 만화'라고 함).

A1 등은 B와 독립된 사무실에서 만화의 제목, 주제, 줄거리, 시간적·장소적 배경 등을 기획, 구상하고, 등장인물의 외모, 성격 등 캐릭터를 설정한 후, 구체적인 내용을 시나리오 형식의 문서로 작성하거나 콘티 형식의 문서로 작성하는 등의 방법으로 만화 스토리를 작성하여 B에게 제공하였다.

B는 A1 등으로부터 제공받은 만화 스토리에 기초하여 완성한 만화를 출판사 C와 출판권 설정 계약을 체결하여 A1 등의 성명 등을 표시하지 않은 채 B 명의로 만화를 출간하였다.

B는 A1, A2의 동의 없이 C출판사와 이 사건 제1만화와 제2 만화(이하 '이 사건 만화들'이라고 함)를 재출판할 수 있는 권리를 설정하여 재판본을 출간하였고, 그 과정에서 이 사건 제1 만화 가운데 일부의 제호를 변경하여 출간하였다. 또한 B는 인터넷 서비스 제공업체들에게 A1 등의 만화들 가운데 일부를 제공하여 그 제공업체들이 그 만화들을 유료 또는 무료로 볼 수 있도록 하였으며, 이로 인해 발생되는 수익을 정산 받았다.

---

78) 서울북부지방법원 2008. 12. 30. 선고 2007가합5940 판결

이에 A1 등은 이 사건 만화들은 A1 등이 창작하여 작성한 스토리를 토대로 만들어진 것으로서 2차적저작물이거나 공동저작물에 해당하므로, A1 등과 B는 이 사건 만화들에 대한 공동저작권자임에도 불구하고, B는 A1 등의 동의 없이 이 사건 만화들에 관하여 C출판사에 출판권을 설정하고 이를 재출판한 것은 물론 인터넷 서비스 제공업체로 하여금 만화들을 유·무선 통신의 방법에 의하여 송신하거나 이용하도록 함으로써 A1 등의 저작권을 침해하고 있다는 등의 이유로 B를 상대로 저작권 침해에 따른 손해배상 청구 소송을 제기하였다.

■ 저작재산권(복제권, 배포권, 공중송신권)의 침해(O)

공동저작물의 저작재산권은 그 저작재산권자 전원의 합의에 의하지 아니하고는 이를 행사할 수 없다(저작권법 제48조 제1항). B가 A1, A2의 동의 없이 이 사건 만화들에 관하여 C출판사에 출판권을 설정하고 이를 재출판하여 이를 불특정 다수의 공중에게 판매하는 등으로 복제·배포를 하였고, 또한 인터넷 서비스 제공업체를 통하여 유료 등으로 게시, 전송함으로써 불특정 다수의 공중으로 하여금 위 만화들을 유·무선 통신의 방법에 의하여 송신하거나 이용하도록 하였으므로, B는 A1, A2의 복제권, 배포권, 공중송신권을 침해하였다고 할 것이다.

이 사건 만화들이 공동저작물에 해당한다는 것과 관련해서는 추후 '출판물의 저작(권)자' 부분에서 자세히 다루도록 하고, 여기서는 이 사건 만화들이 공동저작물임을 전제로 B의 위와 같은 행위가 A1과 A2의 저작재산권을 침해하는 것인지 여부에 대해서 살펴보도록 하겠다.

공동저작물의 저작재산권은 그 저작재산권자 전원의 합의에 의하지 않고서는 이를 행사할 수가 없기 때문에(저작권법 제48조 제1항 전문), 공동저작자가 해당 공동저작물을 이용하는 등 그것의 저작재산권을 행사하기 위해서는 다른 공동저작권자의 동의를 받아야만 한다. 이러한 관점에서 이 사건 법원은 이 사건 만화들은 A1, A2 및 B의 공동저작물에 해당하고, 이러한 공동저작물의 저작재산권은 그 저작재산권자 전원의 합의에 따라 행사되어야 함에도 불구하고, 공동저작권자 가운데 1인인 B가 다른 공동저작권자들인 A1과 A2의 동의 없이 이 사건 만화를 재출판하였으므로, 이는 B가 A1, A2의 저작재산권을 침해하는 행위에 해당한다고 판단하였다.

그러나 그 후 대법원은 수필 〈친정엄마〉 vs 연극 〈친정엄마〉 사건에서 공동저작권자들 사이에서 공동저작물을 무단으로 이용하는 것은 저작권 침해에 해당하지 않는다고 판단하였다.

수필 〈친정엄마〉 vs 연극 〈친정엄마〉 사건은 최종대본의 공동저작권자인 A가 다른 공동저작권자인 C의 동의 없이 무단으로 최종대본을 뮤지컬에 사용한 것이 C의 저작권을 침해하는 행위인지가 문제 된 사건이었다.

이 사건에서 대법원은 "저작권법 제48조 제1항 전문은 '공동저작물의 저작재산권은 그 저작재산권자 전원의 합의에 의하지 아니하고는 이를 행사할 수 없다'고 정하고 있는데, 이 규정은 어디까지나 공동저작자들 사이에서 각자의 이바지한 부분을 분리하여 이용할 수 없는 단일한 공동저작물에 관한 저작재산권을 행사하는 방법을 정하고 있는 것일 뿐이므로 공동저작자가 다른 공동저작자와의 합의 없이 공동저작물을 이용한다고 해도 공동저작물에 관한 저작재산권의 행사방법 위반 행위일 뿐 저작재산권을 침해하는 행위까지 된다고 볼 수는 없다. 그러므로 최종대본의 공동저작자인 A가 다른 공동저작자인 C와의 합의 없이 최종대본을 이용하였다고 하더라도, 저작권 침해 행위에는 해당하지 않는다"라고 판시[79]하였다.

이와 같은 대법원 판례로 인해 종래 공동저작권자 가운데 일부가 다른 공동저작권자의 동의 없이 해당 공동저작물을 무단으로 사용하는 것이 다른 공동저작권자의 저작권을 침해하는 것인지에 관한 논쟁은 종식되었다고 할 수 있다.

---

79) 대법원 2014. 12. 11. 선고 2012도16066 판결

4) 전시권

저작자는 미술저작물 등의 원본이나 그 복제물을 전시할 권리를 가지고(저작권법 제19조), 여기서 말하는 '전시'는 '저작물이 화체되어 있는 유형물을 일반인이 자유로이 관람할 수 있도록 진열하거나 게시하는 것'을 의미한다.[80] 그리고 '미술저작물 등'이란 미술저작물, 건축저작물 또는 사진저작물을 말한다(저작권법 제11조 제3항).

이와 같이 저작권법은 전시권의 보호대상이 되는 저작물은 '미술저작물·건축저작물 또는 사진저작물'에 한정하여 열거하고 있으므로, 미술저작물 등 외의 저작물은 전시의 방법으로 그 저작재산권이 침해되지 않는다 할 것이다.

《칼빈주의 예정론》 번역본 사건[81]

B는 A와 공동 번역하여 출판했던 〈칼빈주의 예정론〉 번역본(이하 '이 사건 서적'이라고 함)을 A의 허락을 받지 않고 B가 단독으로 번역한 것으로 표시하여 C연구원 홈페이지에 링크된 D출판사 사이트에 전시하여 A의 저작재산권 가운데 전시권을 침해함과 동시에 저작자가 아닌 자를 저작자로 표시하여 저작물을 공표하였다는 이유로 기소되었다.

■ B의 행위가 이 사건 서적의 전시권을 침해하는지(X)

A와 B가 공동 번역한 이 사건 서적은 어문저작물에 해당하는 것이어서 전시의 방법으로는 그 저작재산권이 침해되지 않으므로, B가 A의 허락 없이 이를 C연구원 인터넷 홈페이지에 링크된 D출판사 사이트에 게시하였다 하더라도 저작재산권 침해죄를 구성하지는 않는다.

평 석

어문저작물은 전시권 보호대상이 아니기 때문에 이 사건 서적을 인터넷에 게시하더라도 공중송신권 침해는 별론으로 하더라도 전시권 침해가 성립되지는 않는다.

다만, 앞서 본 수필 《친정엄마》 사건(226쪽 참고)에서 봤듯이, 공동저작권자 가운데 일부가 다른 공동저작권자의 동의 없이 해당 공동저작물을 무단으로 이용하더라도, 이는 저작재산권의 행사방법을 위반한 것에 불과할 뿐 다른 공동저작권자의 공동저작물에 관한 저작재산권 침해에는 해당하지 않으므로, 어문저작물이 전시권의 보호대상에 해당하는 저작물에 해당한다고 하더라도 저작재산권 침해 문제는 발생하지 않게 되는 것이다.

---

80) 오승종, 저작권법(2009년), 453면
81) 대법원 2010. 9. 9. 선고 2010도4468 판결

(2) 저작인격권

저작자는 저작권을 침해한 타인에 대하여 저작재산권뿐만 아니라 저작인격권에 기한 손해배상도 청구할 수 있다. 저작인격권은 저작자에게만 인정되는 일신전속적인 권리로서 비록 저작자가 저작재산권을 모두 양도했더라도 저작인격권은 여전히 저작자에게 귀속되는 것이므로, 저작자가 자신의 저작물에 관한 권리를 양도한 후라도 제3자에 의해 저작인격권이 침해되면, 저작자는 그 제3자에 대해 저작인격권의 침해를 주장할 수 있고, 종류는 공표권, 성명표시권, 동일성유지권이 있다. 법인도 법인의 기획 하에 법인의 업무에 종사하는 사람이 업무상 작성하는 업무상저작물의 저작자가 될 수 있기 때문에 저작인격권의 주체가 될 수 있다.[82]

저작인격권은 개별사안의 저작권 침해 유형에 따라 그 인정 여부가 달라질 수는 있지만, 실무에서는 일반적으로 저작재산권 침해와 함께 저작인격권 침해에 대한 손해배상을 함께 청구하고 있으며, 법원도 저작재산권의 침해에 따른 손해배상액이 소액이라는 점을 감안하여 저작인격권의 침해를 어렵지 않게 인정하면서 저작권 침해에 따른 전체적인 손해배상액을 산정함에 있어 저작인격권 침해에 따른 손해배상액을 중요한 고려요소로 참작하고 있다.

---

82) 서울중앙지방법원 2008. 3. 13. 선고 2007가합53681 판결

1) 공표권

저작자는 그의 저작물을 공표하거나 공표하지 아니할 것을 결정할 권리 즉, 공표권을 가지고 있고(저작권법 제11조 제1항), 여기서 '공표'라 함은 '저작물을 공연·공중송신 또는 전시 그 밖의 방법으로 공중에게 공개하는 경우와 저작물을 발행하는 경우 즉, 저작물을 공중의 수요를 충족시키기 위하여 복제·배포하는 것'을 말한다(저작권법 제2조 제25호).

저작권법에서 저작인격권의 하나로 공표권을 규정하고 있는 이유는 자신의 저작물을 세상에 알리지 않고 자신만 간직하고 싶거나 특정인에게만 공개하기를 원하는 경우, 그와 같이 저작자의 지극히 사적인 측면을 보호해 주기 위함이다.

이와 같이 공표권은 미공표의 저작물을 공표할 것인지 여부, 공표를 할 경우 언제 어떠한 형태나 방법으로 할 것인지를 결정하는 권리를 의미한다. 이와 관련하여 하급심 법원에서는 "공표권은 그 성질상 미공표된 저작물에 대하여만 인정된다"라고 판시함으로써 공표된 저작물에 대해서는 공표권 침해가 문제되지 않는다는 취지로 판단한 바가 있다.[83]

그런데 대부분의 저작권 침해는 공표된 저작물을 무단으로 복제하는 등의 형태로 이루어지기 때문에 공표권의 침해 여

---

83) 서울중앙지방법원 2006. 5. 10. 선고 2004가합67627 판결

부가 문제되는 경우는 거의 없다. 왜냐하면 미공표된 저작물의 저작권 침해가 문제되는 경우는 그 저작물의 공표 이전에 저작권자가 가까운 지인 등에게 보여 주고 그 지인 등이 그 저작물의 복제품 등을 무단으로 이용하는 등 극히 제한적인 경우에만 발생하기 때문이다.

2) 성명표시권

저작자는 저작물의 원본이나 그 복제물에 또는 저작물의 공표 매체에 그의 실명 또는 이명을 표시할 권리 즉, 성명표시권을 가진다(저작권법 제12조 제1항). 그러나 저작물의 성질이나 그 이용의 목적 및 형태 등에 비추어 부득이하다고 인정되는 경우에는 저작자의 성명을 표시하지 않을 수도 있다(저작권법 제12조 제2항 단서).

이와 같은 성명표시권은 자신이 창작한 저작물에 관하여 사회적인 평가를 받게 되는 저작자의 인격적인 문제와 관련된 것이기 때문에, 저작권법은 이를 저작인격권의 하나로 규정하고 있다.

성명표시권은 저작자명을 표시할지 여부 내지 표시를 할 경우 저작자의 실명을 표시할 것인지 아니면 예명 등을 표시할 것인지를 결정하는 권리로서, 이에 관한 모든 결정은 저작자만이 할 수 있다. 저작인격권은 저작재산권과는 달리 일신전속적인 권리로서 이를 양도하거나 이전할 수 없는 것이기 때문에, 비록 그 권한 행사에 있어서는 이를 대리하거나 위임하는 것이 가능하다 할지라도 이는 어디까지나 저작인격권의 본질을 해하지 않는 한도 내에서만 가능하다. 따라서 비록 저작자가 어떤 저작물의 저작재산권을 타인에게 양도했더라도, 저작인격권에 해당하는 성명표시권은 여전히 저작자에게 남아 있는 것이므로, 저작재산권 양수인이라 하더라도 당해 저작물의 저작자명은 저작자의 의사에 따라 기재해야 하고, 특별한 사정이 없는 한 저작자의 성명 등을 표시해야 한다.

이와 같이 저작자의 표시는 해당 저작물의 저작자가 결정하는 것이기 때문에, 출판물의 저자 표시도 실제 저자의 의사에 따라 결정하면 된다. 그런데 '공저'로 책을 출판할 때, 실제 집필 작업에 참여하지 않은 사람이 공저로 기재되는 경우가 간혹 있다. 이는 책 판매와 관련된 전략적인 차원에서 그럴 수도 있고, 공저자들 간의 개인적인 사정에 의해서 그렇게 표시하는 경우도 있다. 그러나 이는 저작자가 아닌 자를 저작자로 표시하여 저작물을 공표하는 것으로써 저작권법 위반(형사 처분의 대상, 저작권법 제137조 제1항)에 해당하므로, 이러한 부분은 출판사의 입장에서도 유의할 필요가 있을 것으로 보인다.

〈허위 저자 추가 표시〉 사건[84]

A는 M출판사 직원 I로부터 M출판사에 의해 발행될 예정인 A, B, C, D의 공동저작물인 《OO공학개론》(이하 '이 사건 서적'이라고 함)에 저작자가 아닌 교수들을 공저자로 추가하자는 요청을 받고 이를 승낙하였다.

그 후 대학교수 E는 M출판사 직원 J로부터 이 사건 서적에 E 본인을 공저자로 추가하자는 요청을 받고 승낙하였고, F는 M출판사 직원 I로부터 이 사건 서적에 F 본인을 공저자로 추가하자는 요청을 받고 승낙하였으며, G, H는 M출판사 직원 I로부터 이 사건 서적에 G, H를 공저자로 추가하자는 요청을 받고 승낙하였다. 이후 M출판사 직원 I와 J는 G, H가 이 사건 서적의 저작자가 아님에도 서적 표지에 실제 저작자인 A, B, C, D의 외 G, H를 공저자로 추가하여 이 사건 서적을 발행하였고, 그 이후에도 이 사건 서적의 표지에 제목은 그대로 둔 채 E, F를 공저자로 새로 추가한 소위 '표지갈이' 서적을 발행하였다. 이에 G, H는 M출판사 직원 I, J 및, A, E, F와 순차적으로 공모하여 저작자가 아닌 자를 저작자로 하여 저작물을 공표하였다는 이유로 저작권법 위반으로 기소되었다.

---

84) 의정부지방법원 2016. 9. 8. 선고 2016노1619 판결

■ B와 C가 허위 저작자 표시죄를 범하였는지(O)

저작권법상 공표는 발행을 포함하는 개념이고, 발행을 최초
의 발행에 한정하는 취지의 규정이 없는 점 등을 종합하면,
허위 저작자 표시죄의 공표 개념을 최초 발행으로 제한하여
해석할 수 없고, G, H가 추가 발행된 책을 수령한 후 M출
판사 측에 이의를 제기하거나 성명 삭제를 요청하지 않고 강
의교재로 계속 사용하여 왔으므로, G, H는 최초 발행뿐만
아니라 추가 발행에 대해서도 공모공동정범으로서 책임을
진다.

평석

저작자 아닌 자를 저작자로 하여 실명·이명을 표시하여 저
작물을 공표한 것(허위 저작자 표시죄)에 대해서는 1년 이하의 징
역 또는 1천만 원 이하의 벌금에 처한다(저작권법 제137조 제1항 제
1호). 이러한 허위 저작자 표시죄는 저작물을 공표해야 성립
되는 죄인데, 저작권법은 공표의 개념을 '저작물을 공연,
공중송신 또는 전시 그 밖의 방법으로 공중에게 공개하는
경우와 저작물을 발행하는 경우(공표 =공개 + 발행)'로 정의하고
있고(저작권법 제2조 제25조), 발행은 '저작물 또는 음반을 공중
의 수요를 충족시키기 위하여 복제·배포하는 것'으로 정의
하여(저작권법 제2조 제24호), 공표가 발행을 포함하는 개념임을
분명히 하고 있을 뿐(공표 ⊃ 발행), 이를 최초의 공표에 한정한
다는 취지의 규정을 두고 있지 않다. 따라서 허위 저작자를

표시하여 저작물을 공표(공개 또는 발행)하였다면 그것이 최초의 공표든 재공표든 상관없이 허위 저작자 표시죄에 해당하게 된다. 그러므로 이 사건 서적의 저작자가 아닌 대학교수 G, H는 이 사건 서적의 최초 발행뿐만 아니라, 추가 발행에 대해서도 허위 저작자 표시죄를 범한 것으로 보아야 한다.

이 사건에서 H는 저작자인 A의 동의가 있었으므로 허위 저작자 표시죄가 성립되지 않는다고 주장하였으나, 법원은 "① 저작권법 제137조 제1항 제1호는 원저작자의 동의 없음을 그 요건으로 하고 있지 않고, ② 저작권법은 저작권 침해 행위에 대해서는 별도의 처벌규정을 두고 있는 점(저작권법 제136조 제1항 제1호), ③ 허위 저작자 표시죄는 친고죄(피해자의 고소가 없더라도 처벌할 수 있는 범죄)가 아니며(저작권법 제140조 제2호), ④ 허위 저작자 표시죄를 처벌하는 것은 저작자명을 신뢰하여 저작물을 이용하는 대중의 신뢰를 보호하고자 하는 측면이 있는 점에 비추어 볼 때, 저작자의 동의가 있었더라도 허위 저작자 표시죄는 성립한다고 봄이 상당하다"고 판시하였다.

이와 같이 저자권법에서 허위 저작자 표시죄를 형사 처분하는 것은 저작물에 저작자를 정확하게 표시함으로써 그 이용자들의 신뢰를 보호하기 위한 것 즉, 공익을 위한 것이기 때문에, 해당 저작물의 실제 저작자의 동의가 있더라도, 허위 저작자를 해당 저작물의 저작자로 표시하면 이로써 허위 저작자 표시죄에 해당하게 된다는 점을 유념할 필요가 있다.

허위 저작자 표시죄는 저작자 아닌 자를 해당 저작물에 표시해서 공표해야만 성립되는 죄이기 때문에, 해당 저작물이 아닌 다른 형태로 허위 저작자를 표시하여 공표한 경우에는 위 죄에 해당한다고 보기 어려울 수도 있다. 이와 관련하여 앞서 본 〈칼빈 예정론〉 번역본 사건(228쪽 참고)에서 법원은 "B는 〈칼빈주의 예정론〉 번역본 자체가 아니라 그 도서의 표지 사진을 저자·역자·출판연도·면수·가격 등의 표시 및 간략한 소개문과 함께 C연구원 인터넷 홈페이지에 링크된 D출판사 사이트에 게시하였을 뿐인데, 위 번역본 저작물이 아닌 그 소개문에 위 번역 저작물을 B가 단독 번역한 것으로 표시하여 공개된 웹사이트에 게시하였다 하여 이를 들어 저작자 아닌 자를 저작자로 표시하여 저작물을 공표한 행위에 해당한다고도 할 수는 없다"라고 판시한 바가 있다.[85]

한편, 책의 공저로 표시가 되면 실제 집필 작업에 참여하지 않은 사람도 그 출판물에 대한 저작권(여기서 공동저작권을 말함)을 가지는 것으로 추정되기 때문에(저작권법 제8조 제1항), 만일 실제 저자와 단순히 공저로 표시된 사람 사이에 저작권에 관한 분쟁이 발생하게 되면 실제 저자가 자신이 단독 저작자라는 사실과 자신이 단순히 공저로 표시된 자에게 저작권에 관한 지분을 양도한 적이 없다는 사실을 입증해야만 한다.

---

85) 대법원 2010. 9. 9. 선고 2010도4468 판결

저작권 분쟁이 아니더라도 실제 저자와 단순히 공저로 표시된 사람 사이에 다툼이 발생하여 실제 저자가 출판사에게 공저로 표시된 사람을 공저에서 삭제해 줄 것을 요청했는데, 어떤 이유에서든 출판사가 실제 저자의 이러한 요청을 따르지 않게 되었을 때, 실제 저자의 성명표시권을 침해하게 되는지가 문제될 수 있는데, 이에 대해서는 앞서 본 〈불완전 출판〉 사건(96쪽 참고)을 통해 살펴보도록 하겠다.[86]

■ 성명표시권 침해(X)

 A의 주장

A는 B출판사에게 이 사건 서적 2014년판부터는 저자 란에서 D를 삭제해달라고 요구하였으나, B출판사가 이를 위반하여 이전과 같이 저자 란에 D가 그대로 기재된 채 이 사건 서적 2014년판이 출판되었으므로 A의 성명표시권이 침해되었다.

 법원의 판단

A와 B출판사 사이에 이 사건 출판권 설정 계약을 체결할 당시 그 계약서에는 '저작권자의 표시: A와 D 공저'라고 되어 있었고, 초판이 발행될 때부터 2013년까지 출판된 총 7,700부(B출판사가 이 사건 출판권 설정 계약에 따라 2009년부터 2014년까지 출판한

---

86) 의정부지방법원 고양지원 2016. 10. 14. 선고 2015가합75698(본소), 2016
   가합71105(반소) 판결

이 사건 서적 8,700부 가운데 2014년 출판한 1,000부를 공제한 나머지)의 이 사건 서적의 저자 란에는 모두 'A, C, D 공제'라고 기재되어 있었으므로, 이와 같이 이 사건 서적의 저자로 이름이 표시된 A, C, D는 이 사건 저작물의 공동저작자로 추정된다.

저작권법에는 공동저작물의 저작인격권과 저작재산권을 저작자 전원의 합의에 의하거나 공동저작자를 대표하기로 정한 자에 의하여 행사할 수 있도록(저작권법 제15조 제1, 2항) 하는 등 공동저작권자의 저작권을 보호하고 있고, 앞서 본 바와 같이 D도 이 사건 저작물의 공동저작자로 추정되는 점 등을 고려하면, B출판사의 A에 대한 성명표시권 침해 행위가 인정되기 위해서는 공동저작권자인 A, C, D 전원의 합의에 의해 또는 A가 위 공동저작자 중에서 저작인격권을 대표하여 행사할 수 있도록 정해진 자로서 이 사건 저작물의 저자에서 D의 이름을 더 이상 기재하지 아니하기로 결정한 뒤 이를 B출판사에게 알렸음에도 불구하고, B출판사가 이 사건 서적 2014년판의 저자 란에 D를 기재하였어야 한다.

그런데 A가 단독으로 B출판사에게 이 사건 저작물의 저자에서 D를 삭제하여 달라고 하였고, 그럼에도 B출판사가 이에 반하여 속지의 저자 란에 종전과 같이 'A, C, D 공제'라고 표시된 이 사건 서적 2014년판을 출판한 것이므로, 이러한 것만으로는 B출판사가 A에 대한 성명표시권을 침해하였음을 인정하기에 부족하고, 달리 이를 인정할 증거가 없다.

평 석

저작자는 저작물의 원본이나 그 복제물 등에 실명 또는 이명을 표시할 권리를 가지고(저작권법 제12조 제1항), 저작물을 이용하는 자는 그 저작자의 특별한 의사표시가 없는 때에는 저작자가 그의 실명 또는 이명을 표시한 바에 따라 이를 표시해야 한다(저작권법 제12조 제2항). 그리고 이와 같이 저작물의 원본이나 그 복제물에 저작자로서의 실명 또는 이명으로 널리 알려진 것이 일반적인 방법으로 표시된 자는 저작자로서 그 저작물에 대한 저작권을 가지는 것으로 추정된다(저작권법 제8조 제1항). 이러한 저작권법의 규정에 의하면, B출판사는 이 사건 출판권 설정 계약 등에 따라 이 사건 저작물의 저자를 이 사건 서적에 표시해 왔고, 이로 인해 이 사건 서적에 저자로 표시된 자들은 공동저작자로서 이 사건 저작물에 대한 저작권을 가지는 것으로 추정된다 할 것이다.

공동저작물의 저작인격권은 저작자 전원의 합의에 의해야 하고(저작권법 제15조 제1항), 그들 가운데 저작인격권을 대표하여 행사할 수 있는 자를 정할 수 있다(저작권법 제15조 제2항). 따라서 이 사건 서적에 이 사건 저작물의 저자 표시를 변경하기 위해서는 공동저작자 전원의 합의나 저작인격권을 대표하여 행사할 자를 정하여 그로 하여금 행사토록 하여야 하는데, A는 이 사건 저작물의 공동저작자로 추정된 저자들 전원의 합의에 따라 B출판사에 저자 표시 변경을 요구한 것도 아니고, 이 사건 저작물의 공동저작자로 추정된 저자들을 대표

240

해서 위와 같은 저작 표시 변경요구를 한 것도 아니기 때문에 B출판사로서는 이러한 A의 저자 표시 변경요구를 받아들일 근거가 없다.

따라서 B출판사가 위와 같은 A의 이 사건 저작물의 저자 표시 변경요구를 받아들이지 않은 것이 A의 성명표시권을 침해하는 행위라고 볼 수는 없다는 것이 이 사건 법원의 판단이다.

3) 동일성유지권

저작자는 그의 저작물의 내용·형식 및 제호의 동일성을 유지할 권리 즉, 동일성유지권을 가진다(저작권법 제13조 제1항). 이러한 동일성유지권은 저작자의 저작재산권 가운데 하나인 2차적저작물작성권과 밀접한 관련성을 가지고 있다. 원저작물의 변경 등을 통해 새롭게 창작되는 2차적저작물을 작성함에 있어서는 항상 동일성유지권 문제가 필연적으로 수반될 수밖에 없다.

따라서 2차적저작물작성자가 저작자로부터 2차적저작물을 작성하는 것에 관한 동의를 받은 경우라면 특별한 사정이 없는 한 동일성유지권 침해의 문제는 발생하지 않겠지만, 이러한 경우라도 원저작물의 본질적인 부분까지 개변해서는 안 된다. 이에 반해 2차적저작물작성자가 저작(권)자로부터 2차적저작물 작성에 관한 동의를 받지 않은 경우라면, 저작

(권)자가 가지는 저작재산권 가운데 하나인 2차적저작물작성권 침해는 물론이고 이와 더불어 저작자의 동일성유지권 또한 침해하게 된다.

이와 같이 저작자가 명시적 또는 묵시적으로 동의한 범위 내에서 저작물을 변경한 경우에는 저작자의 동일성유지권 침해에 해당하지 않게 되는데, 동의의 여부나 그 범위는 계약의 성질, 체결 경위와 내용, 당사자들의 지위와 상호 관계, 계약의 목적, 저작물의 이용실태, 저작물의 성격을 종합적으로 고려해서 구체적·개별적으로 판단하여야 한다.[87]

한편, 행정처분이 아무리 위법하다고 하여도 그 하자가 중대하고 명백하여 당연 무효라고 보아야 할 사유가 있는 경우를 제외하고는 아무도 그 하자를 이유로 무단히 그 효과를 부정하지 못하는 것이므로(대법원 2010.4.29.선고 2007다12012판결), 저작자가 출판계약에서 행정처분을 따르는 범위 내에서의 저작물 변경에 동의한 경우에는, 설사 행정처분이 위법하더라도 당연 무효라고 보아야 할 사유가 있다고 할 수 없는 이상 그 행정처분에 따른 계약 상대방의 저작물 변경은 저작자의 동일성유지권 침해에 해당하지 않는다 할 것이다.

---

87) 대법원 2013. 4. 26. 선고 2010다79923 판결
88) 대법원 2013. 4. 26. 선고 2010다79923 판결

〈역사교과서 수정〉 사건[88]

A 등은 고등학교 근·현대사 교과서(이하 '이 사건 교과서'라고 함) 의 공동저작자이고, F출판사는 이 사건 교과서의 발행인이며, G 사단법인은 이 사건 교과서를 포함한 중·고등학교 검정교과서 인쇄 및 배포 등 발행업무를 대행하는 법인이다.

A 등은 F출판사와 이 사건 교과서의 검정본을 제작하여 검정신 청을 하기로 하는 내용의 교과서 출판계약(이하 '이 사건 출판계약' 이라고 함)을 체결하고, 교육과학기술부의 검정교과서 7차 교육과 정에 따라 작성한 이 사건 교과서의 원고를 F출판사에 넘겼다.

이 사건 출판계약 제6항에서 'A 등은 교육과학기술부로부터 이 사건 교과서에 대한 수정·개편 지시가 있을 때에는 소정의 기일 안에 그 작업을 완료할 수 있도록 수정·개편을 위한 원고 및 자 료를 F출판사에게 인도하여야 하고, F출판사는 A 등의 요구와 교육과학기술부의 지시에 따라 이 사건 교과서의 내용을 소정의 기일 안에 수정·개편하여야 한다'고 약정하였다.

A 등과 F출판사는 이 사건 출판계약 체결 후 한국교육과정평가 원에 이 사건 교과서의 검정신청을 하면서 '이 사건 교과서의 저작권 및 발행권 행사에 있어서, 교과용 도서의 원활한 발행· 공급과 교육 부조리 방지를 위한 교육과학기술부장관의 지시사 항을 성실히 이행할 것에 동의하고, 이를 위반할 때에는 발행권 정지 등 어떠한 조치도 감수할 것을 다짐한다'는 내용의 동의서 (이하 '이 사건 동의서'라고 함)를 작성하여 제출하였다.

그 후 교육과학기술부장관은 이 사건 교과서의 일부 내용을 수정하도록 권고하였으나, A 등이 그 가운데 상당수 항목에 관하여 수정권고를 수용할 수 없다는 의견을 제시하였다. 그러자 교육과학기술부장관은 F출판사에게 이 사건 교과서에 관하여 일부 내용을 수정하고 그 수정·보완내역을 제출하도록 지시(이하 '이 사건 수정 지시'라고 함)하였고, 이에 F출판사는 이 사건 수정 지시에 따라 이 사건 교과서를 수정하여 중·고등학교 검정교과서의 발행업무 등을 대행하는 G사단법인을 통하여 발행·배포하였다. 이에 A 등은 F출판사가 A 등의 의사에 반하여 이 사건 교과서를 임의로 수정하였고, G사단법인은 이와 같이 수정된 교과서의 발행업무를 대행하여 인쇄·배포함으로써 A 등의 이 사건 교과서에 대한 저작인격권 가운데 동일성유지권을 침해하였다고 주장하면서, F출판사와 G사단법인을 상대로 동일성유지권 침해에 따른 손해배상 등 청구 소송을 제기하였다.

■ F출판사 및 G사단법인이 A 등의 동일성유지권을 침해하였는지 (X)

이 사건 출판계약의 성질과 내용, 이 사건 동의서의 내용과 그 제출 경위, A 등과 F출판사의 지위와 상호관계, 출판의 목적, 이 사건 교과서의 성격, 그리고 그 당시 시행되고 있던 구 교과용 도서에 관한 규정(2002.6.25.대통령령 제17634호로 전부 개정되기 전의 것)에는 교과용 도서의 내용을 수정할 필요가 있으면 교육과학기술부장관은 검정도서의 저작자에게 수정을 명할 수 있고(제26조 제1항), 저작자가 이러한 수정명령을 위반하는 경우 그 검정합격을 취소하거나 1년의 범위 안에서 그 발행을 정지시킬 수 있다(제47조 제1호)고 규정되어 있어서(현행 교과용 도서에 관한규정에도 비슷한 내용의 규정이 있다), A 등이 이러한 수정명령에 응하지 아니하면 검정합격의 취소나 발행 정지로 인해 이 사건 교과서의 발행이 무산될 수도 있었던 점 등을 종합적으로 고려해 보면, A 등은 이 사건 출판계약의 체결 및 이 사건 동의서의 제출 당시 F출판사에 대하여 교육과학기술부장관의 수정 지시를 이행하는 범위 내에서는 이 사건 교과서를 변경하는 데 동의한 것으로 봄이 상당하다.

따라서 행정처분에 해당하는 이 사건 수정 지시가 당연 무효라고 보아야 할 사유를 찾아볼 수 없는 이상, 이 사건 수정 지시를 이행하기 위하여 F출판사와 G사단법인이 이 사건 교과서를 수정하여 발행·배포한 것은 A 등이 동의한 범위 내라고 할 것이어서 이 사건 교과서에 대한 A 등의 동일성유지권 침해에 해당한다고 볼 수 없다.

평석

이 사건은 검정교과서 신청 및 승인 과정에서 검정교과서 발행을 담당했던 F출판사가 이 사건 교과서의 공동저작자들인 A 등의 허락 없이 이 사건 교과서의 내용을 교육과학기술부장관의 이 사건 수정 지시에 따라 수정한 것이 A 등의 저작인격권 가운데 동일성유지권을 침해한 것인지가 쟁점이 되었던 사건이었다.

A 등은 F출판사와 이 사건 출판계약을 체결하면서 교육과학기술부로부터 이 사건 교과서에 대한 수정·개편 지시가 있을 때에는 이를 위한 원고 및 자료를 F출판사에게 인도하기로 약정하였고, 이 사건 동의서를 한국교육과정평가원에 작성·제출하였다. 그렇다면 A 등은 이 사건 교과서에 관하여 교육과학기술부장관의 수정저시가 있을 경우에는 그 수정지시에 따르는 것에 동의했다고 보아야 한다. 이러한 상황에서 F출판사와 G사단법인이 교육과학기술부장관의 이 사건 수정 지시에 따라 이 사건 교과서를 수정하여 발행·배포한 행위로 인해 A 등의 동일성유지권이 침해되었다고 볼 수 없다는 것이 이 사건 법원의 판단이다.

· · · ·

이에 반해, 〈무역 관련 서적〉 사건(75쪽 참고)에서 법원은 B의 동일성유지권 침해를 인정하였다.[89]

■ B가 A의 저작물에 관한 동일성유지권을 침해했는지(O)

1) 변경에 관한 A의 묵시적 동의가 있었는지(X)

B가 A의 저작물을 변형하여 이 사건 변형 저작물을 만드는 것에 대해, A가 이를 묵시적으로 동의하였다는 것을 인정할 만한 아무런 증거가 없다.

---

89) 서울지방법원 1998. 5. 22. 선고 97가합51273 판결

2) 이 사건 출판계약은 단순한 출판계약이 아니라 저작권 양도계약
   이므로 B가 A의 저작물을 변경하더라도 A의 동일성유지권을 침
   해하는 것은 아니라고 볼 수 있는지(X)

이 사건 출판계약이 저작권 양도계약이라는 것을 인정할 만
한 증거가 없고, 만일 A의 저작물에 관한 저작권이 B에게
양도되더라도, 일신전속적 권리로서 양도 대상이 될 수 없
는 저작인격권은 여전히 A에게 귀속되어 있는 것이므로, B
의 주장은 어느 모로 보나 이유 없다.

3) B의 변경 행위는 저작권법 제13조 제2항 제5호 소정의 저작물의
   성질이나 그 이용의 목적 및 형태에 비추어 부득이하다고 인정되
   는 범위 안에서의 변경에 해당하는지(X)

B는 A의 저작물의 오탈자를 수정하는 정도에 그친 것이 아
니라, 약 50여 쪽에 걸쳐 그 표현 형식이나 내용까지 일부 변
경하였는데, 이를 저작물의 성질이나 이용 목적 등에 비추
어 부득이하다고 인정되는 범위 안에서의 변경이라고는 볼
수는 없다.

B가 A의 동의 없이 약 50여 쪽에 걸쳐 A의 저작물의 표현
형식이나 내용을 일부 변경한 행위는 A의 저작물에 관한 A
의 동일성유지권을 침해하는 행위에 해당한다고 할 것이고,
이로 인하여 A가 정신적 고통을 받았을 것임이 경험칙상 명
백하므로, B는 이를 금전으로나마 위자할 의무가 있다.

이 사건에서 B는 A의 저작물을 변형한 것과 관련하여 A의 동일성유지권을 침해한 것이 아니라고 주장하면서, 3가지 이유를 들었다.

먼저 B는 그 변형에 관해서 A가 묵시적으로 동의했다고 주장하였으나, 이에 대해 법원은 이를 입증할 만한 증거가 없다고 판단하였다.

그리고 B는 이 사건 출판계약은 실질적으로는 B가 A의 저작물에 관한 저작권 전부(2차적저작물작성권 포함)를 A로부터 양도받는 저작재산권 양도계약이기 때문에 이에 따라 양도받은 A의 저작물에 관한 2차적저작물작성권에 기해서 A의 저작물을 변형한 것이므로 A의 동일성유지권을 침해할 여지가 없다고 주장하였으나, 이에 대해 법원은 이 사건 출판계약이 저작권 양도계약임을 인정할 증거가 없고 만일 이 사건 출판 계약이 저작권 양도계약이라고 하더라도 저작인격권은 양도 대상이 될 수 없는 것이어서 동일성유지권은 여전히 A에게 남아 있게 되므로, B의 주장은 어느 모로 보나 이유가 없다고 판단하였다. 그러나 만일 이 사건 출판계약이 저작권 양도계약이고 그 양도되는 권리에 2차적저작물작성권이 포함되어 있다면, B가 A의 저작물의 본질적인 내용을 변경하는 것이 아니라면 이러한 변경은 A의 동일성유지권을 침해한 것이라고 볼 수는 없을 것이다. 그런데 법원은 이 사

건 출판계약을 저작권 양도계약이라고 하더라도 저작인격권
에 해당하는 동일성유지권은 양도되지 않고 A에게 남아 있
으므로 B의 변형은 A의 동일성유지권을 침해한다는 취지로
판단하였는데, 이러한 법원의 판단은 다소 의문이다.

마지막으로 B는 위 변형은 부득이한 변형으로서 저작권법
제13조 제2항 제5호에서 인정되는 변형으로서 동일성유지권
을 침해하지 않는 변형에 해당한다고 주장하였으나, 이에 대
해 법원은 이 사건 변형은 위 저작권법상의 변형에 해당하
지 않는다고 보아 B의 주장을 받아들이지 않고 A의 동일성
유지권을 침해한 것으로 판단하였다.

. . . .

저작물은 원형 그대로 존재하여야 하며 제3자에 의한 무단
변경·삭제·개변 등에 의해서 손상되지 않도록 이의를 제기
할 권리가 저작자에게 보장되어 있고 이를 동일성유지권이라
한다. 동일성유지권은 저작물에 구체화된 저작자의 사상·감
정의 완전성을 보호하는 권리이다. 따라서 저작자의 사상·
감정의 완전성을 침해하는 것이 아니라면, 비록 저작물이
다소 변형되더라도 이를 두고 동일성유지권 침해라고 보기
는 어려울 것이다. 이와 관련해서 〈불완전 출판〉 사건(96쪽 참
고)을 통해 살펴보도록 하겠다.[90]

---

90) 의정부지방법원 고양지원 2016. 10. 14. 선고 2015가합75698(본소), 2016
   가합71105(반소) 판결

■ 동일성유지권 침해(X)

B출판사가 마음대로 이 사건 저작물의 내용 가운데 일부인 공식을 삭제하거나 제목 구성의 형식을 변경하는 등 이 사건 저작물의 내용·형식 등을 그대로 유지하지 아니한 채 이 사건 서적을 출판하였으므로 동일성유지권을 침해하였다.

법원의 판단

이 사건 서적 2014년판에는 본문의 내용에 따라 당연히 기재되어야 하는 공식이 삭제된 부분이 5군데가 있고, 하위 제목이 상위 제목과 같은 형식으로 구성되어 있는 부분이 2군데 있으나, 이와 같이 공식이 삭제되거나 하위 제목의 구성이 잘못된 부분은 이 사건 서적의 출판 과정에서 발생하는 오식(誤植)에 해당하고, 그러한 오식만으로 이 사건 저작물 표현의 의미 내용 자체가 다른 것으로 바뀌어 A의 사상·감정의 완전성을 침해하였다고 볼 수 없으며, 달리 B출판사가 이 사건 저작물을 무단 변경·삭제·개변 등으로 손상시켰음을 인정할 증거가 없다.

따라서 B출판사가 출판한 이 사건 서적이 이 사건 저작물의 동일성유지권을 침해하였음이 인정되지 않는다.

출판사의 편집 오류는 출판물을 완전한 형태로 출판해야 하는 출판사의 의무 위반으로 볼 수 있는 것은 별론으로 하더라도, 그러한 오류로 인해 저작자의 사상·감정의 완전성이 침해될 정도가 아니라면 이를 두고 저작자의 동일성유지권이 침해되었다고 볼 수는 없는 것이다.

B출판사가 이 사건 저작물의 편집 과정에서 오류를 일으킴으로써 일부 내용이 삭제되거나 구성이 변경되었다고 해도, 그것만으로는 A의 사상·감정의 완전성이 침해되었다고 보기는 어렵다는 이유로, 이 사건 법원은 B출판사의 이 사건 저작물의 동일성유지권 침해를 인정하지 않았다.

. . . .

한편, 동일성유지권은 저작인격권의 하나로서 저작권자의 생존 중은 물론 사후에도 보호되나, 저작자의 사망 후에는 제한을 가하여 저작인격권의 침해가 될 행위의 성질 및 정도에 비추어 사회통념상 그 저작자의 명예를 훼손하는 것이 아니라고 인정될 경우에는 저작인격권의 침해가 되지 않는다(저작권법 제14조 제2항). 따라서 원작의 맞춤법 표기법을 현대식 표현에 맞게 수정하는 등의 행위만으로는 원작의 동일성을 훼손하여 망인의 명예를 훼손한 것이라고 보기는 어렵다 할 것이다.

소설 〈무정 등〉 사건[91]

이광수는 1917. 1. 1.부터 같은 해 6. 14.까지 소설 《무정》을 매일 신보에 연재하여 발행하였고, 1932. 4. 12.부터 1933. 7. 10.까지 소설 《흙》을 동아일보사에 연재 발행하였으며, 1938. 10. 소설 《사랑》을, 1947. 6. 소설 《꿈》을 각각 발행하였다.

B출판사는 이광수의 허락을 받지 않고 1992. 5.경부터 소설 《무정》 등을 출판·판매하고 있다. 이광수가 발행한 위 소설들은 삼중당에서 출판하였고, 1979. 3. 29.부터는 우신사가 출판권을 갖고 위 소설들을 출판하였다. 삼중당판 소설 《무정》은 원작과 비교하여 2,000여 군데나 다른 표현이 있는 등 원작과 무수히 다른 표현을 사용하여 출판되었는데, 이는 이광수가 스스로 수정하거나 해방 후 맞춤법 표기법이 바뀜에 따라 출판사에서 그에 맞추어 오기를 고치거나 일본식 표현을 우리말 표현으로 고침으로 인한 것이다. 그리고 우신사판도 그 후에 오기를 교정하고 삼중당판에 나오는 영어, 일어에 각주를 다는 등 수정을 가하여 출판하였다. B출판사가 발행한 소설들은 우신사판과 거의 동일하다.

이에 6·25 당시 납북되어 그 생사가 묘연한 춘원 이광수의 아들 C는 부재자인 이광수의 재산관리인으로서 이광수의 재산을 보존하기 위한 차원에서 이광수의 명의로 B출판사와 그 대표이사를 상대로 저작재산권 및 저작인격권(동일성유지권) 침해를 이유로 한 손해배상 청구 소송을 제기하였다.

---

91) 대법원 1994. 9. 30. 선고 94다7980 판결

■ 동일성유지권 침해(X)

B출판사가 이광수의 소설을 약간 수정하여 망인인 이광수의 허락을 받지 않고 도서를 출판·판매하기는 하였으나, 그 수정한 내용이 주로 해방 후 맞춤법 표기법이 바뀜에 따라 오기를 고치거나 일본식 표현을 우리말 표현으로 고친 것으로서 이광수 스스로 또는 위 작품의 출판권을 가진 출판사에서 원작을 수정한 내용과 별로 다르지 않다. 그렇다면 그 수정 행위의 성질 및 정도로 보아 사회통념상 저작자인 이광수의 명예를 훼손한 것으로 볼 수 없다.

평 석

이 사건은 이광수의 생사와 사망하였다면 그 사망일자가 쟁점이 된 사건이었다. 이 사건에서 법원은 이광수가 1950. 10.25. 사망한 것으로 판단한 후, 저작인격권 가운데 동일성유지권 침해 여부를 판단하였다. 저작권법에서는 저작자가 사망한 경우에는 그 사망한 저작자의 저작인격권의 침해가 될 행위의 성질 및 정도에 비추어 사회통념상 그 저작자의 명예를 훼손하는 것이 아니라고 인정될 경우에는 저작인격권의 침해가 되지 않는다고 규정하고 있다(저작권법 제14조 제2항). 이러한 저작권법 규정에 따라 법원은 B출판사가 출판한 이광수의 소설들의 내용은 사회통념상 이광수의 명예를 훼손할 정도는 아니라고 보아, B출판사가 소설 '무정' 등에 대한 이광수의 동일성유지권을 침해하지 않았다고 판단하였다.

(4) 출판물의 편집 저작권과 본문의 개별 내용에 관한 저작권

출판물의 경우에 있어서 저작권자가 주장할 수 있는 저작권으로는 크게 두 가지가 있다. 그것을 구성하고 있는 개별적인 내용에 관한 저작권과 편집저작물로서의 저작권이다. 보통 저작권 침해 사건에서는 출판물의 개별적인 내용에 관한 저작권 침해 여부만 다투어지는 것이 일반적이다. 그러나 저작권 침해 여부가 문제되는 출판물의 개별적인 내용은 앞서 본 아이디어 등에 해당하여 저작물로 인정받지 못하는 경우가 있을 수 있으므로, 저작권 침해를 주장하는 입장에서는 가능하면 해당 출판물이 편집저작물로서 그 소재의 선택·배열 또는 구성에 창작성이 있다는 점을 함께 주장·입증할 필요가 있다.

〈살아있는 동안 꼭 해야 할 49가지〉 사건[92]

중국인 T와 Y(이하 이들을 통칭할 때 'T 등'이라고 함)는 일상생활에서 잔잔한 감동을 주는 이야기 99가지(그 가운데 상당수는 기존의 미담 등을 정리한 것이고, 일부 이야기들은 T가 스스로 창작한 것임)를 모아 《일생에 해야 할 99가지 일》이라는 제목의 중문서적(이하 '이 사건 중문서적'이라고 함)을 저술하였다.

T 등은 A와 이 사건 중문서적에 관한 복제권, 발행권, 기타 저작재산권 양도 계약을 체결하였고, A는 중국 소재 B출판사와 이 사건 중문서적에 관한 출판계약을 체결하였다.

B출판사는 T 등을 편저자로, 이 사건 중문서적을 중국에서 발행하였고, 이후 이 사건 중문서적은 Y를 제외하고 T만을 편저자로 수정한 채 계속해서 중국 내에서 발행·판매되었다.

C회사는 B출판사와 이 사건 중문서적에 관한 판권 사용허가 계약을 체결한 후, 이 사건 중문서적에 실려 있는 99가지 이야기 가운데 45가지를 선별하여 K를 통해 번역하고, 이 사건 중문서적에 실려 있지 않은 4가지 이야기를 추가하였으며, 이야기별로 말미에 짧은 감상을 덧붙이고 삽화를 넣어 책을 완성한 후, 《살아 있는 동안 꼭 해야 할 49가지》라는 제목으로 초판을 발행하였다(이하 '이 사건 번역서적' 이라고 함).

이 사건 번역서적은 출판과 동시에 독자들로부터 큰 호응을 얻었고, 이에 고무된 C회사는 대한민국 외 아시아의 다른 지역에서도 이 사건 중문서적을 번역·출판할 계획을 세우고 B출판사와 이 사건 중문서적에 대한 저작권 사용허락 계약을 체결하였다.

A는 C회사가 자신의 허락 없이 이 사건 중문서적을 한국어로 번역하여 출판한 것은 이 사건 중문서적에 관한 자신의 저작재산권을 침해하는 행위라고 주장하면서, C회사를 상대로 저작권 침해정지 및 손해배상 청구 소송을 제기하였다.

---

92) 대법원 2013. 7. 12. 선고 2013다22775 판결

■ C회사의 저작권 침해 여부

환송 전 2심법원의 판단

1) 이 사건 중문서적의 개별 이야기에 관한 저작권 침해

C회사는 A로부터 허락을 받지 않고 이 사건 중문서적의 출판권자인 B출판사의 허락만 받은 채 그 가운데 45개의 이야기를 선별한 후 이를 번역·출판하였는데, 이는 이 사건 중문서적 가운데 45개 이야기 각각에 관한 A의 2차적저작물작성권(번역권)을 침해하는 행위에 해당한다.

2) 이 사건 중문서적의 편집 저작권 침해(X)

C회사가 이 사건 중문서적에 실려 있는 이야기들을 전부 번역·출판하지 않았고, 이야기를 배열하는 순서도 이 사건 중문서적과 이 사건 번역서적은 큰 차이를 보이는 점 등에 비추어 보면, 이 사건 번역서적이 이 사건 중문서적의 소재 선택, 배열이나 구성을 그대로 이용하였다고 보기 어렵다.

종전 대법원의 판단

"환송 전 2심법원의 손해액 산정이 잘못되었다"라고 A의 상고이유를 배척하고, "이 사건 중문서적에 수록된 45개의 이야기 가운데 4개 이야기는 원저작물에 수정·증감을 가한 것에 불과하여 독창적인 저작물로 볼 수 없다"라고 판단하여 파기환송하였다.

 환송 후 2심법원의 판단

1) 이 사건 중문서적의 개별 이야기에 관한 저작권 침해

이 사건 중문서적에 수록된 45개 이야기 가운데 종전 대법원이 독창적인 저작물로 볼 수 없다고 판단한 4개 이야기뿐 아니라 22개 이야기가 C회사가 제출한 원저작물과 비교하여 2차적저작물로서의 독창성이 인정되지 않고 나머지 23개 이야기만 저작재산권 침해가 인정된다.

2) 이 사건 중문서적의 편집 저작권 침해(X)

이 사건 중문서적은 창작성 있는 편집저작물이라고 볼 수 없고, 이 사건 중문서적에 나타난 전체적, 구체적인 편집상의 표현이 이 사건 번역서적에 실질적으로 유사한 형태로 차용되었다고 볼 수도 없다.

 환송 후 대법원의 판단

저작인격권이나 저작재산권을 이루는 개별적인 권리들은 각각 독립적인 권리로 파악하여야 하므로 이 사건에서 이 사건 중문 서적의 편집 저작물 저작권 침해를 원인으로 하는 손해배상청구와 이 사건 중문 서적에 수록된 개별 이야기(2 차적 저작물 또는 독창적 저작물)의 저작재산권 침해를 원인으로 하는 손해배상청구는 별개의 소송물이 된다.

이 사건에서 종전 대법원 판결은 C회사의 상고 이유 가운데 일부를 받아들여 환송 전 2심법원 판결 가운데 이 사건 중문 서적에 수록된 개별 이야기의 저작재산권 침해를 원인으로 손해배상을 지급할 것을 명한 부분만 파기환송하고 A의 상고와 C회사의 나머지 상고를 모두 기각하였다.

그러므로, A의 이 사건 청구 가운데 이 사건 중문서적이 편집 저작물에 해당함을 전제로 편집 저작권을 침해하였다고 하여 손해배상을 청구한 부분은 위 환송판결의 선고로써 확정되었다고 할 것이다. 따라서 환송 후 2심법원의 심판범위는 위 개별 이야기의 저작재산권 침해를 원인으로 손해배상을 구하는 부분에 국한되고 그 밖의 부분은 심판대상이 될 수 없다.

그럼에도 환송 후 2심법원이 편집 저작권 침해를 원인으로 하여 손해배상을 구하는 부분까지 심리하여 판단한 것은 환송 후 2심법원의 심판범위에 관한 법리를 오해하여 잘못 판단한 것이다. 그러므로 이 부분은 상고이유에 관한 판단을 할 것 없이 파기를 면할 수 없다 할 것인바, 이 부분에 대하여는 당원이 직접 그 소송이 위와 같이 환송판결의 선고로 종료되었음을 선언한다.

A가 제출한 상고장과 상고이유서를 보면 A는 편집저작물 저작권 침해를 원인으로 손해배상을 구하는 부분에 관하여만 상고이유를 적시하고, 그 밖에는 환송 후 2심법원 판결의 어떤 부분이 법령에 어떻게 위반되었는지 등에 관하여 아무런 이유도 적시하지 않았음을 알 수 있다.

그런데 이 사건 청구 가운데 편집저작물 저작권을 침해하였음을 이유로 하는 손해배상청구 부분은 앞서 본 종전 대법원 판결의 선고로써 확정되었으므로, 결국 나머지 청구부분, 즉 이 사건 중문서적에 수록된 개별 이야기의 저작재산권 침해를 원인으로 하는 손해배상청구 부분에 관하여는 상고이유서가 제출되지 않은 것으로 볼 수밖에 없다.

평 석

이 사건은, 중국인 T 등이 《일생에 해야 할 99가지 일》이라는 이 사건 중문서적을 저술한 후 그 저작재산권을 A에게 양도하였고, 이에 A는 이 사건 중문서적을 중국에서 출판하기 위해 B출판사와 출판계약을 체결하였는데 C회사는 해외 번역·출판 허락 권한이 없는 B출판사와 이 사건 중문서적에 대한 판권 사용허가 계약을 체결한 후 이를 바탕으로 《살아 있는 동안 꼭 해야 할 49가지》라는 제목의 이 사건 번역서적을 출판하여 A로부터 손해배상 등을 청구한 사건이었다.

이 사건에서 A는 이 사건 중문서적의 저작권 침해와 관련하여 크게 두 가지를 주장했다. 하나는 이 사건 중문서적에 수록된 45개 이야기 즉, 개별 이야기에 관한 저작권 침해 주장이었고, 다른 하나는 이 사건 중문서적을 편집저작물이라고 주장하면서 이 사건 변역서적이 이 사건 중문서적의 편집저작권을 침해하였다는 것이었다.

먼저 개별 이야기 저작권 침해와 관련해서는 최종적으로는 위 45개 이야기 가운데 23개 이야기에 대해 그 저작권 침해가 인정되었다. 반면, 편집저작권 침해와 관련해서는 환송 전 2심법원에서 그 저작권 침해를 인정하지 않았고, 이에 대해서는 A가 상고이유에 포함시키지 않았기 때문에 이로써 편집저작권 침해와 관련된 부분은 확정이 된 것이었다. 그렇기 때문에 환송 후 2심법원은 이와 같이 이미 확정된 편집저작권 침해와 관련해서는 심리 판단해서는 안 됨에도 불구하고 이에 대해 판단해 버렸기 때문에 환송 후 대법원은 이러한 환송 후 2심법원 판단의 잘못을 지적하면서 편집저작권 침해와 관련된 부분은 이미 확정되어 그와 관련된 부분은 종료가 되었음을 선언하였다.

다시 정리하자면, 출판물의 경우는 그것을 이루는 개별 내용에 관한 저작권과 그 전체를 아우르는 편집저작물로서의 저작권이 있고, 각각 하나의 소송물이 된다. 이러한 상황에서 A는 위 두 가지 저작권 침해를 모두 주장하였다가, 종전 대법원에 상고하는 과정에서 개별 이야기 저작권 침해에 관해서는 다투었지만, 환송 전 2심법원에 의해 인정받지 못했던 편집저작물 저작권 침해에 대해서는 다투지 않았다. 다시 말해, A는 개별 이야기에 관한 저작권 침해를 원인으로 하는 손해배상청구라는 하나의 소송과 편집저작권 침해를 원인으로 하는 손해배상청구라는 또 다른 하나의 소송을 동시에 진행한 셈이었고, 그러던 가운데 A는 개별 이야기 저작권 침해와 관련된 소송에 대해서는 상고를 함으로써 그 소송을 계속 이어나간 반면, 편집저작권 침해와 관련된 소송과 관련해서는 그 침해를 인정하지 않은 환송 전 2심법원의 판결에도 불구하고 이에 대해서는 상고를 하지 않았기 때문에 그 소송은 이미 확정이 된 상태였다. 그렇다면 그 이후 재판과정에서는 이에 대해서는 더 이상 판단해서는 안 됨에도 불구하고, 환송 후 2심법원이 또 다시 편집저작권 침해 여부에 대해 판단하였으므로, 환송 후 대법원이 이러한 환송 후 2심법원의 판단 잘못을 지적했던 것이다.

2 저작재산권의 보호기간

누구나 출판업을 하다보면 이미 대중들에게 잘 알려진 고전 명작들을 전집 형태로 출판했으면 하는 생각을 한 번쯤은 하게 마련이다. 이 경우 그 명작이 외국 작품인 경우에는 번역이라는 과정을 거쳐야 하는데, 비록 외국 작품 자체는 저작재산권 보호기간 경과로 인해 누구나 이용할 수 있는 저작물이 되었다고 하더라도 그것의 번역물은 원작과는 별개로 보호되는 독립된 저작물이기 때문에 번역을 할 때 기존 번역물을 차용하게 되면 그 기존 번역물 저작권자의 저작권을 침해하게 된다. 따라서 외국 작품을 번역할 때에는 이러한 점을 유의할 필요가 있을 것이다.

고전명작을 출판할 때 또 한 가지 중요한 것은 저작재산권 보호기간 경과 여부를 반드시 확인해야 한다는 것이다. 물론 저작재산권 보호기간이 경과하였거나 그렇지 않더라도 해당 저작권자로부터 출판에 대한 허락을 받는다면 문제될 것은 전혀 없을 것이다. 그러나 출판 실무에서는 해당 저작권자가 생존하고 있는지, 만일 사망하였다면 언제 사망했는지를 명확히 알 수 없는 경우도 있기 때문에 이러한 명작을 출판할 때에는 먼저 사망일이 명확한 저자의 작품들을 중심으로 그 저작재산권 보호기간 경과여부를 판단하여 보호기간이 경과한 작품들만을 모아서 출판하는 것이 가장 안전하고 바람직한 출판 형태라 할 것이다.

그런데 이러한 저작재산권 보호기간 경과여부도 저작권법의 연혁을 정확하게 숙지하고 있어야 하기 때문에 명작을 출판하기에 앞서 반드시 저작권 관련 여러 전문가들로부터 상담을 받는 것이 바람직하다. 저작재산권 보호기간에 관한 일반적인 내용에 대해서는 앞에서 자세히 살펴보았으므로, 여기서는 실제 사례를 통해 저작재산권 보호기간 경과 여부를 어떻게 산정하는지를 알아보도록 하겠다.

(1) 내국인 저작물의 경우

다음은 〈소설 무정 등〉 사건(252쪽 참고)에서 B출판사가 이광수의 소설 《무정》 등을 출판한 것이 저작권 침해에 해당하는지 여부에 관한 법원의 판단이다.[93]

■ 저작재산권 침해(X)

이광수는 소설 《무정》《흙》《사랑》《꿈》의 저작권자이고, B출판사가 이광수의 허가를 받지 않고 소설 《무정》 등을 출판·판매한 것은 사실이다. 그러나 구 저작권법(1957. 1. 28. 법률 제432호) 제30조 제1항에 의하면 발행한 저작물의 저작권은 저작자의 생존기간 및 사후 30년간 존속하며, 1987년 저작권법(1986. 12. 31. 법률 제3916호) 부칙 제2조는 1957년 저작권법에 의하여 저작권이 소멸한 때에는 현행 저작권법을 적용하지 않는 것으로 규정하고 있다.

이광수는 1892. 2. 1.생으로 현재 살아있다면 101세 남짓 되는 사실, 이광수는 1950년 6·25 사변 당시 납북되었는데 당시 열이 39도를 오르내리며 혈압은 200에 이르는 상태였던 사실, 1991. 7. 26.자 중앙일보는 전 북한 인사들의 증언을 토대로 이광수가 1950. 12. 만포인민군병원에서 병사했다고 보도한 바 있는데, 현재 평양 삼척구역 원신리에는 이광수의

---

93) 서울고등법원 1993. 12. 7. 선고 93나7923 판결

묘소가 있고 묘비 뒷면에 사망일자가 1950. 10. 25.로 기록되어 있는 사실, 부재자인 이광수의 아들로서 재산관리인인 C가 1991. 7.경 북한을 방문하여 이광수의 묘소를 확인하고 돌아온 후 이광수의 가족들은 1950. 10. 25.을 이광수의 기일로 정하여 제사를 지내고 있는 사실을 인정할 수 있다.

그렇다면 이광수는 1950. 10. 25. 사망했다고 추인할 수 있으므로, 이광수의 위 저작물에 대한 저작재산권은 사망일로부터 30년이 지난 1980. 10. 25.에 소멸되었다고 할 것이다.

평 석

이광수가 소설 《무정》 등을 저작한 시기는 제정 저작권법인 1957년 저작권법이 시행되기 전이므로 1957년 저작권법에 의해 보호 받게 된다. 이광수는 1950. 10. 25. 사망한 것으로 보이고, 그렇다면 사망한 다음 해인 1951. 1. 1.부터 기산하여 30년이 되는 날은 1980. 12. 31.이 되며, 그때는 아직 1987년 저작권법이 시행되기 전이므로, 이광수의 소설들은 1980. 12. 31.에 저작재산권이 소멸된 것으로 봄이 상당하다 (이 사건 2심법원은 이광수 소설들의 저작재산권 보호기간의 소멸시기를 1980. 10. 25.이라고 설시하고 있으나, 1957년 저작권법 제39조에 따라 그 보호기간을 계산하면 1980. 12. 31.이 됨). 따라서 이 사건 소송이 제기될 당시에는 이미 이광수의 위 소설에 대한 저작재산권은 소멸한 것이므로, 법원은 이 사건 청구 가운데 저작재산권 침해를 이유로 한 부분을 받아들이지 않았다.

(2) 외국인 저작물의 경우

외국인의 저작물은 대한민국이 가입 또는 체결한 조약에 따라 보호된다(저작권법 제3조 제1항). 저작자는 베른협약에 의해 보호되는 저작물에 관하여 본국 이외의 동맹국에서 각 법률이 현재 또는 장래에 자국민에게 부여하는 권리 및 베른협약이 특별히 부여하는 권리를 향유한다(베른협약 제5조 제1항).

우리 저작권법은 1996년 저작권법에서 소급보호를 원칙으로 하는 베른협약(제18조 제1항)을 수용하여 외국인의 저작물에 관한 소급보호를 인정하지 않고 있던 종전의 저작권법 규정이 삭제되면서 그 이전까지 자유로운 이용이 가능했던 외국인의 저작물도 1996년 저작권법에 의해 1996. 7. 1.부터 새로이 소급보호를 받게 되었다. 이와 같이 소급보호의 대상이 된 외국인의 저작물을 '회복저작물'이라고 한다.

이에 따라 베른협약의 동맹국인 외국 국민의 저작물도 위 1996년 저작권법에 의해 내국인의 저작물과 마찬가지로 우리 저작권법에 의해 보호받게 되고, 저작재산권 보호 기간 또한 내국인의 저작물과 동일하다. 따라서 이러한 외국인의 저작물의 보호기간을 계산할 때에는 앞서 본 내국인의 저작물의 그것과 똑같이 계산하면 된다.

《불모지대》 사건[94]

A는 일본의 종합상사가 형성되는 과정을 그린 소설로서 1973년 일본에서 출판된 《불모지대》(이하 '이 사건 소설'이라고 함)의 저자이고, B는 A로부터 이 사건 소설을 우리말로 번역하여 국내에서 출판할 권리를 부여받은 사람이다.

C회사는 이 사건 소설을 우리말로 번역한 서적(이하 '종전 번역서적'이라고 함)을 발행한 적이 있고, 이후 D는 A의 허락 없이 이 사건 소설을 우리말로 번역한 서적(이하 '이 사건 번역서적'이라고 함)을 발행하여 이를 판매하였다.

A는 B에게 D의 이 사건 번역서적의 발행 및 판매로 인한 손해배상채권을 양도하였다. 이에 B는 D의 위와 같은 행위는 특별한 사정이 없는 한 A의 2차적저작물작성권을 침해하였다고 주장하면서, D를 상대로 저작권 침해에 따른 손해배상 청구 소송을 제기하였다.

■ 《불모지대》가 저작권법에 의해 보호되는 저작물인지(O)

우리나라와 일본은 모두 베른협약에 가입한 상태이므로, 우리나라에서 베른협약이 발효된 1996. 8. 21. 이전에 일본에서 발행된 《불모지대》도 우리 저작권법에 의해 보호를 받을 수 있다.

---

94) 서울중앙지방법원 2013. 5. 31. 선고 2012가합88872 판결

일본 작가 야마자키 도요코의 작품 《불모지대》는 외국인 저작물에 해당한다. 우리나라와 일본은 모두 베른협약에 가입하였으므로 우리 저작권법 제3조 제1항 및 1996년 저작권법에 의해 1973년 일본에서 발행된 《불모지대》도 우리나라 저작권법에 의해 보호를 받을 수 있는 저작물에 해당하고, 야마자키 도요코는 이 사건 소송 당시까지도 생존하고 있었으므로(2013년 9월 29일 사망), 《불모지대》에 관한 야마자키 도요코의 저작재산권도 여전히 그 보호기간 중에 있었다.

ㅣ4ㅣ
출판물의
저작(권)자

1 들어가며

저작자는 저작물을 창작한 자를 말한다(저작권법 제2조 제2호). 따라서 출판물의 경우도 해당 출판물을 실제로 저술한 자가 그 출판물의 저작자가 된다. 앞에서 저작자와 저작권자는 구분되는 개념이라는 것을 살펴본 바가 있다. 즉, 저작자는 해당 저작물을 창작한 자를 말하는 것이고, 저작권자는 저작물을 직접 창작했는지 여부와는 무관하게 해당 저작물의 저작권을 가지고 있는 자를 의미한다.

저작자가 저작물을 창작하는 순간 저작권자가 되는 것을 창작자 원칙이라고 한다. 그래서 저작물의 창작자는 그 저작물의 저작자가 되는 동시에 저작권자가 되는 것이다. 그리고 저작자가 저작권을 타인에게 양도하면 그 양수인은 해당 저작물에 관한 저작재산권자로서 저작권자가 된다.

저작권 가운데 저작인격권은 그것의 일신전속성으로 인해 양도가 불가능하기 때문에 비록 저작자가 타인에게 저작권을 양도하더라도 저작인격권은 저작자에게 그대로 남아 있게 된다. 따라서 저작자는 항상 저작인격권자로서 저작권자가 된다. 이처럼 저작자와 저작권자는 그 의미에 있어서 명확히 구분되는 개념이기 때문에 추후 용어 사용 시 주의를 기울일 필요가 있다.

2 업무상저작물의 저작자

원칙적으로 저작물은 인간의 사상이나 감정을 표현한 창작물이기 때문에 그 저작물에 관한 정신적인 창조활동을 실제로 담당한 자연인(법인과 구별)만이 저작자가 될 수 있다. 그럼에도 불구하고 저작권법에는 법인 등의 기획 하에서 법인 등의 업무에 종사하는 자가 업무상 작성한 저작물(업무상저작물, 저작권법 제2조 제31호)에 대해서는 정신적인 창조활동을 직접적으로 하지 않은 법인 등을 업무상저작물의 저작자로 규정함으로써(저작권법 제9조) 저작권 제도의 전반을 관통하는 대원칙인 창작자 원칙에 대한 중대한 예외를 인정하고 있다. 이에 따라 법인 등이 업무상저작물의 저작자가 되는 경우에는 단순히 저작재산권만 가지는 것이 아니라 저작인격권까지도 함께 가지게 된다.

출판사들은 보통 외부 저자와 출판권 설정 계약 등을 체결함으로써 책을 출판하지만, 때로는 출판사 대표나 직원들이 내부 아이디어 회의 등을 통해 그 당시 이슈가 되고 있는 인물이나 사건 등을 파악하여 그에 관한 책을 직접 집필하는 경우도 있다. 이와 같이 출판된 책이 바로 업무상저작물이고, 이러한 출판물에 관해서는 출판사가 주식회사 등 법인인 경우에는 그 법인이, 출판사가 개인회사인 경우에는 그 대표자가 저작자가 되는데, 이를 업무상저작물의 저작자라고 한다. 물론 업무상저작물의 저작자에 관한 저작권법의 규정은 창작자 원칙의 예외이다 보니, 법인 등과 해당 업무상저작물을 직접 창작한 직원 등과의 계약에 따라 그 저작자를 달리 정할 수 있다. 그러나 일반적으로는 당사자들이 이에 관해 별도의 약정을 하는 경우가 거의 없기 때문에 저작권법상의 업무상저작물의 저작자에 관한 규정과 그에 관한 법리에 따라 업무상저작물과 그것의 저작자 여부를 판단하면 된다.

그런데 출판업계에 종사한다고 해서 이러한 업무상저작물의 저작자에 관한 내용 모두를 알 수는 없기 때문에, 먼저 출판사 입장에서 저작권에 관한 기본적인 사항을 숙지한 후 업무상 만들어진 책의 저작권은 법인 등에게 있다는 점을 직원들에게 인식시킴으로써, 직원들이 퇴사한 이후에 그 책의 저작권이 자신들에게 있다고 오해해서 무단으로 이를 이용하는 일이 일어나지 않도록 미리 예방할 필요가 있다.

3 외주 집필과 저작권자

보통 소규모 출판사의 경우는 친분이 있는 외부 편집자 등에게 책 집필을 의뢰하는 경우가 있다. 이 경우 일반적으로는 구두로만 계약을 체결하다보니 저작권 분쟁이 발생하는 경우가 종종 있다. 결국 이러한 분쟁은 외주계약의 실체가 출판권 설정 계약에 해당하는지, 저작재산권 양도계약에 해당하는지 아니면, 저작물 이용 허락 계약에 해당하는지가 불분명하여 발생하게 된다.

이와 같이 구두로만 계약을 하게 되면 계약의 형태가 명확하지 않게 되고 그런 이유로 출판사의 입장에서는 자신의 비용으로 책을 저술하게 한 것이므로 당연히 그 책에 관한 저작권은 출판사에게 있다고 주장하거나 최소한 출판권 정도는 가지고 있다고 주장하게 된다. 그러나 출판사와 외주 집필자 사이에 저작권 양도에 관한 합의를 한 경우 또는 출판사가 외주 집필자를 사실상 지휘·감독함으로써 외부 집필자가 집필한 책이 출판사의 업무상저작물에 해당하는 경우 이외에는 창작자 원칙에 따라 해당 책의 저작권은 외부 편집자에게 귀속된다고 보아야 한다.

또한 당사자들이 출판권 설정 계약을 체결한 것도 아니기 때문에 출판사가 출판권을 가진다고 볼 여지도 없게 된다. 그렇다면 결국 출판사와 외부 편집자 간에 체결한 계약은 단순한 외주계약으로서 이용 허락계약에 불과하다고 판단

될 여지가 높다. 그렇기 때문에 이러한 분쟁이 소지를 남기지 않기 위해서는 반드시 문서로 된 계약서를 통해 저작권의 귀속주체를 분명하게 하거나 최소한 출판권 설정 계약을 체결하는 것이 바람직 할 것으로 생각된다.

4 공동저작물의 저작자

1) 저작물은 단독으로 창작될 수도 있지만, 여러 명이 공동으로 하나의 저작물을 창작하는 경우도 있다. 이와 같이 여러 명이 공동으로 창작한 저작물을 공동저작물이라고 한다. 저작권법은 이러한 공동저작물을 '2인 이상이 공동으로 창작한 저작물로서 각자의 이바지한 부분을 분리하여 이용할 수 없는 것'(저작권법 제2조 제21호)이라고 정의하고 있다. 따라서 2인 이상이 공동창작의 의사를 가지고 창작적인 표현 형식 자체에 공동의 기여를 함으로써 각자의 이바지한 부분을 분리하여 이용할 수 없는 단일한 저작물을 창작한 경우 이들은 그 저작물의 공동저작자가 된다. 여기서 공동창작의 의사는 법적으로 공동저작자가 되려는 의사를 뜻하는 것이 아니라, 공동의 창작행위에 의하여 각자의 이바지한 부분을 분리하여 이용할 수 없는 단일한 저작물을 만들어 내려는 의사를 뜻하는 것이라고 보아야 한다.

이와 구별되는 개념으로는 결합저작물이 있다. 공동저작물은 여러 명이 하나의 저작물을 창작하는데 기여하는 것이어서 각자가 기여한 부분을 그 저작물로부터 분리할 수 없는 저작물을 의미하는 반면, 결합저작물은 외관상으로는 하나의 저작물로 보이지만 실제는 여러 저작물이 단순히 결합만된 것으로서 각 저작물에 대해 각자가 별도의 저작권을 가지는 저작물을 의미한다.

예를 들어, 보통 서적의 경우 비록 그 표지에 'A, B 공저'라고 표시되어 있더라도, 총 15장 가운데 실제 1장부터 7장까지는 A가 저술했고, 8장부터 15장까지는 B가 저술했다면, 이는 공동저작물이 아니라 결합저작물에 해당한다. 즉, A와 B가 각자 저술한 그들의 저작물을 단순히 결합해서 한 권의 책으로 출판한 것에 불과한 것이다. 따라서 1장부터 7장까지에 관한 A의 권리와 8장부터 15장까지에 관한 B의 권리는 상호 어떠한 영향도 미치지 않게 된다. 따라서 누군가 위 서적의 1장부터 제7장까지의 저작권을 침해하거나 이에 관한 이용 허락을 얻고자 하는 경우에는 A만이 저작권 침해를 주장하거나 이용 허락을 할 수 있다. 즉, B는 위 서적의 1장부터 제7장까지에 관해서는 아무런 권리를 가지고 있지 않기 때문에 이 경우 어떠한 권리도 주장할 수 없게 된다.

한편, 공동저작물은 창작적 기여의 시점과 장소가 서로 다르더라도 그 공동저작자들이 공동 창작의 의사를 가지고 각각 맡은 부분의 창작을 하여 각 기여부분을 분리하여 이용할 수 없는 저작물이 되면 족하다. 따라서 하나의 저작물에 2인 이상이 시기를 달리하여 창작에 관여한 경우, 선행 저작자에게는 자신의 저작물이 완결되지 아니한 상태에서 후행 저작자가 이를 수정·보완하여 새로운 창작성을 부가하는 것을 허락 내지 수인하는 의사가 있고, 후행 저작자에게는 선행 저작자의 저작물에 터 잡아 새로운 창작을 부가하는 의사가 있다면, 이들에게는 각 창작부분의 상호 보완에 의하여 하나의 저작물을 완성하려는 공동창작의 의사가 있는 것으로 인정할 수 있다.

여기서 '기여부분을 분리하여 이용할 수 없다'는 의미는 그 분리가 불가능한 경우뿐만 아니라 분리할 수는 있지만 현실적으로 그 분리이용이 의미가 없게 되는 경우도 포함한다고 할 것이고, 또한 저작물의 원본, 복제물 등에 저작자로서의 실명 또는 이명으로서 널리 알려진 것이 일반적인 방법으로 표시된 자는 그 저작물의 저작자로 추정(저작권법 제8조 제1항 제1호)되지만, 공동으로 저작물의 창작에 기여한 이상 그 저작물에 대하여 공동저작자 가운데 1인 또는 그 일부만이 저작자라고 표시되는 경우에도 다른 공동저작자들은 저작권법상 공동저작자로서의 권리를 주장할 수 있다고 할 것이다.

한편, 여러 사람이 관여하여 하나의 저작물을 작성하는 경우 그 작성에 기여하는 정도, 작성되는 저작물의 성질에 따라 그 저작물이 공동저작물이 될 수도 있고, 2차적 저작물이 될 수도 있다. 이와 관련하여 앞서 본 〈만화 그림과 만화 스토리〉 사건(224쪽 참고)에서 만화 그림과 만화 스토리가 각각 별개의 저작물인지 아니면 상호 유기적으로 어우러진 공동저작물인지가 문제되었다.[95]

■ 이 사건 만화들의 특성

이 사건 만화들은 캐릭터의 행동과 묘사의 정황적 설명을 글과 그림으로 나타내어 이야기를 전개시키는 코믹 스트립스(comic strips)의 일종으로서, 전개순서에 따라 글과 그림으로 구성되는 개개의 장면을 구상하고 그 전개를 위해 지면을 다양한 크기와 모양의 칸으로 분할하며, 그 분할된 해당 칸에 자유로운 과장법과 생략법을 사용한 그림과 말풍선 등에 들어가는 대사를 배열하는 형식을 취한 저작물이므로, 소설처럼 글로만 표현되는 장르가 아니고 그림을 통한 이야기의 전개가 필수적인 요소로서 시각적으로 보여주는 것이기 때문에, 하고 싶은 이야기의 주제를 정하고 스토리를 쓰는 작업과 이를 연출하기 위해 다양한 모양과 형식의 컷을 나누고 배치하여 그림을 그리는 작업 모두가 필요하다.

■ 이 사건 만화들이 2차적저작물인지, 공동저작물인지(공동저작물)

만화저작물의 경우 만화 스토리 작성자가 만화 작가와 기획 의도·전개방향 등에 대한 구체적인 협의 없이 단순히 만화의 줄거리로 사용하기 위해 독자적인 시나리오 내지 소설 형식으로 만화 스토리를 작성하고, 이를 제공받은 만화 작가가 만화 스토리의 구체적인 표현방식을 글(언어)에서 그림으로 변경하면서 만화적 표현방식에 맞게 수정·보완하고, 그 만

---

95) 서울북부지방법원 2008. 12. 30. 선고 2007가합5940 판결

화 스토리의 기본적인 전개에 근본적인 변경이 없는 경우에
는 만화 스토리를 원저작물, 만화를 2차적저작물로 볼 여지
가 있다.

그러나 A1, A2와 B는 최종적으로 만화작품의 완성이라는
공동창작의 의사를 가지고 있었던 점, A1, A2의 만화 스토
리는 B에게만 제공된 점, 이 사건 만화들은 A1, A2의 만화
스토리와 B의 그림, 장면 설정, 배치 등이 결합하여 만들어
지는 저작물인 점, A1, A2과 B의 작업과정 등에 비추어 보
면 이 사건 만화들은 B가 A1, A2의 스토리를 변형, 각색 등
의 방법으로 작성한 창작물이라기보다 A1, A2가 창작하여
제공한 만화 스토리와 B의 독자적인 그림 등이 유기적으로
어우러져 창작된 A1, A2와 B의 공동저작물이라고 봄이 상
당하다.

평 석

여러 명이 관여해서 하나의 저작물을 만들었을 때, 1) 그 저
작물은 각자의 이바지한 부분을 분리하여 이용할 수 없는
공동저작물일 수도 있고, 2) 시간 순서상 저작물의 창작에
먼저 관여한 사람이 만든 저작물이 원저작물이 되고 그 이
후에 그 원저작물에 창작성을 가미한 사람(후행 저작자)이 만든
저작물이 2차적저작물이 될 수도 있어서 각각 저작자가 주
장할 수 있는 권리 등이 달라질 수 있기 때문에 이를 확정하
는 것이 매우 중요하다.

공동저작물의 저작권은 저작(권)자 전원의 합의에 따라 행사하여야 하는 반면, 이미 원저작가가 후행 저작자에 의해 그 원저작물에 창작적 변형이 가해진다는 점과 그렇게 만들어진 저작물을 후행 저작자가 이용할 것이라는 점을 알고 있는 상황에서 후행 저작자에 의해 만들어진 그 저작물이 2차적저작물이라고 판단된다면, 그 후행 저작자는 원저작물의 저작자와의 합의 없이 그 저작권을 행사할 수 있는 여지가 많아지게 된다.

이 사건에서는 만화 스토리를 바탕으로 만들어진 최종 만화가 만화 스토리 작가와 만화 그림 작가의 공동저작물인지 아니면 만화 그림 작가의 2차적저작물인지가 쟁점이 되었다. 이에 대해 법원은 이 사건 만화들은 A1, A2와 B가 하나의 만화를 만들기 위해 공동창작의 의사를 가지고 각자 맡은 부분을 창작한 것으로써, 주제, 스토리와 그 연출방법, 그림 등의 유기적인 결합으로 완성되어 각 기여부분을 분리하여 이용할 수 없는 저작물 즉, 공동저작물에 해당한다고 판단하였다.

2) 이러한 공동저작물의 저작재산권은 그 저작재산권자 전원의 합의에 의하지 않고서는 이를 행사할 수가 없다(저작권법 제48조 제1항 본문). 따라서 공동저작자가 해당 공동저작물을 이용하는 등 그것의 저작재산권을 행사하기 위해서는 다른 공동저작자의 동의를 받아야만 한다.

그런데 만일 공동저작자 가운데 일부가 다른 공동저작자의 동의 없이 그 공동저작물을 무단으로 이용하게 되면 어떻게 될까? 공동저작물에 관한 저작재산권의 행사방법을 위반한 행위에 불과한 것일까? 아니면 다른 공동저작자의 저작재산권을 침해하는 행위까지 되는 것일까? 이 가운데 전자에 해당한다면 이는 순수한 민사적인 문제에 그치기 때문에 다른 공동저작자는 공동저작물의 무단 이용에 따른 손해배상 청구 등을 할 수 있을 뿐이지만, 그것이 후자에 해당한다면 저작권법 위반에 따른 형사 처분 대상이 될 수 있다.

이와 관련하여 수필 〈친정엄마〉 사건(226쪽 참고)에서 대법원은 "저작권법 제48조 제1항 전문은 '공동저작물의 저작재산권은 그 저작재산권자 전원의 합의에 의하지 아니하고는 이를 행사할 수 없다'고 정하고 있는데, 위 규정은 어디까지나 공동저작자들 사이에서 각자의 이바지한 부분을 분리하여 이용할 수 없는 단일한 공동저작물에 관한 저작재산권을 행사하는 방법을 정하고 있는 것일 뿐이므로 공동저작자가 다른 공동저작자와의 합의 없이 공동저작물을 이용한다고 하더라도 그것은 공동저작물에 관한 저작재산권의 행사방법을 위반한 행위가 되는 것에 그칠 뿐 다른 공동저작자의 공동저작물에 관한 저작재산권을 침해하는 행위까지 된다고 볼 수는 없다"라고 판시함으로써,[96] 공동저작자 가운데 일부가 다른 공동저작자의 동의 없이 그 공동저작물을 무단으로 이용해도 저작권 침해에는 해당하지 않는다고 판결하였다.

3) 공동저작물에 관한 권리가 침해된 경우에 각 저작자 또는 각 저작재산권자는 다른 저작자 또는 다른 저작재산권자의 동의 없이 저작권 등의 침해 행위 금지청구를 할 수 있다. 공동저작물의 저작인격권은 저작자 전원의 합의에 의하지 않고서는 이를 행사할 수 없지만(저작권법 제15조 제1항), 이는 그 저작인격권을 행사하는 것(예컨대, 서적의 공동저작자들이 어느 출판사를 통하여 그 서적을 출판할 것인가 하는 공표권의 행사나 그 서적의 저자 표시방법 등에 관한 성명표시권 등을 행사 등을 의미함)에 대한 제한 규정일 뿐, 저작인격권에 대한 침해에 있어 그 침해정지청구권을 행사함에 있어서도 공동저작자 전원의 합의가 필요하다는 취지는 아니다.97) 따라서 공동저작자의 일부 또는 그 가운데 1인이라도 저작권의 침해정지 청구권을 행사할 수 있다.

저작(권)자는 저작재산권의 침해에 관하여 자신의 지분에 관한 손해배상의 청구를 할 수 있다. 그리고 저작인격권의 침해에 대한 손해배상이나 명예회복 등 조치청구는 저작인격권의 침해가 저작자 전원의 이해관계와 관련이 있는 경우에는 전원이 행사해야 하지만, 1인의 인격적 이익이 침해된 경우에는 단독으로 청구할 수 있고, 특히 저작인격권 침해를 이유로 한 정신적 손해배상을 구하는 경우에는 공동저작자 각자가 단독으로 손해배상 청구를 할 수 있다.98)

---

96) 대법원 2014. 12. 11. 선고 2012도16066 판결
97) 서울고등법원 1998. 7. 15. 선고 98나1661 판결
98) 대법원 1999. 5. 25. 선고 98다41216 판결

5 저작재산권의 양도와 저작권의 귀속

1) 저작권을 구성하는 권리인 저작재산권과 저작인격권 가운데 양도가 가능한 것은 저작재산권에만 국한되므로 보통 저작권 양도는 저작재산권의 양도를 의미한다.

2) 저작권 침해를 당한 후 저작권자가 그의 저작권을 타인에게 양도할 때는 한 가지 고려해야 하는 것이 있다. 만일 저작권 양도인이 이미 발생한 저작권 침해에 대해 그 침해자에게 저작권 침해에 따른 손해배상을 청구하고자 한다면 보통의 저작권 양도계약에 따라 저작권을 양도하면 되겠지만, 그렇지 않고 저작권 양수인이 기존 저작권 침해에 따른 손해배상 청구를 하고자 하는 경우에는 단순히 저작권을 양도하는 것만으로는 부족하고 또 다른 합의가 하나 더 필요하다.

즉, 저작권 양수인이 그 저작권 양수도 이전에 발생한 저작권 침해에 따른 손해배상을 그 침해자에게 청구하기 위해서는, 양도인으로부터 저작권 양도 이전에 양도인이 침해자에게 가지고 있던 저작권 침해에 따른 손해배상청구권까지 승계 받아야 한다. 그리고 이를 위해서는 저작권 양도인과 양수인 간에 '저작재산권 양도계약'을 서면으로 체결할 때, 그 내용에 '양도인은 양수인에게 본 저작재산권 양수도 이전에 양도인이 제3자에 대해 가지는 저작권 침해에 따른 손해배상청구권을 양도한다'는 조항을 포함시킬 필요가 있다.

한편, 위와 같이 저작권과 함께 저작권 침해에 따른 손해배상청구권까지 양도하더라도, 저작인격권 침해에 따른 손해배상 청구는 여전히 저작자가 해야만 한다. 따라서 위와 같은 상황에서 저작권 침해에 따른 손해배상 청구 소송을 제기할 때는 그 소송의 원고를 양수인으로만 할 것이 아니라, 먼저 저작재산권 침해와 관련해서는 '양수인'을, 저작인격권 침해와 관련해서는 '저작자'(양도인이 저작자인 경우에는 양도인)를 원고로 삼아야만 제대로 된 손해배상을 받을 수 있다.

3) 외국 서적 등을 출판하기 위해서는 번역 작업이 먼저 이루어져야 한다. 보통 번역은 출판사가 자체적으로 하기 보다는 외부에 맡기는 경우가 많다. 번역본은 원저작물인 외국 서적 등의 2차적저작물이기 때문에 별도의 저작권이 발생하는데, 창작자 원칙에 따라 실제 번역을 담당한 번역 업체 등이 그 저작권을 가지게 되므로, 출판사로서는 해당 번역본의 번역 업체 등으로부터 저작권을 양도받아야 한다. 그래서 보통 출판사와 번역 업체 등이 체결하는 계약서에는 '해당 번역본에 관한 저작권은 출판사에게 귀속된다' 라고 명시되는데, 이러한 계약 문구의 의미는 번역 업체 등이 원시적으로 번역본에 대한 저작권을 취득하고, 그 가운데 저작재산권은 출판사에게 양도되는 것으로 해석함이 맞을 것이다. 만일 이를 그렇게 해석하지 않고 이를 출판사와 번역 업체 등이 번역본의 저작권을 원시적으로 출판사에게 귀속시키는 합의라고 해석한다면 이는 저작물의 저작권은 저작과 동시에 저작자에게 귀속되고, 특히 저작인격권은 저작자 일신에

전속하여 양도할 수 없도록 한 저작권법에 위배되어(저작권법 제14조 제1항) 무효로 보아야 할 것이다.[99]

4) 한편, 출판물의 저작재산권 양도받는 양수인의 입장에서는 되도록 한국저작권위원회에 저작재산권 양도에 관한 등록을 할 필요가 있다. 그 이유는 저작재산권을 양도받고서 이를 등록하지 않은 사이에 그 양도 사실을 모르는 제3자가 동일한 저작물에 관해 출판권 설정 계약 및 등록을 마쳐버리면, 양수인은 그 제3자에게 저작권 침해 등을 주장할 수 없게 되기 때문이다.

이와 관련하여 《녹정기》 사건(176쪽 참고)에서 법원은 "C가 대만작가인 B 저작의 《녹정기》의 번역을 완성함으로써 2차적저작물인 번역물에 대한 저작권을 취득하고 이와 같이 원시적으로 취득한 2차적저작물에 대한 저작재산권을 A출판사에게 양도하였으나, A출판사가 이에 대한 등록을 하지 아니한 사이에 저작재산권 양도사실을 모르는 D출판사가 C와 《녹정기》를 일부 수정 및 가필하여 다시 출판하기로 하는 출판권 설정 계약을 체결하고 그 등록까지 마쳤으므로, A출판사는 저작권 양수자로서 D출판사에게 대항할 수 없다"고 판결하였다. 이는 비록 A출판사가 C의 번역물에 관한 저작재산권을 가지고 있더라도, 저작재산권 양도 등록을 하지 않고 있는 동안에 그 양도 사실을 모르고 있던 D출판사

---

99) 서울고등법원 1994. 12. 16. 선고 94나23267 판결

가 C와의 출판권 설정 계약을 통해 C의 《녹정기》 번역물을 출판한 것이라면 A출판사는 D출판사에 대해 저작권 침해를 주장할 수 없다는 것으로써, 저작재산권을 양도받은 후 그 양도 등록을 하는 것이 중요한 의미가 있다는 것을 보여준 좋은 사례라 할 것이다.

다만, 저작권법 제52조에 따른 저작재산권의 양도등록은 그 양도의 유효요건이 아니라(저작재산권 양도계약 후 양도등록을 하지 않더라도 양도계약 자체는 여전히 유효함) 제3자에 대한 대항요건(저작재산권자로서 제3자에 대해 주장할 수 있는 것을 의미함)에 불과하고, 여기서 등록하지 않으면 제3자에게 대항할 수 없다고 할 때의 '제3자'란 당해 저작재산권의 양도에 관하여 양수인의 지위와 양립할 수 없는 법률상 지위를 취득한 경우 등 저작재산권의 양도에 관한 등록의 흠결을 주장함에 정당한 이익을 가지는 제3자에 한하고, 저작재산권을 침해한 사람은 여기서 말하는 제3자에 해당되지 않는다.[100]

따라서 출판물에 대한 저작재산권 양도등록을 하지 않은 사이에 정당한 이익을 가진 제3자가 출판을 하게 되면 양수인은 그 제3자에게 대항할 수는 없지만, 정당한 이익을 가지지 않은 제3자가 무단히 출판을 한다면 비록 양수인이 양도등록을 하지 않았다고 하더라도 그러한 제3자에 대해서는 저작권 침해를 주장할 수 있다.

---

100) 대법원 2002. 11. 26. 선고 2002도4849 판결

5

출판물 관련
저작권 침해 판단 기준

복제 또는 2차적저작물의 작성에 해당하기 위해서는 기존의 저작물과 그에 의거하여 창작된 저작물이 동일성을 갖는 부분이 저작권법의 보호대상인 문학·학술 또는 예술에 관한 사상 또는 감정을 창작적으로 표현한 것에 해당하여야 한다. 그리고 창작적으로 표현되었다고 하기 위해서는 엄밀한 의미에서 독창성이 발휘된 것이어야 할 필요는 없고, 필자의 어떠한 개성이 표현된 것이면 충분하다고 할 수 있다. 그러나 다른 한편 문장 자체가 너무 짧거나 표현상의 제약이 있어 누가 하더라도 같거나 비슷할 수밖에 없는 경우나 표현이 평범하고 흔한 것인 경우에는 필자의 개성이 표현되었다고 할 수 없으므로 창작적인 표현이라고 할 수 없다.

따라서 어문저작물에 대한 저작권 침해 소송에서 기존 저작물 전체가 아니라 그 가운데 일부를 가지고 상대방이 복제하거나 2차적저작물을 작성하였다고 다투는 경우에 먼저 기존 저작물과 피고 작품의 동일성이 인정되는 부분을 인정한 다음, 그 동일성이 있는 부분이 창작성 있는 표현에 해당하는지, 상대방의 해당 부분이 기존 저작물의 해당 부분에 의거하여 작성된 것인지와 기존 저작물의 내용과 형식을 인식할 수 있거나 감지할 수 있는지 또는 표현상의 본질적 특징을 직접 느껴서 알 수 있는지를 개별적으로 판단하여야 한다.[101]

즉, 어문저작물에 해당하는 출판물에 대한 저작권 침해 판단 기준은 ① 저작권 침해 주장자의 저작물이 저작권법에 의해 보호받을만한 창작성이 있을 것, ② 상대방이 저작권 침해 주장자의 저작물에 의거하여 이를 이용하였을 것, ③ 저작권 침해 주장자의 저작물과 상대방의 저작물 사이에 실질적 유사성이 있을 것 등의 세 가지 요건이 충족되어야 한다. 이하에서 위 세 가지에 대해 자세히 알아보도록 하겠다.

1 저작물성 여부

앞서 살펴본 바와 같이, 저작물성 여부에 관한 판단은 실질적 유사성 여부를 판단할 때 그 전제가 되기 때문에 출판물의 경우에도 저작권 침해 여부를 판단하기 위해서는 그 저작물성 여부에 관해 먼저 살펴볼 필요가 있다. 그런데 이에 관해서는 이미 구체적으로 살펴보았으므로, 여기서는 이에 관한 설명은 생략하기로 하겠다.

---

101) 서울고등법원 2014. 1. 23. 선고 2013나33609 판결

2 의거성 여부

저작권법이 보호하는 복제권이나 2차적저작물작성권의 침해가 성립하기 위해서는 대비대상이 되는 저작물이 침해되었다고 주장하는 기존의 저작물에 의거하여 작성되었다는 점이 인정되어야 하는데, 이를 '의거성'이라고 한다. 이러한 의거성이 인정되기 위해서는 ① 침해자가 피해자 저작물의 표현내용을 인식하고 있어야 하고, ② 피해자 저작물을 이용하는 의사를 가지고 있어야 하며, ③ 실제로 피해자 저작물을 이용하는 행위를 하여야 한다.

그러나 의거성은 직접 증거에 의해 입증되기 어렵기 때문에, 통상 대비대상 저작물이 기존의 저작물에 대한 접근 가능성 여부 또는 대비대상 저작물과 기존의 저작물이 독립적으로 작성되어 같은 결과에 이르렀을 가능성을 배제할 수 있을 정도의 현저한 유사성이 있는지 여부를 판단하여 의거성 여부를 추정한다. 즉, 직접증거가 없더라도 기존의 저작물에 대한 접근 가능성이 있으면 추정될 수 있고, 이러한 접근 가능성을 인정할 만한 증거도 부족한 경우에는 대비대상 저작물이 기존의 저작물에 의거하지 아니하고 독자적으로 창작되었다고 생각하기 어려울 정도로 내용이나 표현상에 현저한 유사성 등의 간접사실이 인정되면 추정될 수 있다. 물론, 대비대상 저작물이 기존의 저작물보다 먼저 창작되었거나, 기존의 저작물과 무관하게 독립적으로 창작되었다고 볼 만한 간접사실이 인정되는 경우에는 추정되지 않는다.

그리고 두 저작물 사이에 의거관계가 인정되는지 여부와 실질적 유사성이 있는지 여부는 서로 별개의 판단으로서, 의거관계의 판단에는 실질적 유사성의 판단과 달리 저작권법에 의하여 보호받는 표현뿐만 아니라 저작권법에 의하여 보호받지 못하는 표현 등이 유사한지 여부도 함께 참작된다.

이와 관련하여 〈소설 당나귀 귀〉 사건(193쪽 참고)에서 법원은 "대상 저작물이 기존의 저작물에 의거하여 작성되었는지 여부와 양 저작물 사이에 실질적 유사성이 있는지 여부는 서로 별개의 판단으로서, 전자의 판단에는 후자의 판단과 달리 저작권법에 의하여 보호받는 표현뿐만 아니라 저작권법에 의하여 보호받지 못하는 표현 등이 유사한지 여부도 함께 참작될 수 있으므로, 이 사건 동화가 이 사건 소설에 의거하여 작성되었는지 여부를 판단함에 있어서 저작권법에 의하여 보호받지 못한 표현 등의 유사성을 참작할 수 있다고 하여, 양 저작물 사이의 실질적 유사성 여부를 판단함에 있어서도 동일하게 위와 같은 부분 등의 유사성을 참작하여야 하는 것은 아니다"라고 판시한 후, 이 사건의 의거성 여부와 관련하여 "이 사건 소설이 이 사건 동화에 비해 거의 3년이나 앞서 출판되어 배포되었고, 두 저작물을 상호 대비해 보면 주요 인물들의 설정과 상호관계, 상황 설정, 구체적 줄거리 및 사건의 전개과정, 구체적인 에피소드들이 현저히 유사하여, 이 사건 동화의 이 사건 소설에 대한 의거관계는 인정된다"라고 판시함으로써, 이 사건 소설의 저작자인 A의 창작물이 아니라 원저작권자의 창작물에 해당한다는 이유로 이 사건 소설과 이 사건 동화의 실질적 유사성 여부 판단에서는 제외했던 위 주요 인물들의 설정과 상호관계, 상황설정 등을 의거성 여부를 판단할 때는 그 비교 대상으로 삼기도 했다.

따라서 출판물의 경우에도 기존의 출판물이 언제 공표되었고 그것이 얼마만큼 유통되었는지 등 그 노출의 정도를 따져 대비대상 출판물이 기존 출판물에 접근할 가능성이 있는지 여부를 판단하거나 기존 출판물이 공표된 적이 없거나 그 노출정도가 미미한 경우에는 기존 출판물의 구체적 표현이 대비대상 출판물의 그것과 현저하게 유사한지 여부를 판단하여 의거성 추정 여부를 결정한다.

일반적인 저작권 침해 사건에서는 보통 기존의 저작물이 대상 저작물보다 먼저 공표가 되어 대상 저작물이 기존의 저작물에 대한 접근 가능성 등이 있다는 이유로 의거성이 추정되는 경우가 대부분이다. 그래서 의거성이 다투어지는 경우는 그렇게 흔하게 있는 경우는 아니다.

그런데 〈석굴암 관련 서적〉 사건(163쪽 참고)에서는 이러한 의거성 여부에 관해 구체적으로 언급하고 있다.[102]

---

102) 대법원 2014. 6. 12. 선고 2014다14375 판결

■ 의거관계의 존부(O)

B의 소설 '일러두기'에 "삼국유사의 석굴암 창건 관련 곰 설화에서 곰을 백제 유민이라고 해석한 A의 글이 소설의 모티브가 되었다"고 표시되어 있고, 이에 더하여 A의 글 및 《미인의 동굴》이라는 만화를 접하여 석굴암에 관련한 김대성 설화의 새로운 해석에 관심을 갖게 되었고, A가 최초로 위 설화의 곰을 백제유민으로 해석하였다는 것을 알게 되었다고 말하고 있는 점, B의 소설 집필 시 석굴암 및 김대성 설화에 관한 자료 등을 수집하는 과정을 거쳤을 것으로 보이는 점에 비추어 보면, 석굴암에 관한 연구 실적 등이 많은 A의 자료 및 이 사건 서적을 접하였을 가능성이 있다.

A의 서적과 B의 소설은 김대성이 반란을 일으킨 백제유민을 죽인 후, 죄책감에 시달리면서 곰이 나오는 꿈을 꾸게 되고, 백제 유민을 죽인 것을 참회하면서, 백제 유민의 원혼을 달래기 위해 석굴암을 짓게 되며, 천개석이 깨졌지만 이를 그대로 사용하여 석굴암을 완성한다는 점에서 주인공, 사건, 소재가 유사하다(저작권침해의 성립요건으로서의 실질적 유사성 판단을 위한 자료에는 저작권의 보호 대상이 아닌 아이디어나 주제가 포함될 수 없으나, 의거관계를 인정하는 데 필요한 자료에는 아이디어나 주제가 포함될 수 있다).

위에서 살펴본 바와 같이, B와 C출판사가 A의 서적에 대한 접근 가능성이 인정되고, A의 서적과 B의 소설은 모두 역사적 사실로부터 바로 유추하기 어려운 A의 독창적인 창작의 산물이라 할 수 있는 설화의 해석을 포함하고 있고, 위 유사성은 우연의 일치나 공통의 소재만으로는 설명되기 어려우며, B의 소설이 A의 서적에 의거한 것에 의해서만 설명될 수 있을 정도의 유사성이라 할 것이므로, B의 소설은 A의 서적에 의거하여 이를 이용하여 작성된 것으로 봄이 상당하다.

평 석

이 사건은 결과적으로는 A의 서적과 B의 소설이 실질적으로 유사하지 않다는 이유로 저작권 침해가 아니라고 판단되었지만, 실질적 유사성의 판단과 의거성의 판단은 그 비교 대상에 있어서 약간의 차이점이 있다. 즉, 실질적 유사성의 판단은 기존 저작물의 창작성 있는 부분 즉, 저작권법상 보호대상이 되는 부분만을 비교 대상으로 삼는 반면, 의거성은 기존 저작물을 보고했는지 여부를 판단하는 것이기 때문에 기존 저작물의 창작성 있는 부분은 물론이고 아이디어 등 창작성이 없는 부분까지도 비교 대상으로 삼을 수 있다.

이러한 의거성 여부 판단 기준에 따라 이 사건 법원은 B의 소설이 A의 서적에 의거해서 만들어진 것인지를 판단했고, 그 결과 주인공, 사건, 소재가 비록 아이디어에 불과하다고 하더라도 의거성 여부를 판단할 때에는 비교 대상으로 삼을 수가 있다고 보아, 이러한 부분이 유사하고, B의 소설 '일러두기'에 A의 글이 모티브가 되었다는 글귀 등을 근거로, B의 소설은 A의 서적에 의거해서 작성된 것이라고 판단했다.

3 실질적 유사성 여부

저작권 침해가 인정되기 위해서는 객관적 요건으로 두 저작물 사이에 실질적 유사성이 인정되어야 한다. 그런데 저작권의 보호대상은 사람의 정신적 노력에 의하여 얻어진 사상 또는 감정을 말, 문자, 음, 색 등에 의하여 구체적으로 외부에 표현한 창작적인 표현 형식이고, 표현되어 있는 내용 즉 아이디어나 이론 등의 사상 및 감정 그 자체는 설사 그것이 독창성, 신규성이 있다 하더라도 원칙적으로 저작권 보호대상이 되지 않는 것이므로, 저작권의 침해 여부를 가리기 위하여 두 저작물 사이에 실질적인 유사성이 있는가의 여부를 판단함에 있어서도 창작적인 표현 형식에 해당하는 것만을 가지고 대비하여야 할 것이다.

이러한 점 때문에 저작물성 여부가 실질적 유사성 여부 판단의 전제가 되는 것이다. 즉, 실질적 유사성 여부를 판단하기 위해서는 저작권 침해 주장자의 침해 부분이 저작권법에 의해 보호받을 수 있는 것이어야 하기 때문에, 구체적인 비교 판단 이전에 반드시 저작권 침해 주장자의 침해 부분의 저작물성에 대해 먼저 판단하여야 한다.

이에 따르면 기존의 저작물에 포함된 아이디어를 이용하는 것은 저작권이 미치지 않으므로 기존 저작물의 특유한 인식이나 아이디어라고 하더라도 그 인식 자체는 저작권법상 보호되어야 할 표현이라고 할 수 없고, 이와 동일한 인식 등을 표현하는 것이 저작권법상 금지되는 것은 아니므로, 이러한 부분은 실질적 유사성 판단 시 비교대상에서 제외되어야 하는 것이다.

따라서 출판물의 경우에도 그 실질적 유사성 여부를 판단하기에 앞서, 저작권 침해 주장자의 침해 부분이 아이디어에 해당하는 것은 아닌지, 누가 하더라도 그렇게 밖에 표현할 수 없는 것인지 또는 종래부터 존재한 표현이거나 통상적인 표현은 아닌지 여부 등을 먼저 판단하여야 한다.

(1) 학술적·이론적 서적 관련

출판물이 전통적인 이론이나 이미 알려진 이론들을 기초로 저술되었더라도, 저자가 이를 체계적으로 정리하여 새로운 이론을 정립하였거나 저자 나름대로의 표현방식에 따라 저술하였다면, 그러한 부분은 저작권법상 보호대상이 되는 저작물에 해당하므로, 실질적 유사성 판단 시 이러한 부분은 비교 대상으로 삼아야 하고, 이러한 부분을 그대로 또는 일부 수정하여 인용하였다면 이는 저작권 침해에 해당한다고 볼 수 있다.

〈수지침 관련 서적〉 사건[103]

A는 고려수지요법합회를 설립하여 수지침을 보급하여 오다가 자신의 수지침 이론을 소개한 《고려수지침과 14기맥론》(그 후 제목을 고려수지침 강좌, 고려수지요법 강좌로 순차 바꾸어 발행하였음. 이하에서는 'A의 서적'이라고 함)을 발행한 이래 《고려수지요법 강좌》를 포함한 다수의 수지침 관련 서적을 저술하였다. B는 대한수지의학회를 설립하여 《대한수지의학강좌》(이하 'B의 서적'이라고 함)를 저술하여 발행하였다. A는 인체의 상응점이나 혈점, 오행 등을 그림으로 설명하였는데, B는 그 그림들을 그대로 인용하거나 손의 위치나 방향, 성별만을 바꾸어 표현하였다는 등의 이유로 B를 상대로 저작권 침해에 따른 손해배상 청구 소송을 제기하였다.

■ A의 서적과 B의 서적의 실질적 유사성(O)

A의 경우 비록 기존의 전통 한의학 이론이나 다른 서적들에 의하여 이미 알려진 상응요법, 오지진단법 등의 이론을 기초로 하였으나 이를 체계적으로 정리하여 새로운 수지침 이론을 정립하였음은 물론 이를 A 나름대로의 표현방식에 따라 A의 서적을 저술한 이상 이는 A의 창조적인 정신적 노력에

---

103) 대법원 1999. 11. 26. 선고 98다46259 판결

의하여 만들어진 작품으로서의 성격을 가지고 있다 할 것이고, 거기에 일부 기존의 이론 등이 포함되었다 하여 이를 달리 볼 것이 아니므로, A의 서적은 저작권법에 의하여 보호되는 저작물로서의 창작성을 가지고 있다.

B는 그 저작물인 B의 서적을 저술하여 제작함에 있어 A의 서적의 이론 전개 방식이나 서술 내용, 그림, 도표 등을 그대로 인용하거나 일부 변경 또는 순서를 바꾸는 등의 방법으로 A의 서적을 실질적으로 복제함으로써 A의 서적에 대한 저작권을 침해하였다.

평 석 ▬▬▬▬▬▬▬▬▬▬▬▬▬▬▬▬▬▬▬▬▬▬▬

A의 수지침 이론이 독창적인 것이 아니라 전통 한의학의 이론이나 기존 다른 서적에 소개된 이론 등을 기초한 것이라고 하더라도, A의 서적의 구체적인 저술 내용이나 전체적인 전개 방식에는 창작성이 있고, B의 서적에서 그러한 A의 서적에 있는 창작적인 부분을 그대로 인용하거나 일부 수정한 것은 B가 A의 서적에 대해 가지는 A의 복제권을 침해한 것이라는 것이 이 사건 법원이 판단이다.

〈속독법 관련 서적〉 사건[104]

A는 10여 년간 속독법에 관한 연구를 하여 이를 토대로 새로운 속독법을 개발하였다. A는 이러한 새로운 속독법을 설명하는 《4차원 속독법》(이하 'A의 서적'이라고 함)이라는 제목으로 책을 발행하였고, 4차원 속독법 연구원을 설립한 다음 A의 서적을 교재로 A 자신의 강의를 위해 저술한 강의록에 따라 회원들을 상대로 속독법 강의를 하였다.

B는 위 연구원의 회원으로 가입하여 A로부터 속독법 강의를 들은 후, 《세계에서 가장 쉽고 빠른 12시간 속독법》(이하 'B의 서적'이라고 함)이라는 제목으로 책을 발행하였다.

이에 A는 B를 상대로 저작권 침해를 이유로 한 출판 등 금지 가처분을 신청하였다.

■ A의 속독법과 B의 속독법에 관한 설명

A의 속독법은 학습자가 상상 속에서 극한의 빠르기로 지나가는 섬광이 일정한 간격으로 무수히 접속되어 있는 흑점들을 거의 동시 다발적으로 비춤에 따라 순간적으로 빛을 내는 그 흑점들을 의식하는 훈련을 하고(번개치기 영상), 위와 같은 흑점들의 열이 세로로 무수히 접속된 상태를 한 순간에

104) 대법원 1997. 9. 29. 자 97마330 결정

의식하는 훈련을 한 다음(연쇄 가로번개치기 영상), 이러한 상상 속의 의식을 시각 훈련표의 각 흑점에 작용시켜 위 흑점들을 한 순간에 보아 나가는 훈련을 반복하여 뇌의 순간적인 시각 능력을 중점적으로 개발하며(시각 훈련표 훈련), 카메라의 셔터를 누르면 순간적으로 필름에 사진이 찍히듯이 지각훈련표의 문자들을 낱낱의 점으로 의식하여 짧은 순간에 고성능 컴퓨터에 비유되는 뇌에 입력하여 인식하는 훈련을 반복하여 뇌의 순간적인 지각능력을 중점적으로 개발함으로써(지각 훈련표 훈련), 독서능력을 증진시키는 방법이다.

B의 속독법은 상상 속에서 만든 여러 개의 필름(스크린)들이 보이지 않는 전선들로 연결되어 있고 그 전선에 전류가 매우 빠르게 흘러 필름(스크린)들에 차례로 불이 켜지고 이것이 계속 반복되면 각 필름(스크린)에 불이 계속 켜져 있는 것과 같은 상태가 되는데 이를 믿음으로 바라보는 훈련을 반복하고, 이로 인하여 잠자는 뇌가 깨워지면 카메라가 사진을 찍듯이 전자동 컴퓨터인 뇌가 책의 한 페이지를 찍을 수 있으며, 다음으로 책장을 넘길 때마다 상상속의 스크린에 책장의 왼쪽페이지의 도표와 오른쪽페이지의 도표가 찍혔다고 상상하는 훈련을 처음에는 눈을 감고 나중에는 눈을 뜨고 반복하여 시각 훈련을 하고, 마지막으로 상상 속의 스크린에 찍힌 모든 글자나 모형을 점으로 생각하여 뇌가 즉시 지각하도록 하는 훈련을 함으로써 독서 능력을 증진시키는 방법이다.

■ A의 서적과 B의 서적의 실질적 유사성(X)

B의 서적에, A의 서적과 강의록에 저술된 학술적·이론적인 내용, 즉 A가 개발한 독창적인 속독법에 관한 기본 원리나 아이디어 가운데 일부를 이용되었음을 엿볼 수 있다.

그러나 B가 A의 서적과 강의록의 내용 가운데 속독법의 기본 원리나 아이디어 자체 이외에 창작적인 표현 형식을 무단 이용하여 B의 서적을 저술하였는지에 관하여 보면, B의 서적이 A의 서적의 표현 전부를 그대로 베낀 것으로 인정할 수 없음은 분명하고, 양 저작물 사이에 일부 비슷하다고 볼 수 있는 부분이 있기는 하나, 유사 부분 가운데 일부는 A의 서적 발행 전의 간행물에 거의 동일하거나 매우 유사한 표현이 있어 A의 독창적인 표현이라 할 수 없고, 나머지 유사 부분은 양 저작물의 목차가 많이 다르고 B의 서적의 표현이 A의 서적의 표현과 상당히 많은 차이가 있는 이상, 서술의 순서나 용어의 선택 또는 표현 방법 등 문장 표현상의 각 요소가 현저하게 실질적으로 유사하여 A의 서적과 동일성이 인식되거나 감지되는 정도에 이르지 아니하므로, B가 A의 저작권을 침해하였다고 볼 수 없다.

평석

저작권 침해 여부 판단을 위한 실질적 유사성은 창작적인 표현에 해당하는 부분만을 비교대상으로 삼는 것이므로, 타인의 출판물에 있는 구체적인 표현을 인용한 것이 아니라 단지 어떤 방법론에 관한 기본 원리나 아이디어만을 차용하였거나 종래부터 있던 내용을 인용한 경우, 이러한 부분은 애초부터 실질적 유사성 판단의 비교대상이 아니므로, 저작권 침해가 될 수 없는 것이다. 이러한 점에서 이 사건 법원은 B의 서적이 A의 서적과 실질적으로 비슷하지 않다고 판단하였다.

(2) 시험문제 서적 관련

저작물을 직접 보고 베끼지 않고 기억 등 여러 가지 다른 방법으로 복원한 경우에도 저작물의 복제에 해당한다고 볼 수 있으므로, 이러한 복원물과 실제 저작물 사이에는 실질적 동일성 내지 유사성이 있다고 볼 수 있다.

〈국가시험 문제 출판〉 사건[105]

A 등은 출판사 대표들이고, 한국보건의료국가시험원은 의사 및 간호사 국가시험 필기시험에 대하여 출제위원들로부터 저작권 양도 동의서를 제출받아 위 문제들의 저작권을 보유하고 있다. 그런데 A 등은 한국보건의료국가시험원의 동의 없이 '전국 의과대학 4학년 협의회'에서 복원한 의사 국가시험 문제 등을 그대로 또는 일부 변경하여 책을 출판하여, 저작권법 위반으로 기소되었다.

■ 의사 및 간호사 국가시험 문제의 저작물성(O)

의사 국가시험 및 간호사 국가시험 기출문제는 의사 또는 간호사로서 직무수행능력을 갖추었는지를 평가하기 위한 문제이고, 의과대학 및 간호대학 교수들이 문제은행에 저장된 문제들 중에서 출제문제를 선정한 후 수정·보완을 거쳐 시험문제를 출제한다.

이러한 시험문제는 현행 의과대학 및 간호대학 교과 과정에 요구되는 정형화된 내용들과 불가분의 관계에 있다 하더라도, 질문의 표현이나 제시된 답안의 표현에 최소한도의 창작성이 있음이 인정되므로, 저작권법에 의하여 보호되는 저작물에 해당한다.

■ 복원물의 복제물 해당(O) 실질적 유사성(O)

이와 같은 저작물을 직접 보고 베낀 것은 아니고 수험생들의 기억력을 되살리거나 인터넷 사이트를 참고하여 이를 복원하여 게재한 경우에도 저작물의 복제에 해당하며, A 등이 출판한 책의 내용에 기출문제를 수록하고 있는 이상, A 등이 책에 실은 문제와 실제 의사 국가시험 및 간호사 국가시험 기출문제 사이에는 실질적인 유사성이 인정된다.

---

105) 대법원 1997. 9. 29. 자 97마330 결정

■ A 등의 저작권법 위반에 관한 고의 및 위법성 인식(O)

A 등이 한국보건의료국가시험원으로부터 '보건의료인 국가시험 출제문제 저작권 침해에 대한 경고'라는 문서를 송달받은 사실이 있음에도, 책을 영리적인 목적으로 판매한 이상, A 등에게 고의 및 위법성의 인식이 있었다고 보아야 한다.

평석

출판사에서 국가시험 등 각종 시험문제와 해답에 관한 기출문제집을 출판하는 경우, 보통 시험 주관기관 등이 출제위원들로부터 시험문제에 관한 저작권을 양도받기 때문에 원칙적으로 출판사들은 이러한 시험 주관기관 등으로부터 이용 허락을 받아서 시험문제집을 발간해야 한다.

이 사건은 여러 형태로 복원된 의사 및 간호사 국가시험 문제들을 출판사들이 저작권자인 한국보건의료국가시험원의 허락 없이 책으로 발간함으로써 일어난 사건이었다. 이 사건에서 법원은 위 시험문제들의 저작물성을 인정한 후 그것을 직접 보고 베낀 것은 아니더라도 이러한 시험문제들을 복원하는 행위도 복제로 보아 저작권법 위반을 인정하였다.

이처럼 저작권자의 허락 없이 국가시험 문제집 등을 출간하는 것은 저작권 침해에 해당되어 형사 처분은 물론이고 민사상 손해배상 책임도 질 수 있다.

(3) 극적저작물 관련

출판물인 극적저작물의 경우에는 부분적·문자적 유사성 (fragmented literal similarity) 여부는 물론, 포괄적·비문자적 유사성(comprehensive nonliteral similarity) 여부도 실질적 유사성을 판단하는 근거가 될 수 있다.

《아스팔트 사나이》 사건[106]

A는 유럽에서 11년간 카레이서로 활동한 사람으로 국제 자동차 경주대회인 파리-디카르 랠리에 참가하여 완주한 후, 그에 관한 경험을 일기체 형식으로 기록하여 《사하라 일기》라는 제목의 서적을 출간하였다.

만화가 B는 만화 주인공인 이강토가 한국자동차 산업을 발전시켜 일본의 혼다, 미국의 제너럴모터스 등 세계적인 자동차 회사를 누르고 세계 자동차 시장을 석권한다는 내용으로 《아스팔트 사나이》라는 제목의 만화(이하 '이 사건 만화'라고 함)를 일간신문에 연재한 후 C출판사를 통해 12권으로 엮어 출판하고, 그 후 D출판사를 통해 위 만화를 6권으로 엮어 다시 출판하였다.

이에 A는 이 사건 만화에서는 그 등장인물인 카레이서의 이름을 A의 성명과 유사한 최정립으로 사용하고 있고, A가 방송 등의 인터뷰에서 주장한 내용을 무단으로 인용하여 A를 저급한 멜

---

106) 서울고등법원 1997. 7. 22. 선고 96나41016 판결

로물과 비도덕적이고 비인격적인 기업비리물의 조연으로 비하시
킴으로써 A의 성명 또는 초상권을 침해하였고, A가 자신의 경
험 등을 만화 또는 영화로 만들려고 하였으나 이 사건 만화로 인
해 중단되었으므로 이는 A의 상업적 이용 또는 퍼블리시티권을
침해한 것은 물론, 이 사건 만화 내용 가운데 국산 자동차의 우
수성을 입증하기 위해 국산 자동차가 파리-디카르 랠리에 참가
하여 완주하는 부분을 표현함에 있어 A가 위 랠리를 완주하면
서 개인적으로 경험하여 《사하라 일기》에서 서술한 사건, 사상
에 대한 사실적 표현을 그대로 또는 다소 변경하여 사용함으로
써 저작재산권을 침해하였다는 이유로, B와 D출판사를 상대로
손해배상 청구 소송을 제기하였다.

■ 저작재산권 침해(O)

A의 《사하라 일기》와 이 사건 만화 사이에는 표현 형식, 주
제, 구성에 있어서는 전체적인 개념과 느낌이 상당히 차이
가 있지만, 그 구성요소 가운데 일부 사건, 대화, 사상의 표
현에 있어서 공정한 인용 내지 양적 소량의 범위를 넘어서서
A의 위 《사하라 일기》와 동일성이 인정되고, 부분적 문자
적 유사성도 인정되는 이상, 이 사건 만화의 일부는 위 《사
하라 일기》에 의거하여 이루어진 것으로서 비록 그것이 A의
위 《사하라 일기》의 일부에 불과하다고 할지라도 그 본질적
인 부분과 실질적 유사성이 있고, 이른바 통상적인 아이디
어의 영역을 넘어서 위 《사하라 일기》의 구체적, 경험적 표

현을 무단 이용하였다고 보이므로 A의 위 《사하라 일기》에 대한 저작권을 침해한 것이 된다고 할 것이다.

평 석

실질적 유사성에는 작품 속의 근본적인 본질 또는 구조를 복제함으로써 전체로서 포괄적인 유사성이 인정되는 경우(이른바 포괄적 비문자적 유사성)와 작품 속의 특정한 행이나 절 또는 기타 세부적인 부분이 복제됨으로써 양 저작물 사이에 문장 대 문장으로 대칭되는 유사성이 인정되는 경우(이른바 부분적 문자적 유사성)가 있다.

이 사건에서 법원은 A의 저작물인 《사하라의 일기》와 이 사건 만화는 표현 형식·주제·구성 즉, 포괄적 비문자적으로는 유사성이 없지만, 일부 사건·대화·사상의 표현 즉, 부분적 문자적으로 동일성 내지 유사성이 있다고 하여 양 저작물의 실질적 유사성을 인정하였다. 극적저작물과 관련된 실질적 유사성 여부는 보통 포괄적·비문자적으로 유사한지 여부를 판단하는 경우가 대부분인데, 이 사안은 특이하게도 포괄적·비문자적유사성이 인정되지 않고 오히려 부분적·문자적 유사성이 인정된 경우였다. 그리고 이 사건 만화에 실린 《사하라 일기》의 인용부분은 그 양적인 측면 등에서 볼 때 '공표된 저작물의 인용' 등 공정이용에 해당한다고 볼 수 없다고 판단하여, 결국 이 사건 만화의 일부는 A의 《사하라 일기》에 대한 저작권을 침해했다고 판단하였다.

실질적 유사성에 관한 판단 기준 가운데 하나인 포괄적·비문자적 유사성 여부는 상대방의 저작물이 저작권 침해 주장자의 저작물의 '근본적인 본질 또는 구조'를 복제함으로써 양 저작물이 전체로서 포괄적인 유사성을 가지는지 여부에 따라 판단하는 것이다. 여기서 말하는 근본적인 본질 또는 구조란 드라마나 영화와 같은 극적저작물 등에 있어서는 ① 전체적 줄거리, ② 등장인물의 구체적 성격 및 역할, ③ 등장인물 사이의 관계, ④ 구체적 줄거리와 사건 전개과정 등을 의미하는 것이므로, 극적저작물들 간의 포괄적·비문자적 유사성 여부는 결국 이러한 요소들 간의 비교·대조를 통해 이루어진다고 할 수 있다.

가) 실질적 유사성 판단 시 창작적 표현만을 가지고 대비

저작권 침해가 인정되기 위해서는 객관적 요건으로 두 저작물 사이에 실질적 유사성이 인정되어야 한다. 그런데 저작권의 보호대상은 학문과 예술에 관하여 사람의 정신적 노력에 의하여 얻어진 사상 또는 감정을 말, 문자, 음, 색 등에 의하여 구체적으로 외부에 표현한 창작적인 표현 형식이고, 표현되어 있는 내용 즉 아이디어나 이론 등의 사상 및 감정 그 자체는 설사 그것이 독창성, 신규성이 있다 하더라도 원칙적으로 저작권 보호대상이 되지 않는 것이므로, 저작권의 침해 여부를 가리기 위하여 두 저작물 사이에 실질적인 유사성이 있는가의 여부를 판단함에 있어서도 창작적인 표현 형식에 해당하는 것만을 가지고 대비하여야 할 것이다. 이와 관련하여 앞서 본 《삼국지》 사건(81쪽 참고)에서 법원은 "A의 《전략삼국지》와 B의 《슈퍼삼국지》는 모든 사람의 공유에 속하는 저작물(나관중의 《삼국지연의》)을 이용하여 작성되었으므로 공유에 해당하는 주제, 사건 및 전개과정 등 스토리 부분은 실질적 유사성을 판단하는 요소에서 제외되어야 한다. 즉, A의 《전략삼국지》가 그 스토리를 풀어나감에 있어서 독창적으로 표현해 낸 그림 또는 대사, 컷 나누기 등의 요소들과 B의 《슈퍼삼국지》 중의 그러한 요소들을 비교하여 양 저작물 사이에 실질적 유사성 여부를 판단하여야 한다"라고 판시하였다.[107]

이러한 점 때문에 저작물성 여부가 실질적 유사성 여부 판단의 전제가 되는 것이다. 즉, 실질적 유사성 여부를 판단하기 위해서는 저작권 침해 주장자의 침해 부분이 저작권법에 의해 보호받을 수 있는 것이어야 하기 때문에, 구체적인 비교 판단 이전에 반드시 저작권 침해 주장자의 침해 부분의 저작물성에 관해 먼저 판단하여야 한다. 이에 따르면 기존의 저작물에 포함된 아이디어를 이용하는 것은 저작권이 미치지 않으므로 기존 저작물의 특유한 인식이나 아이디어라고 하더라도 그 인식자체는 저작권법상 보호되어야 할 표현이라고 할 수 없고, 이와 동일한 인식 등을 표현하는 것이 저작권법상 금지되는 것은 아니므로, 이러한 부분은 실질적 유사성 판단 시 비교대상에서 제외되어야 하는 것이다.

---

107) 서울고등법원 2003. 8. 19. 선고 2002나22610 판결

극적저작물의 실질적 유사성에는 두 가지가 있다. 작품속의 특정한 행이나 절 또는 기타 세부적인 부분이 복제됨으로써 양 저작물 사이에 문장 대 문장으로 대칭되는 유사성이 인정되는 경우(부분적·문자적 유사성)와 양 저작물 사이에 비록 문장 대 문장으로 대응되는 유사성은 없어도 작품 속의 근본적인 본질 또는 구조를 복제함으로써 전체적으로 포괄적인 유사성이 인정되는 경우(포괄적·비문자적 유사성)이다. 이 두 가지 유사성 가운데 어느 하나만 공통되더라도 양 저작물은 실질적으로 비슷하다고 할 수 있다.

나) 포괄적·비문자적 유사성 판단 시 고려 사항

소설이나 극본 또는 시나리오 등과 같은 극적저작물은 등장인물과 작품의 전개과정(sequence)의 결합에 의하여 이루어지는 것이고, 작품의 전개과정은 아이디어(idea), 주제(theme), 구성(plot), 사건(incident), 대화와 어투(dialogue and language) 등으로 이루어지는 것인데, 이러한 각 구성요소 가운데 각 저작물에 특이한 사건이나 대화 또는 어투는 그 저작권 침해 여부를 판단함에 있어서 중요한 요소가 된다.

극적저작물의 경우는 각 인물들이 설정된 배경 하에서 만들어 내는 구체적인 사건들의 연속으로 이루어지고, 그 사건들은 일정한 패턴의 전개과정을 통해서 구체적인 줄거리로 파악되어 인물들의 갈등과 그 해결과정을 내용으로 하고 있으며, 인물들의 갈등과 해결과정은 인물들 성격의 상호관계와 그 대응구도에 의하여 그려지는 것이다. 이는 아이디어의 차원을 넘어 표현에 해당하는 부분으로서 이러한 부분들이 같거나 유사하다면, 그것이 아이디어 부분이라고 할 수 있는 주제 등을 다루는 데 있어 전형적으로 수반되는 사건이나 배경(필수 장면)에 해당하는 것이 아닌 한, 포괄적·비문자적 유사성은 인정되어야 할 것이고, 그 전개과정이나 갈등의 해결과정에서의 구체적인 에피소드까지 같을 경우 그 유사성을 인정하는데 더욱 용이하다 할 것이다.

a) 구체적인 줄거리와 사건의 전개과정의 실질적 유사성

사건의 전개과정은 유사성 판단에 있어서 중요한 비중을 차지하는 요소로서 그것이 비슷하다고 하기 위해서는, 이야기 속에 등장하는 사건들의 내용이 비슷해야 하고, 그 사건들이 유사한 방법으로 배열·조합되어야 한다.

일반적으로 동일한 역사적 사실과 배경을 다루는 극적저작물의 경우에는 이미 확정된 역사적 사실을 그 소재로 하기 때문에 누가 소설이나 희곡 등을 창작하더라도 그 사건 전개과정은 비슷해질 수밖에 없으므로 실질적 유사성을 판단함에 있어 이러한 특성을 충분히 고려하지만, 역사적 사실에 기반을 두고 있다 하더라도 구체적인 인물과의 관계나 사건의 전개가 역사적 사실과 전혀 다른 창작적인 요소가 가미된 저작물의 경우에는 창작적인 요소의 유사성이 중요하게 고려된다.

역사물에서 흔히 사용되는 소재를 사용한 저작물이라 하더라도 소재의 선택과 구성의 조합에 독창성이 있는 경우가 있고, 특히 역사적 사실로부터 추론할 수 없는 인물이나 사건(역사적 오류)을 창안한 후 이를 역사적 사실에 가미하는 경우에는, 개개의 소재가 표준적 삽화나 통속적·전형적 장치로 평가할 수 있는 경우에도 전체 저작물의 창작성을 쉽게 부인해서는 안 되며, 소재의 조합과 구성 및 줄거리의 전개를 전체적으로 살펴 다른 일반적인 저작물과 구분되는 독특한 개성을 가진다고 인정되는 경우에는 창작성을 인정해야할 것이다. 즉, 극적저작물에 있어서 주제, 인물, 구성 및 사건의 전개가 조화를 이루는 구체적인 설정은, 비록 위 구성요소 하나하나는 독립하여 저작권법상 보호를 받을 수 없다하더라도, 전체적으로는 다른 저작물과 구별할 수 있는 근간이므로 저작권법의 보호 대상인 표현으로 보아야 한다.

b) 등장인물의 구체적 성격과 역할의 실질적 유사성

소설 등 문학작품에 있어서의 등장인물은 원칙적으로 그 자체로는 저작권에 의하여 보호되는 표현에 해당한다고 볼 수 없으나, 구체적이고 독창적이며 복잡한 내면을 가진 등장인물이나 다른 등장인물과의 관계를 통해 사건의 전개과정과 밀접한 관련을 가지면서 저작물에서 양적, 질적으로 차지하는 비중이 높아 그 저작물의 중핵에 해당하는 경우에는 저작권에 의해 보호되는 표현에 해당할 수 있다.

한편, 소설이나 희곡의 주인공과 같은 어문적 캐릭터는, ① 이름, ② 시각적 요소(외모·복장 등 이야기 속에 서술된 캐릭터의 신체적 또는 시각적 특징), ③ 청각적 요소(캐릭터의 목소리, 말투, 자주 사용하는 단어나 어법 등), ④ 성격적 요소(캐릭터의 성격적 특성, 습관, 행동양식 또는 초능력과 같은 특별한 능력 등)라는 4가지 요소로 구성되고 어느 캐릭터의 어떤 구성요소 또는 그 구성요소의 일부가 유사한 점이 있다고 하더라도 유사하지 않은 다른 점이 있으면 그러한 점까지 모두 포함하여 유사성 여부를 판단하여야 한다.

다) 장르가 다른 극적저작물 간의 비교 시 감안할 사항

장르가 다른 저작물 간의 실질적 유사성을 판단할 때에는 그들 사이에 내재하는 예술의 존재양식 및 표현기법의 차이를 감안하여야 한다. 이는 양 극적저작물이 실질적으로는 유사한데도, 그것의 장르 차이로 인해 직감적으로 양 극적저작물이 다르게 느껴지는 탓에 양 저작물 간의 유사성 인정되지 않는다는 오판을 방지하기 위함이다.

예컨대, 소설과 같은 어문저작물의 경우 등장인물과 작품의 아이디어, 주제, 구성, 사건 및 대화와 어투 등이 결합되어 주로 문자를 매개체로 하여 구체적으로 표현되는 반면, 영화와 같은 영상저작물은 이러한 요소들이 결합하여 주로 시각적·청각적인 형태로 표현되는 등 표현기법의 차이가 있으므로 이러한 점을 감안하여 실질적 유사여부를 판단할 필요가 있다는 것이다.

16

출판과 공정이용과
저작권자의 권리남용

1 출판물의 공정이용

타인의 출판물 전부 또는 일부를 허락 없이 이용하게 되면, 원칙적으로는 그 타인의 저작권을 침해하는 것이 된다. 그러나 비록 타인의 출판물의 전부 또는 일부를 무단으로 이용하더라도, 일정한 경우 저작권 침해가 되지 않는 경우가 있는데, 이를 공정이용이라고 한다. 저작권법이 저작권 등을 보호하는 이유는 저작권 등의 보호를 통하여 궁극적으로는 문화 및 관련 산업의 향상을 도모하려는 것이므로, 저작권 등은 저작권자 등의 개인적 이익과 문화 및 관련 산업의 향상이라는 사회적 이익의 비교형량에 따라 제한될 수 있다. 저작권법은 이러한 비교형량을 구체화하여 '저작재산권의 제한'이라는 제목 하에 공정이용에 관한 규정들을 명시하고 있다. 따라서 타인의 출판물의 전부 또는 일부를 해당 권리자의 허락 없이 이용함에 있어서는 그러한 이용이 위와 같은 공정이용에 관한 규정들 가운데 어느 것에 해당될 수 있는지를 주의 깊게 살펴볼 필요가 있다. 그런데 공정이용은 기본적으로 저작권자 등의 권리를 제한하는 것이다 보니 실무에서는 공정이용이라는 이유로 저작권 침해가 부정되는 경우를 사실상 찾아보기가 어렵다.

(1) 공표된 저작물의 인용 관련

① 개 요

저작권법 제28조(공표된 저작물의 인용)에서는 '공표된 저작물은 보도·비평·교육·연구 등을 위하여는 정당한 범위 안에서 공정한 관행에 합치되게 이를 인용할 수 있다'라고 규정하고 있다. 여기서 '인용'이라 함은 타인이 자신의 사상이나 감정을 표현한 저작물을 그 표현 그대로 끌어다 쓰는 것을 말하나, 인용을 하면서 약간의 수정이나 변경을 하였다고 하더라도 인용되는 저작물의 기본적 동일성에 변함이 없고 그 표현의 본질적 특성을 그대로 느낄 수 있다면 이 역시 인용에 해당한다.

그리고 이는 소극적으로 타인의 저작물을 복제하여 그 용도대로 사용하는 데 그치지 않고, 적극적으로 자신이 저작하는 저작물 중에 타인의 저작물을 인용하여 이용할 수 있다는 취지이므로, 인용된 부분이 복제·배포되거나 공연·방송·공중송신·전송되는 것도 허용된다. 결국, 정당한 인용은 복제권 뿐만 아니라 배포권·공연권·방송권·공중송신권 등 저작재산권 일반에 대한 제한사유가 된다.

저작권법 제28조는 새로운 저작물을 작성하기 위하여 기존 저작물을 이용하여야 하는 경우가 많고, 그러한 경우에 기존 저작물의 인용이 널리 행해지고 있는 점을 고려하여 기존 저작물의 합리적 인용을 허용함으로써 문화 및 관련 산업의 향상발전이라는 저작권법의 목적을 달성하려는 데 그 입법취지가 있다. 이러한 입법취지에 비추어 보면, 저작권법 제28조에서 규정한 '보도·비평·교육·연구 등'은 인용 목적의 예시에 해당한다고 봄이 타당하므로, 인용이 창조적이고 생산적인 목적을 위한 것이라면 그것이 정당한 범위 안에서 공정한 관행에 합치되게 이루어지는 한 허용된다고 할 수 있다. 그리고 '정당한 범위 안에서 공정한 관행에 합치되게 인용'한 것인지 여부는 인용의 목적, 저작물의 성질, 인용된 내용과 분량, 피인용저작물을 수록한 방법과 형태, 독자의 일반적 관념, 원저작물에 대한 수요를 대체하는지 여부 등을 종합적으로 고려하여 판단하여야 한다.[108] 이 경우 영리적인 목적을 위한 이용은 비영리적인 목적을 위한 이용의 경우에 비하여 허용되는 범위가 상당히 좁아진다.

한편, 저작권법 제37조에서는 저작권법 제28조 등에 따라 저작권을 이용하는 자는 저작물의 이용 상황에 따라 합리적이라고 인정되는 방법으로 그 출처를 명시하도록 하고 있으므로, 타인의 저작물을 인용하는 경우에는 반드시 그 출처를 명시해야 한다.

---

108) 대법원 2006. 2. 9. 선고 2005도7793 판결

② 공표된 저작물의 인용을 인정한 사건

소설 중에 설정된 상황을 설명하기 위해 타인의 저작물 등의 자료를 인용할 때, 그 출처를 명시하여 피인용 부분을 자신의 창작 부분과 구별될 수 있도록 하고, 원저작물에 대한 시장수요를 대체할 수 있을 정도로 피인용 저작물을 지나치게 많이 인용하지 않는 경우에는 특별한 사정이 없는 한 공정한 관행에도 합치된다 할 것이다. 이와 관련하여 〈핵물리학자 이휘소 평전〉 사건(140쪽 참고)을 다시 살펴보겠다.[109]

■ 제1 이용부분과 제2 이용부분에 관하여

1) 제1 이용부분

B의 소설 가운데 약 10면 정도는, 이휘소의 ○○대학교 및 프린스톤고등연구소 등에서의 에피소드, 박정희가 이휘소에게 보낸 편지, 이휘소의 일기 등의 사실자료를 옮긴 것이다.

2) 제2 이용부분

① 이휘소가 다리의 뼈 속에 핵개발 원리를 감추고 한국에 왔다는 내용, ② 1980. 8. 15에 한국이 핵무기 실험을 할 계획이었다는 내용, ③ 미국뿐만 아니라 북한, 소련에서도 이

---

109) 대법원 1998. 7. 10. 선고 97다34839 판결

휘소를 감시했다는 내용, ④ 오펜하이머가 이휘소를 아인쉬
타인, 페르미보다 앞서 있는 창조적 과학자라고 평가한 내
용, ⑤ 이휘소가 일본에서 열린 학술회의에 참가했다가 감
쪽같이 귀국했다는 내용, ⑥ 세계 최대의 핵물리학 연구소
인 페르미연구소에서도 이휘소의 사인을 받고서야 실험을
했다는 내용, ⑦ 이휘소가 유신을 반대했다는 내용, ⑧ 이휘
소가 주한미군의 동결을 강력하게 주장하여 포드 대통령이
주한미군을 동결시켰다는 내용, ⑨ 전두환 대통령이 핵무기
개발을 중단시켰다는 내용, ⑩ 이휘소가 사망하자 박대통령
이 미국과의 단교를 선언하라면서 흥분했다는 내용, ⑪ 박
대통령이 핵무기 개발만 되면 대통령 직을 그만두고 ○○대
학교에 내려가겠다고 말한 내용, ⑫ 미국 나사의 아폴로 발
사계획이 이휘소의 문제제기로 인하여 연기되었다는 내용으
로 구성되어 있다.

■ 제1 이용부분과 제2 이용부분의 저작권 침해 여부

1) 제1 이용부분의 저작권 침해(X)

제1 이용부분은 A의 평전 중에서의 표현 형식을 그대로 옮
겨 온 것이므로, 제1 이용부분과 관련해서는 B가 A의 저작
권을 일응 침해했다고 할 수 있다.

제1 이용부분은 B의 소설 총 854면 가운데 10면 정도로서
극히 일부일 뿐만 아니라, 소설 구성상의 필요, 즉 핵무기

개발을 둘러싼 이용후와 박정희의 연결고리를 당시의 시대 상황에 부합하고 그럴듯하게 맞추기 위하여 원문의 동일성을 해하지 않은 채 거의 그대로 인용하였으며, 피인용 부분과 창작부분 사이에 행을 비우고 각 인용부분 말미에 '위의 내용은 A 편저, 도서출판 C에서 출간한 《핵물리학자 이휘소》에서 인용함' 또는 '박정희 대통령의 편지와 이 박사의 일기는 도서출판 C에서 펴낸 A 편저, 《핵물리학자 이휘소》에서 인용한 것임을 밝힙니다' 라는 인용 문구를 명시함으로써 B의 소설의 독자들로 하여금 그 부분의 출처를 쉽게 알 수 있게 하였다.

한편 A의 평전은 제5판 이후 절판되어 제1 이용부분으로 인하여 그 시장수요가 침해될 가능성이 거의 없었으므로, 제1 이용부분은 그 표현 형식상 B의 소설의 보족, 부연, 예증, 참고자료 등으로 이용되어 부종적 성질을 가지는 관계에 있고 원저작물의 시장수요를 대체할 정도에 이르지 않았으며 또한 창작부분과의 구별을 가능하게 함과 아울러 인용 출처를 밝힌 점에서 저작권법 제28조 소정의 공표된 저작물의 인용에 해당하므로 저작권 침해 행위가 면책된다 할 것이다.

2) 제2 이용부분의 저작권 침해(X)

제2 이용부분은 표현 형식뿐만 아니라 구체화된 스토리 자체도 저작물로 보호받는 A의 일부 창작 부분을 그 표현 형식을 달리하여 이용한 것이기는 하나, A의 표현을 거의 그

대로 베낀 것이 아니고 B가 그 내용을 충분히 소화하여 B
의 소설의 상황에 부합되도록 자기 나름대로의 스타일로 새
롭게 표현한 것이다. 따라서 이는 A의 아이디어 또는 사상
을 이용한 것에 불과하고, 그로 인하여 그 부분과 A의 평전
의 해당부분 사이에 실질적 유사성은 없게 되었으므로 저작
권 침해가 아니다.

평 석

이 사건에서 법원은, 제1 이용부분은 일응 B의 저작권 침
해로 볼 수는 있지만, B의 소설 전체에서 차지하는 분량이
나 비중이 상대적으로 경미하고, B의 소설에 A의 평전을 인
용한다는 인용 문구가 기재된 점 등을 감안하여 저작권법
상 공정이용 가운데 하나인 공표된 저작물의 인용에 해당한
다고 보아 저작권 침해를 인정하지 않았고, 제2 이용부분에
대해서는 그것의 공정이용 여부를 판단하기에 앞서 양 저작
물의 비교대상 부분이 서로 실질적으로 유사하지 않다는 이
유로 저작권 침해를 인정하지 않았다.

이와 같이 공정이용 여부는 양 저작물이 실질적으로 유사하
여 일응 저작권 침해에 해당함을 전제로 하는 것이므로, 타
인의 저작물을 인용한 사람의 입장에서는 의거성 및 실질적
유사성이 없다는 주장을 한 후 맨 마지막에 공정이용에 관
한 주장을 해야 하는 것이다.

③ 공표된 저작물의 인용을 부정한 사건

a) 〈대입 본고사 입시 문제집〉 사건(318쪽 참고)

공표된 저작물의 인용에서 정당한 범위 내의 인용이라고 하기 위해서는 그 표현 형식상 피인용 저작물이 보족, 부연, 예증, 참고자료 등으로 이용되어 인용 저작물에 대하여 부종적 성질을 가지는 관계 즉, 인용 저작물이 주(主)가 되고, 피인용 저작물이 종(從)인 관계에 있어야 한다. 그리고 반드시 비영리적인 이용이어야만 교육을 위한 것으로 인정될 수 있는 것은 아니지만, 영리적인 교육 목적을 위한 이용은 비영리적 교육목적을 위한 이용의 경우에 비하여 자유이용이 허용되는 범위가 상당히 좁아진다고 할 것이다.

따라서 타인의 저작물을 인용한 부분이 자신의 저작물에서 주(主)가 되고 자신이 창작한 부분이 자신의 저작물 전체에서 볼 때 종(從)의 관계에 있거나 대등한 관계 즉, 자신의 저작물에서 타인의 저작물의 인용부분이 차지하는 양적·질적 분량이 상당한 경우에는 '정당한 범위 내'의 인용으로 볼 수 없을 뿐만 아니라, 영리적인 목적으로 타인의 저작물을 인용하는 경우에는 '정당한 범위' 내의 인용으로 인정될 여지가 좁아진다.

A 등은 대학입시용 문제집을 제작함에 있어 연세대, 고려대, 서강대, 성균관대의 본고사 문제 전부를 인용함으로써, 위 각 대학이 그 본고사 문제에 대해 가지는 저작권을 침해했다는 이유로 기소되었다.

■ A 등이 대학입시용 문제집을 제작함에 있어서 위 각 대학 본고사 문제를 인용한 것이 공표된 저작물의 인용에 해당하는지(X)

 A 등의 주장

대학입시용 문제집을 제작함에 있어서 위 각 대학의 본고사 국어 문제 전부를 인용한 것을 비롯하여, 같은 형식의 논술, 영어, 수학 등의 문제집에도 위 각 대학의 논술, 영어, 수학 등의 본고사 문제 전부를 인용하였다고 하더라도, 이는 A 등의 대학진학지도라는 교육목적을 위한 것이고 또 위 문제집에서 차지하는 위 각 대학의 본고사 문제의 비율이 국어 9.7%, 논술 2.8%, 영어 6.9%, 수학 i 9.9%, 수학 ii 9.7%에 불과하다. 따라서 이와 같은 인용은 저작권법 제28조가 정하는 공표된 저작물의 정당한 사용에 해당한다는 것이다.

---

110) 대법원 1997. 11. 25. 선고 97도2227 판결

A 등은 대학입시용 문제집을 제작함에 있어서 개개 문제의 질문을 만들기 위하여 그 질문의 일부분으로서 위 대학입시 문제를 인용한 것이 아니라 위 대학입시문제의 질문과 제시된 답안을 그대로 베꼈고, 이로써 문제집의 분량을 상당히 늘릴 수 있었으며, 특히 위 대학입시용 문제집에 학교법인들이 저작권을 갖는 본고사 문제를 전부 수록함으로써 본고사 문제에 대한 일반 수요자들의 시장수요를 상당히 대체하였다. 따라서 이와 같은 인용을 가리켜 교육을 위한 정당한 범위 안에서의 공정한 관행에 합치되는 인용이라고는 볼 수 없다.

평석

이 사건에서 A 등은 비록 연세대 등 각 대학별 대학입시 본고사 문제를 전부 인용하여 대학입시용 문제집을 제작하긴 하였으나, 이는 교육 목적을 위한 것이었고, 또한 대학입시 본고사 문제가 A 등의 대학입시용 문제집에서 차지하는 비중이 상대적으로 적기 때문에, 이러한 인용은 공표된 저작물의 인용으로서 저작권 침해에 해당하지 않는다고 주장했다.

이에 대해 법원은 A 등은 위 각 대학입시 본고사 문제 전부를 베꼈고, 이로 인해 각 대학의 대학입시 본고사 문제에 대한 수요를 대체하였으므로 공표된 저작물의 인용에 해당하지 않는다고 판단하였다. 또한 각 대학입시 문제를 출판사에서 인용하여 왔다는 관행이 있었다고 볼 수도 없다고 판시하는 등 과거에 대학입시 본고사 문제를 출판사들이 그대로 인용하여 출판한 것에 대해 대학들이 별다른 저작권 침해 주장을 하지 않았다고 하더라도, 그러한 사정만으로는 대학들이 이러한 저작권 침해 행위를 묵시적으로 허용한 것이라고 볼 수 없다고 보았다.

b) 〈출판물 이용 허락 기간 만료 후 이용〉 사건(218쪽 참고)

〈출판물 이용 허락 기간 만료 후 이용〉 사건(218쪽 참고)은 출판물 이용 허락 기간이 그 기간 만료로 종료된 후 그 출판물을 이용하여 동영상 강의를 만들어서 이를 유료로 수강생들에게 제공하는 행위가 '공표된 저작물을 교육 목적을 위해 정당한 범위 안에서 공정한 관행에 합치되게 인용하는 행위'에 해당하는지 여부가 다투어진 사건이었다.[111]

■ 이 사건 동영상 강의 제공이 공표된 저작물의 인용에 해당하는지 (X)

① A회사가 B회사 교재를 이용하여 이 사건 동영상 강의를 제작한 ○○고등학교 국어 교과의 교육 목적에 기한 것이기는 하나, A회사는 온라인 강의를 주된 영업으로 하는 회사로서 이 사건 동영상 강의를 수강생들로부터 가입비, 수강료

---

111) 서울중앙지방법원 2015. 2. 12. 선고 2012가합541175 판결(이 사건은 항소심인 서울고등법원에서 조정이 성립되어 종결된 사건이다)

를 받고 유료로 제공하고 있어 그 이용의 근본적인 성격은 상업적·영리적이라 할 것이므로,그 자유이용이 허락되는 범위는 상당히 좁아진다고 보아야 한다.

② 이 사건 동영상 강의는 B회사 교재의 내용을 상당 부분 그대로 발췌하여 낭독하거나 판서하는 등의 방식으로 인용하고 있고, B회사 교재의 거의 전 부분을 강의 대상으로 삼고 있으며, 국어 교과의 특성상 교과서 또는 문제집의 지문 등 내용 자체가 중요한 의의와 역할을 갖는다.

③ 위의 사정들에 비추어 보면, 이 사건 동영상 강의에서 B회사 교재로부터 인용되는 부분을 제외할 경우 나머지 ○○ 고등학교 국어 교과과정에 대한 강의로서의 실질적인 가치를 가질 수 없을 것으로 보이고, 그렇다면 피인용 부분인 B회사 교재의 지문, 문제 등이 해당 강사의 강의를 위한 단순한 보족, 부연, 예증, 참고자료로서 부종적 성질을 가지는 관계에 그친다고 평가하기는 어렵고, 오히려 이 사건 동영상 강의는 B회사 교재의 표현을 주된 요소로 하여 이에 해당 강사의 설명이 그와 비슷한 비중을 차지하며 더해진 것으로 봄이 상당하다.

④ 수요 대체성의 관점에서 보더라도, 이 사건 동영상 강의는 A회사가 관리하는 서버에 저장되어 일정한 기간 동안 계속적으로 수강생들에게 제공되고, 온라인 강의의 특성상 지역적으로 국한되지도 않으며, 수강생들이 반복적으로 동영

상 강의를 시청할 수도 있다는 점에서 상당한 정도의 계속성과 파급력을 지니고 있기 때문에, 이 사건 동영상 강의가 영리적·상업적으로 이용됨에 따라 B회사 교재의 저작권자들이 온라인 강의 시장에서 누릴 수 있는 잠재적 가치가 상당히 훼손될 가능성이 있다.

평 석 ▬▬▬▬▬▬▬▬▬▬▬▬▬▬▬▬▬▬▬▬▬▬

이 사건에서 법원은 ① 이 사건 동영상 강의가 상업적·영리적인 목적을 지니고 있는 점, ② 인용의 양적·질적 수준으로 볼 때, 이 사건 동영상 강의에서는 B회사 교재의 중요내용을 상당부분 인용하였으므로, 이는 정당한 범위를 넘어선 인용으로 보이는 점, ③ 이 사건 동영상 강의에서 인용한 위와 같은 부분은 이 사건 동영상 강의의 부수적인 부분이 아닌 주된 부분을 차지하고 있는 점, ④ 위와 같이 인용된 이 사건 동영상 강의로 인해 온라인 강의 시장에서 B회사 교재를 이용하고자 하는 수요를 잠식하는 점 등을 종합적으로 고려하여, 이 사건 동영상 강의에서의 B회사 교재의 인용을 '공표된 저작물의 인용'으로 인정하지 않았다.

c) 〈이외수 트윗 글〉 사건(144쪽 참고)

인터넷상에 이미 공개된 트윗 글을 모아 책으로 출간하는 것이 공표된 저작물의 인용에 해당할 수 있을까? 이와 관련하여 〈이외수 트윗 글〉 사건을 다시 살펴보겠다.[112]

■ A가 만든 전자책 파일에 이외수의 트윗 글을 수록한 것이 공표된 저작물의 인용에 해당하는지(X)

A의 주장

이외수의 트위터 계정이 어떻게 24억이나 되는 가치를 가지게 되었는지를 논평하면서 10,000여 개가 넘는 이외수의 트윗을 특징별로 분류하여 위 논평에 적합한 일부의 트윗을 예시로서 인용하였으므로, '이외수 어록 24억짜리 언어의 연금술'이라는 제목의 전자책 파일은 그 자체로 하나의 저작물이고 여기서 이외수의 트윗이 정당한 범위 안에서 일부 인용된 것이므로, 이는 공정한 관행에 합치되는 것이어서 저작권 침해에 해당하지 않는다.

법원의 판단

A는 이 사건 전자책 파일을 무료로 제공하고 있기는 하나, 이를 자신이 운영하는 스마트폰 어플리케이션 서비스에 수록하면서 그 어플리케이션 자체를 홍보하거나 특정 사업체를 광고하고 있는데, 이는 보도·비평·교육·연구 목적이라기보다는 출판업을 경영하는 A가 영리의 목적으로 상업적으로 이용하는 것으로 볼 수 있다

---

112) 서울남부지방법원 2013. 5. 9. 선고 2012고정4449 판결

또한 이 사건 전자책은 이외수 트윗글의 4가지 특징을 나타내는 한 단어로 된 소제목 하에 각 장마다 짧은 해설을 제시한 후, 각각 15개 내외의 이외수 트윗글을 쭉 예시하고 있을 뿐이어서, A의 독창적인 저작물에 이외수의 글귀를 정당한 범위 안에서 일부 인용한 것이라 보기도 어렵다.

평 석

이 사건에서 법원은 A가 만든 전자책은 자신이 만든 어플리케이션의 광고 등 상업적·영리적 목적으로 이용되고 있고, 위 전자책에 인용된 이외수의 트윗 글은 전자책의 전체적인 구성으로 볼 때 부수적으로 사용되었다기보다는 주된 부분을 구성하고 있다는 이유로, 위 전자책에서의 이외수 트윗글의 인용을 '공표된 저작물의 인용'으로 인정하지 않았다.

(2) 사적이용을 위한 복제

저작권법 제30조에서는 '공표된 저작물을 영리를 목적으로 하지 아니하고 개인적으로 이용하거나 가정 및 이에 준하는 한정된 범위 안에서 이용하는 경우에는 그 이용자는 이를 복제할 수 있다. 다만, 공중의 사용에 제공하기 위하여 설치된 복사기기에 의한 복제는 그러하지 아니하다'라고 규정하고 있다. 즉, 친밀한 관계가 유지되는 극히 한정된 사람들 사이에서 이용하는 경우에만 본 규정이 적용되는 것이다.

이와 관련하여 대법원은 "기업 내부에서 업무상 이용하기 위하여 저작물을 복제하는 행위는 이를 '개인적으로 이용' 하는 것이라거나 '가정 및 이에 준하는 한정된 범위 안에서 이용' 하는 것이라고 볼 수 없다"고 판시한 바가 있다.

그렇다면 웹하드 등에 있는 영화나 만화 등이 타인의 저작권을 침해한 것임을 알면서도 다운로드 받는 것은 사적이용을 위한 복제에 해당하는 것인지에 관해 살펴보겠다.[113]

〈불법 다운로드〉 사건[114]

A회사 등은 특정 영화들(이하 '이 사건 영화들' 이라고 함)에 대해 복제권·전송권을 가지고 있거나 복제권·전송권을 가진 자로부터 온라인상 독점적 이용 허락을 받았다. B회사 등은 인터넷 사이트를 통해 웹스토리지를 제공(이하 '이 사건 서비스' 라 함)하고 있는데, 그 이용자들 가운데 일부는 이 사건 서비스를 통해 파일의 공유가 가능한 점을 이용하여 저작권자로부터 이용 허락을 받지 않은 채 이 사건 영화들을 포함한 영화 파일을 업로드 또는 다운로드하고 있다. 이에 A회사 등은 B회사 등을 상대로 B회사 등이 운영하는 인터넷 사이트에서 이 사건 서비스 제공을 금지하는 등을 골자로 하는 가처분을 신청하였다.

---

113) 이 사례와 관련해서는 복제권 침해 여부에 관해서만 살펴보겠다.
114) 서울중앙지방법원 2008. 8. 5. 자 2008카합968 결정

■ 복제권 침해 여부

저작권법상 복제는 '인쇄·사진촬영·복사·녹음·녹화 그 밖의 방법에 의하여 유형물에 고정하거나 유형물로 다시 제작하는 것'을 말한다(저작권법 제2조 제22호).[115] 이용자들이 저작권자로부터 이용 허락을 받지 않은 영화 파일을 업로드하여 웹스토리지에 저장하거나 다운로드하여 개인용 하드디스크 또는 웹스토리지에 저장하는 행위는 유형물인 컴퓨터의 하드디스크에 고정하는 경우에 해당하므로 특별한 사정이 없는 한 저작권자의 복제권을 침해하는 것이 된다. 그런데 저작권법 제30조는 '사적이용을 위한 복제'를 허용하고 있으므로, 위와 같은 이용자들의 복제행위가 이에 해당하여 적법하게 되는 것인지 여부를 살펴 볼 필요가 있다.

1) 웹스토리지에 업로드 되어 있는 영화 파일을 공중(불특정 다수인 또는 특정 다수인)이 다운로드하여 개인용 하드디스크 또는 비공개 웹스토리지에 저장하는 행위가 사적이용을 위한 복제인지(X)

이는 영리 목적 없이 개인적으로 이용하기 위하여 복제를 하는 경우에 해당할 수는 있다. 그러나 업로드 되어 있는 영화 파일이 명백히 저작권을 침해하여 불법한 파일인 경우에까지 사적이용을 위한 복제로 보게 되면 저작권 침해의 상

---

115) 현행 저작권법상 복제는 인쇄·사진촬영·복사·녹음·녹화 그 밖의 방법으로 일시적 또는 영구적으로 유형물에 고정하거나 다시 제작하는 것을 말한다(저작권법 제2조 제22호).

태가 영구히 유지되는 부당한 결과가 생길 수 있기 때문에 다운로더 입장에서 복제의 대상이 되는 파일이 저작권을 침해한 불법파일인 것을 미필적으로나마 알고 있었다고 보아야 할 이 사건에서는 위와 같은 다운로드 행위를 사적이용을 위한 복제로서 적법하다고 하기는 어렵다.

2) 개인용 하드디스크에 저장된 영화 파일을 비공개 상태로 업로드하여 웹스토리지에 저장하는 행위가 사적이용을 위한 복제인지

① DVD를 합법적으로 구매하여 파일로 변환한 경우(O)
이를 다시 웹스토리지에 비공개 상태로 저장하는 행위는 사적이용을 위한 복제로서 적법하다.

② 해당 파일이 불법 파일인 경우(X)
이를 웹스토리지에 비공개 상태로 저장하더라도 사적이용을 위한 복제로서 적법하다고 하기는 어렵다.

평 석

웹스토리지에 업로드 되어 있는 불법 영화파일을 이용자가 개인적으로 다운로드 받는 것은 해당 영화를 하드디스크에 복제를 하는 것이 된다. 따라서 영화 저작권자의 허락 없는 다운로드는 원칙적으로 그 저작권자의 복제권을 침해하는 행위에 해당한다. 그러나 위와 같은 다운로드가 저작권법 제30조에서 규정하고 있는 '사적이용을 위한 복제'에 해당한다면 저작권 침해에 해당하지 않게 된다. 이와 관련하여 법원은 웹스토리지에서 명백히 저작권을 침해하는 불법적인 영화파일을 다운로드하는 것은 사적이용을 위한 복제에 해당하지 않는다는 취지로 판단하였는데, 그 이유는 이를 사적이용을 위한 복제로 보게 되면 저작권 침해의 상태가 영구히 유지되는 부당한 결과가 생기기 때문이라고 하였다.

그러나 우리 저작권법 제30조에는 '공표된 저작물을 영리를 목적으로 하지 아니하고 개인적으로 이용하거나 가정 및 이에 준하는 한정된 범위 안에서 이용하는 경우에는 그 이용자는 이를 복제할 수 있다. 다만, 공중의 사용에 제공하기 위하여 설치된 복사기기에 의한 복제는 그러하지 아니하다' 라고만 규정하고 있을 뿐, 복제하려고 하는 파일 등이 명백히 저작권을 침해하여 불법한 파일 등인 경우에는 사적이용을 위한 복제에 해당하지 않는다는 명시적인 규정을 두고 있지 않다. 만일 사적이용을 위한 복제 여부가 문제된 사안이 민사사건이 아닌 형사사건이라면 저작권법 제30조(사적이용을 위한 복제)를 어떻게 해석하느냐에 따라 유·무죄가 달라지는 것이다.

비록 저작권법 제30조가 처벌규정이 아니라 처벌을 면하게 해주기 위한 규정이어서 죄형법정주의와는 무관하다고 하더라도, 확대해석을 통해 처벌의 범위를 넓히는 일은 삼가는 것이 바람직할 것으로 생각된다.

(3) 저작물의 공정한 이용

정보통신 기술의 발달과 더불어 새로운 유형의 저작물 이용 형태가 계속해서 등장함에 따라 기존 개별적인 저작재산권의 제한 규정만으로는 저작물 이용행위 모두를 공정이용으로 포섭시킬 수 없게 되었다. 이에 저작권법에서는 공정이용에 관한 보충적 규정으로 '저작물의 공정한 이용'에 관한 규정(저작권법 제35조의3)을 신설하였다. 이는 개별적·구체적인 공정이용에 관한 규정을 적용할 수 없는 이용행위에 대하여도 일정한 요건을 갖춘 경우에 이를 공정이용으로 인정하기 위한 포괄적 공정이용 조항이다.

위 '저작물의 공정한 이용'에 관한 저작권법 제35조의3에서는 저작물의 통상적인 이용 방법과 충돌하지 아니하고 저작권자의 정당한 이익을 부당하게 해치지 않는 경우에는 저작물을 이용할 수 있는데, 이 경우 ① 이용의 목적 및 성격, ② 저작물의 종류 및 용도, ③ 이용된 부분이 저작물 전체에서 차지하는 비중과 그 중요성 및 ④ 저작물의 이용이 그 저작물의 현재 시장 또는 가치나 잠재적인 시장 또는 가치에 미치는 영향 등을 고려하여야 한다고 규정하고 있다.

아직까지는 이러한 '저작물의 공정한 이용'과 관련된 사례가 많지 않아 다양한 사례를 소개할 수 없지만, 〈출판물 이용 허락 기간 만료 후 이용〉 사건(218쪽 참고)에서 이에 관해 언급한 부분이 있어서 소개해 보고자 한다.[116]

■ 이 사건 동영상 강의 제공이 저작물의 공정이용에 해당하는지(X)

① 이 사건 동영상 강의 제공의 목적 및 영리성, ② 이 사건 동영상 강의와 B회사 교재의 종류 및 용도, ③ 이 사건 동영상 강의에서 B회사 교재가 인용된 부분이 차지하는 비중과 그 중요성, ④ 이 사건 동영상 강의의 제공에 따른 B회사 교재의 잠재적 시장 가치 훼손 가능성 등에 비추어 보면, A회사가 이 사건 동영상 강의를 수강생들에게 유료로 제공한 행위가 저작물의 통상적인 이용 방법과 충돌하지 아니하고 저작자의 정당한 이익을 부당하게 해치지 아니하는 경우로서 저작권법 제35조의3 에서 정하고 있는 저작물의 공정한 이용에 해당한다고 볼 수는 없다.

2 저작권자의 권리남용(저작권법과 공정거래법의 관계)

저작권자의 권리행사가 법에서 부여한 독점의 범위를 부당하게 확대하려 하는 등으로 저작권 제도의 목적이나 기능을 일탈함으로써 저작권이 보호하고자 하는 공공의 이익에 정면으로 어긋나는 행위로 평가할 수 있는 경우라면 권리남용에 해당할 여지가 있을 수 있다.[117]

---

116) 서울중앙지방법원 2015. 2. 12. 선고 2012가합541175 판결(이 사건은 항소심인 서울고등법원에서 조정이 성립되어 종결된 사건이다)
117) 서울고등법원 2012. 4. 4.자 2011라1456 결정

이와 관련하여 공정거래법 제59조에서는 "이 법의 규정은 저작권법, 특허법, 실용신안법, 디자인보호법 또는 상표법에 의한 권리의 정당한 행사라고 인정되는 행위에 대하여는 적용하지 아니한다"라고 규정함으로써, 저작권의 행사가 부당한 행사에 해당하는 경우에는 공정거래법이 적용될 수 있음을 천명하고 있다. 그리고 2016. 3. 23. 공정거래위원회 예규 제247호 '지식재산권의 부당한 행사에 대한 심사지침'에서는 다음과 같은 기본원칙을 규정하고 있다.

가. 법 제59조의 규정에 따른 지식재산권의 정당한 행사라 함은 관련 법률에 따라 허여 받은 지식재산권의 배타적 사용권 범위 내에서 행사하는 것을 말하며, 이러한 경우에는 법 제59조의 규정에 따라 이 법의 적용이 배제된다. 그러나 외형상 지식재산권의 정당한 행사로 보이더라도 그 실질이 지식재산 제도의 취지를 벗어나 제도의 본질적 목적에 반하는 경우에는 정당한 지식재산권의 행사로 볼 수 없어 이 법 적용 대상이 될 수 있다.

아울러 지식재산권의 행사가 정당한 것인지 여부는 특허법 등 관련 법령의 목적과 취지, 당해 지식재산권의 내용, 당해 행위가 관련 시장의 경쟁에 미치는 영향 등 제반 사정을 종합적으로 고려하여 판단한다.

나. 이 지침은 원칙적으로 지식재산권의 행사가 시장지배적 사업자의 남용행위 및 복수 사업자 사이의 부당한

공동행위에 해당하는지 여부에 대한 판단 기준을 제시하기 위한 것이다. 따라서 이 지침은 원칙적으로 사업자가 단독으로 지식재산권을 행사하는 경우에는 그 사업자가 시장지배력을 보유한 경우에 한하여 적용한다. 특히 사업자가 지식재산권을 행사하면서 단독으로 행하는 거래거절, 차별취급, 현저히 과도한 실시료 부과는 원칙적으로 이를 행하는 사업자가 압도적인 시장지배력을 보유한 경우에 적용한다.

지식재산권의 행사가 법 제23조 불공정거래행위에 해당하는지 여부에 대한 판단은 「불공정거래행위 심사지침」을 적용하여 한다.

일정한 지식재산권의 행사가 법 제3조의2【시장지배적지위남용 금지】제7조【기업결합의 제한】제19조【부당한 공동행위 금지】제23조【불공정거래행위의 금지】제26조【사업자단체의 금지행위】제29조【재판매가격유지행위의 제한】등에 위반되는지는 각 조항에 규정된 별도의 위법성 요건을 종합적으로 고려하여 결정한다.

다. 시장지배력은 관련시장에서 가격상승·산출량 감소, 상품·용역의 다양성 제한, 혁신 저해 등의 경쟁제한효과를 유발할 수 있는 시장에서의 영향력을 말한다. 지식재산권에 배타적·독점적 사용권이 부여된다고 하여 지식재산권의 보유자가 곧바로 시장지배력이 있다고 추정되는 것은 아니다. 시장지배력 여부는 지식재산권의 존재뿐만 아니라 해당 기술의 영향력, 대체기술의 존부, 관련 시장의 경쟁상황 등을 종합적으로 고려하여 판단한다.

표준필수특허와 같이 일정기간 관련 기술을 대체하는 것이 불가능하고 상품 생산을 위해서는 실시허락을 필수적으로 받아야 하는 경우, 그 보유자는 관련 시장에서 시장지배력을 보유할 개연성이 높다고 볼 수 있다. 그러나 지식재산권 보유자가 시장지배력을 가지고 있다고 하여 그 사실만으로 곧바로 지식재산권의 행사가 이 법에 위반되는 것은 아니다.

라. 지식재산권 행사가 경쟁제한 효과와 효율성 증대효과를 동시에 발생시키는 경우에는 양 효과의 비교형량을 통해 법 위반 여부를 심사함을 원칙으로 한다. 해당 행위로 인한 효율성 증대효과가 경쟁제한 효과를 상회하는 경우에는 위법하지 않은 행위로 판단할 수 있다. 이 지침 Ⅲ.에서 '부당하게'라는 표현은 경쟁제한 효과가 효율성 증대효과를 상회하는 것을 의미한다.

마. 지식재산권은 상품의 생산을 위한 많은 요소들 가운데 하나로서 생산과정에서 다른 생산요소와 결합된다. 실시허락 등 지식재산권의 행사를 통한 지식재산권과 다른 생산요소와의 결합은 지식재산권의 효과적인

이용을 가능하게 하고 제조비용의 절감과 신상품의 개
발을 통해 궁극적으로 소비자후생을 증대할 수 있다.
나아가 기술 혁신의 유인을 제고하고 연구개발(R&D)에
대한 투자를 촉진하는 친경쟁적 효과를 가질 수 있다.

그러나 실시허락 등 지식재산권의 행사가 현재의 혹은
잠재적인 시장참여자들 사이에서 관련 상품이나 기술,
연구개발과 관련한 경쟁을 저해하는 경우에는 이 법 위
반이 될 수 있다.

공정거래법은 공정하고 자유로운 경쟁을 촉진함으로써 창의
적인 기업 활동을 조장하고 소비자를 보호하는 것을 목적으
로 한다(공정거래법 제1조 참조). 그리고 저작권법은 창의적인 저
작물에 대한 정당한 보상을 통해 새로운 창작활동의 유인을
제공함으로써 저작자의 권리를 보호하는 한편 저작물의 공
정한 이용을 도모함으로써 문화 및 산업발전에 이바지함을
목적으로 한다(저작권법 제1조 참조).

이러한 저작권법의 목적 달성을 위해 저작권자가 저작권을
행사하는 경우에는 그 권리의 본질적인 배타적 속성에 비추
어 일정한 경쟁제한 효과를 수반하게 된다. 하지만 공정거래
법에서 촉진하고자 하는 '경쟁'은 반드시 다수 경쟁자의 존
재를 절대적 전제로 하는 것이 아니다. 저작권법이 저작자
에게 저작권을 부여하여 창작에 대한 유인을 제공하고 이에
따른 혁신을 토대로 사회의 희소한 자원을 가장 효율적으

로 사용함으로써 소비자의 후생을 증대시키게 된다면 이는 바로 공정거래법이 경쟁을 보장하려는 목적과 같아지게 된다. 이러한 경우 저작권의 행사는 공정거래법의 원칙과 조화되고 저작권자의 배타적권리는 공정거래법이 규제하여야 할 독점행위로 평가될 수 없다.

그런데 이와 달리 만일 저작권 행사로 저작권법이 목적으로 하는 새로운 창작활동의 유인에 따른 자유로운 혁신 또는 경쟁의 촉진이나 저작물의 공정한 이용(공공의 이익을 위하여 일정 범위에서는 공중의 자유로운 이용이 보장되어야 하고, 후속 창작활동을 위한 이용자의 권리 또한 보호되어야 한다)과 어긋나는 방향으로 공정거래 저해의 효과가 발생한다면 이는 공정거래법 제59조에서 말하는 저작권의 정당한 행사 범위를 벗어나는 것이어서 공정거래법 위반행위를 구성하게 된다고 보아야 한다.

그리고 이처럼 저작권의 행사가 공정거래법 위반에 해당하는 경우라면 이는 저작권의 입법목적에 정면으로 배치됨은 물론 저작권자에게는 부당한 이익을 주고, 권리행사의 상대방에게는 불합리한 고통이나 손해를 끼치게 되므로 실질적 정의와 당사자의 형평에도 어긋난다. 이러한 점들에 비추어 보면 저작권에 기초한 침해금지청구가 공정거래법 위반에 해당하는 경우에는 특별한 사정이 없다면 권리남용에 해당하여 허용되지 않는다고 보아야 한다.

이와 관련하여 〈검정교과서를 이용한 인터넷 강의〉 사건(203

쪽 참고)에서는 저작권자 등의 이 사건 가처분 신청이 독점규제 및 공정거래에 관한 법률(이하 '공정거래법'이라 칭함)이 정한 시장지배적 지위의 남용행위 또는 불공정거래행위 등 권리남용에 해당하는지 여부가 다투어졌는데,[118] 이 사건에서 법원은 A 등(저작권자) 및 B회사(독점이용권자)가 온라인 강의 서비스 시장에서 거래 조건을 독점적으로 결정할 수 있는 시장지배적 사업자의 지위를 가지고 있다고 보기 어렵고, A 등 및 B회사의 거래 거절로 인해 거래 기회가 배제되어 그 사업 활동을 곤란하게 할 우려까지 있다고 보기는 어렵다는 등의 이유로 A 등 및 B회사의 이 사건 가처분 신청행위가 권리남용에 해당하지는 않는다고 판단하였다.

다만, A 등 및 B회사가 먼저 이용 허락을 거절함으로써 이 사건 분쟁을 스스로 일으킨 것이고, C회사가 이 사건 강의를 계속함에 따라 A 등 및 B회사가 입고 있는 손해 역시 A 등 및 B회사가 먼저 일으킨 분쟁의 결과물에 불과하여 그 보호 가치가 크지 않으며, 그 손해는 대부분 금전으로 배상 가능한 손해로 보이는 점, 이에 반해 이 사건 가처분이 인용될 경우 그간 A 등 및 B회사와의 유효한 이용 허락계약의 지속을 신뢰하고 구축한 C회사의 교육 콘텐츠가 무용지물이 되고 가입회원들이 즉각적으로 이탈함으로써 관련 업계에서 신용이 훼손될 것으로 예상되는 등 상당한 손해를 입을 것으로 보이고, 그러한 손해는 대부분 회복 불가능하다는 점, 이 사건 강

---

118) 서울고등법원 2012. 4. 4.자 2011라1456 결정

의 전체가 A 등 및 B회사의 저작권을 침해하는 것이 아니라
이 사건 교과서 및 평가문제집의 지문 일부를 칠판에 그대로
적거나 영사, 낭독하는 등의 방식이 주로 문제가 되므로, 본
안 소송이 제기되더라도 C회사는 위와 같은 저작권 침해 부
분만을 모두 삭제하거나 이러한 방법을 사용하지 않고 강의
를 새로 제작하는 등의 방법으로 그 침해 행위를 중단 또는
회피할 수 있을 것으로 보이며 C회사는 이미 그러한 조처를
하였다고 주장하고 있는 점, 나아가 의무교육인 중등교육에
사용되는 이 사건 교과서는 검정심사를 통과한 특정 사업자
에게만 출판이 허용되는 검정교과서로서 공공재로서의 성격
을 띠고 있는데, 비록 C회사가 영리의 목적으로 온라인 강의
사업을 하는 것이지만, 중등 사교육 시장에서 온라인 강의는
비교적 저렴하고 접근이 편리한 보조적 교육수단으로서 어느
정도의 역할을 담당하고 있음을 부인할 수 없는 점, C회사
가 평생교육법에 따른 원격평생교육시설로 신고를 마친 점 등
에 비추어 볼 때, 본안 소송에서 그 권리의무관계가 확정되기
도 전에 이 사건 신청이 인용된다면 C회사의 회원들이 가지
는 헌법상 보장된 교육을 받을 권리와 국가의 의무교육제도
등에도 간접적 영향을 미칠 수 있어 공공의 이익에 대한 일부
제한요소가 될 수 있기 때문에, 결국 이 사건 법원은 A 등 및
B회사의 이 사건 신청은 보전의 필요성이 인정되지 않는다는
이유로 기각 결정을 하였다.

17

손해배상과
침해정지 등 청구

1 손해배상

(1) 고의 또는 과실

저작권이 침해되었다고 하기 위해서는 기존 저작물과 대비
대상 저작물 사이에 실질적 유사성과 의거성이 인정되어야
하고, 나아가 손해배상책임이 발생하기 위해서는 행위자의
고의 또는 과실 등 민법 제750조에 의한 불법행위 성립요건
이 구비되어야 한다. 저작권법에는 저작재산권 침해죄에 관
한 과실범 처벌규정을 별도로 두고 있지는 않기 때문에, 고
의에 의해 저작권을 침해한 경우만 형사 처분의 대상이 된
다. 따라서 과실로 타인의 저작권을 침해하더라도, 이는 민
사상 손해배상책임을 부담하게 하는 것은 별론으로 하고,
형사상으로는 처벌대상이 되지는 않는다. 그리고 이러한 저
작재산권 침해죄가 성립되기 위한 고의의 내용은 저작재산
권을 침해하는 사실에 대한 인식이 있으면 충분하고, 그 인
식은 확정적인 것은 물론 불확정적인 것 즉, 이른바 미필적
고의로도 인정된다.[119]

〈선교사를 위한 한국어 교재 손해배상 청구〉 사건[120]

선교단체인 P재단법인(이하 'P 재단'이라고 함)은 한국에 입국하는 외국 선교사를 비롯한 외국인들에게 한국어를 가르치는 P 재단의 M부설기관에서 한국어 교재로 사용하기 위하여 2권의 서적(이하 '이 사건 저작물'이라고 함)을 발행·배포하였다. 당시 이 사건 저작물에는 V와 A가 공동저작자로 표시되어 있었고, 그 서문 바로 앞면에는 이 사건 저작물에 관한 모든 권리는 V와 M부설기관에 배타적으로 귀속된다고 표기되어 있었다.

그런데 이 사건 저작물이 다른 제목으로 재발행 되면서, V만이 저작자로 표기되었고, 위 서적의 서문 바로 앞면에 표기된 내용도 이 사건 저작물에 관한 모든 권리는 M부설기관에 배타적으로 귀속된다는 것으로 변경되었다.

B는 P재단과 사이에 이 사건 저작물을 수정·편찬하는 계약을 체결하고, 일부를 수정·가감하는 방법으로 이 사건 저작물의 개정판 원고를 제작하였고, C출판사는 P재단과 이 사건 저작물의 위 개정판 출판계약을 체결한 후 그 저작자를 V와 B로 하여 발행·배포하고, 위 개정판의 러시아판, 스페인판, 중국판을 각 출판·배포하였다.

이에 A는 A의 동의 없이 B와 C출판사가 이 사건 저작물의 공동저작자를 V와 B로 표시하고 내용을 함부로 수정한 다음 개정판을 간행·배포한 것은 공동저작자인 A의 저작재산권과 저작인격권을 침해한 것이라고 주장하면서, B와 C출판사를 상대로 저작권 침해에 따른 손해배상 청구 소송을 제기하였다.

■ B와 C출판사가 A의 저작인격권 침해에 대한 고의 또는 과실이
  있다고 할 수 있는지(X)

A는 이 사건 저작물에 대하여 공동저작자로서의 저작인격
권을 보유하고 있으므로, B와 C출판사가 그러한 A의 동의
도 얻지 않은 채 이 사건 저작물의 공동저작자를 V와 B로
표시하고 그 내용을 함부로 삭제·수정한 개정판을 간행·배
포한 것은 공동저작자인 A의 성명표시권과 동일성유지권 등
저작인격권을 침해한 것이다.

그러나 저작권 침해 인한 손해배상책임이 인정되기 위해서
는 저작권의 침해 행위 이외에 침해자의 고의 또는 과실이
인정되어야 한다. 그런데 B와 C출판사에게 위와 같은 성명
표시권과 동일성유지권의 침해 행위 당시 그에 때한 고의 또
는 과실이 있었다는 점에 부합하는 증거는 믿기 어렵고 달
리 이를 인정할 증거는 찾아 볼 수 없는 반면, 오히려 B와 C
출판사는 A가 이 사건 저작물의 공동저작권자인 사실을 모
르고 있다가 A로부터 자신이 이 사건 저작물의 공동저작권
자라는 취지의 서신을 받고서 비로소 A의 존재를 알게 되
었고, 여기에다가 앞서 인정한 바와 같이 B와 C출판사가 이
사건 저작물의 개정 및 출판을 할 당시 이 사건 저작물에는
그 저작자로 V만이 표기되어 있었을 따름이고, 또 이 사건

---

119) 대법원 2005. 12. 23. 선고 2005도6403 판결 등
120) 서울지방법원 1997. 10. 24. 선고 96가합59454 판결

저작물에 이 사건 저작물의 저작권에 대한 귀속권 주체로 표기되어 있던 M부설기관이 속한 P재단의 적법한 대표자로부터 개정 및 출판의뢰를 받아 이 사건 저작물의 개정판을 수정 및 출간하고 그 동의 아래 저작자의 표시에 B 이름을 삽입하였던 점 등을 합쳐 보면, B와 C출판사가 이 사건 저작물의 개정판을 출판할 당시 A의 저작인격권 침해에 대한 고의가 있었다거나 A가 이 사건 저작물의 공동저작권자임을 모른 데에 과실이 있었다고 하기 어렵다.

평 석

이 사건에서 법원은 이 사건 저작물이 최초로 간행될 당시에 A와 V가 그 공동저작자로 표시되어 있었기 때문에 A와 V가 이 사건 저작물의 공동저작자로 추정되는 한편, P재단의 M부설기관에서는 원래 외국인에게 한국어를 가르치는 교재로서 다른 학습교재를 사용하고 있었는데, 당시 M부설기관의 원장이었던 V와 강사인 A가 그 학습교재가 강의에 부적합하다고 생각하여 다른 강사들의 도움을 받으면서 공동으로 이 사건 저작물을 저작한 사실이 인정된다고 하여, 이 사건 저작물은 A와 V의 공동저작물이고, 따라서 A는 이 사건 저작물에 관하여 공동저작권자로서 저작재산권과 저작인격권을 보유한다고 판단하였다.

그러므로 B와 C출판사가 A의 동의 없이 이 사건 저작물의 공동저작자를 V와 B로 표시하고 그 내용을 삭제·수정한 개정판을 간행한 행위는 A의 저작인격권 가운데 성명표시권과 동일성유지권을 침해한 것이라고 볼 수 있다.

이와 같이 객관적인 사실만을 놓고 보면, B와 C출판사는 A의 저작인격권을 침해했다고 할 수 있지만, 저작권 침해라는 불법적인 행위가 최종 성립되기 위해서는 침해자가 타인의 저작권을 침해하고자 하는 고의 또는 과실이 있어야 한다.

그런데 이 사건에서 B와 C출판사는 이 사건 저작물의 개정판을 발행할 당시 이 사건 저작물의 저작권자로 표시된 P재단의 대표자로부터 적법하게 개정 및 출판의뢰를 받아 출간하였고 P재단의 동의하에 B를 저작자로 표시하였으므로, B와 C출판사에게는 이 사건 저작물의 개정판을 출판할 당시 A의 저작인격권 침해에 대한 고의나 과실이 있었다고 보기 어렵다는 것이 이 사건 법원의 판단이다.
· · · ·

위 사건은 저작권 침해에 따른 손해배상 청구 소송이었기 때문에 비록 객관적으로는 저작권 침해에 해당하더라도 B 등에게 그에 따른 손해배상 책임을 묻기 위해서는 B 등이 저작권 침해에 관한 고의 또는 과실이 있어야만 했으나, 그렇지 않았기 때문에 법원은 B 등에게 저작권 침해에 따른 손해배상 책임을 인정하지 않았다.

그러나 위와 같은 저작권 침해에 따른 손해배상 청구 소송과는 달리 저작권 침해정지 청구 소송에서는 침해자에게 저작권 침해에 대한 고의 또는 과실이 없더라도, 객관적으로 저작권 침해가 인정되면 원칙적으로는 그 청구는 인용이 된다. 따라서 위 사건과 동일한 내용의 가처분 사건이었던 〈선교사를 위한 한국어 교재 가처분 신청〉 사건에서 법원은 위 손해배상 청구 소송과는 다른 결론을 내렸다.[121]

■ A가 이 사건 저작물의 개정판의 출판 등을 금지시킬 피보전권리가 있는지(B와 C출판사가 A의 저작인격권을 침해했는지 여부)(O)

저작인격권은 저작재산권과는 달리 일신전속적인 권리로서 이를 양도하거나 이전할 수 없는 것이므로, 비록 그 권한 행사에 있어서는 이를 대리하거나 위임하는 것이 가능하다 할지라도 이는 어디까지나 저작인격권의 본질을 해하지 아니하는 한도 내에서만 가능하고 저작인격권 자체는 저작권자에게 여전히 귀속되어 있으며, 타인이 무단으로 자기의 저작물에 관한 저작자의 성명, 칭호를 변경하거나 은닉하는 것은 고의 또는 과실을 불문하고 저작인격권의 침해가 된다.

B와 C출판사가 이 사건 저작물을 수정하여 발간하면서 이 사건 저작물의 공동저작자인 A의 성명을 표기하지 아니하고 B를 공동저작자로 표시한 것은 결과적으로 A의 이 사건 저작물에 대한 저작인격권을 침해한 것이 된다.

---

121) 대법원 1995. 10. 2. 자 94마2217 결정

이 사건의 2심법원은 A를 이 사건 저작물의 공동저자자로 인정하면서도 이 사건 저작물에 대한 저작인격권마저 P재단 측에 포괄적으로 위임되었다는 것을 전제로 B와 C출판사에 의한 이 사건 저작물의 저작자 표시 변경이 A의 저작인격권을 침해하지 않는 것으로 판단하였다.

그러나 이러한 2심법원의 판단은 저작인격권의 양도를 인정하는 것이고, 이는 저작인격권의 본질을 벗어나는 것이어서 허용될 수가 없는 것이다. 이에 대법원은 이 사건 저작물에 대한 저작인격권 자체는 여전히 A에게 남아 있는 것이고, 따라서 이 사건 저작물의 개정판에 A의 성명을 표시하지 않고 그 내용을 수정한 것은 A의 저작인격권을 침해하는 행위라고 판단하였다.

이와 같이 저작자의 저작인격권 권한 행사를 대리하거나 이를 위임받을 수는 있다고 하더라도, 그 권한 행사는 어디까지나 저작인격권의 본질을 해하지 않는 범위 내에서만 가능한 것이기 때문에, 저작자의 명시적인 허락이나 동의가 없는 상태에서 저작물에 저작자의 성명을 표시하지 않거나 저작물의 내용을 삭제·수정한다면 이는 저작자의 저작인격권을 침해하는 행위에 해당하게 된다. 따라서 저작자로부터 저작권 행사에 대한 포괄적인 위임 권한이나 대리권한을 받는 경우에는 위와 같은 점을 유념하여 그 권한을 행사해야 한다.

(2) 손해액의 산정

① 저작재산권 침해에 따른 손해액의 산정

저작권 침해가 명확하게 밝혀진 경우에도 그에 따른 손해액을 어떻게, 얼마로 산정할지는 생각만큼 쉽지 않다. 이에 저작권법에서는 이러한 저작권자 등의 손해액 입증의 곤란함을 덜어주기 위해 저작재산권에 관한 별도의 손해액에 관한 추정규정(저작권법 제125조 제1항: 권리를 침해한 자가 그 침해 행위에 의하여 이익을 받은 때에는 그 이익액을 저작재산권자 등이 받은 손해액으로 추정한다는 규정) 등을 두고 있다.

이와 같이 저작권법에서는 이러한 손해액 산정의 문제점을 고려하여 먼저 저작권 침해로 인해 침해자가 얻은 이익을 저작권자의 손해액으로 추정해서 그 금액을 청구할 수 있는 규정을 두고 있다(저작권법 제125조 제1항). 원칙적으로 저작권자가 저작권 침해로 인해 입은 소극적 손해 즉, 침해 행위가 없었더라면 얻을 수 있었을 이익의 상실액(시장이익의 감소분)에 대한 배상을 구하기 위해서는 저작권 침해 결과 직접적으로 저작권자가 상실한 판매이익을 입증하여야 할 것이나, 그러한 이익 상실액을 입증하는 것이 현실적으로는 어렵기 때문에 그 입증을 용이하게 하기 위하여 저작권법에서는 침해자의 이익을 권리자의 손해액으로 추정하는 위와 같은 규정을 두고 있는 것이다. 그러나 이러한 추정은 어떤 경우에나 적용되는 무조건적 추정이라 할 수는 없고, 위와 같은 입법취지에 비추어 볼 때 침해자의 판매 증대가 권리자의 판매 감소로 이어지는 시장 침해적 관계가 형성되어 있거나 형성될 여지가 있을 것을 전제로 하는 것이고, 또한 만일 침해자가 저작권자와 침해자 이외에 경쟁관계에 있는 제3자가 있다는 사실, 침해자의 이익액이 피해자의 주장과 다르다는 사실, 침해자가 자신이 얻은 이익액이 권리 침해로 인하여 발생한 실제 손해액보다 많은 사실에 관하여 입증하게 위 추정은 번복될 수 있는 것이다.

한편, 저작권법은 침해자의 이익을 산정하기 곤란한 경우에는 저작권자가 통상 자신의 저작물을 제3자에게 이용하도록 하는 등의 경우에 받을 수 있는 금액을 손해액으로 간주하여 그 금액을 청구할 수 있도록 하는 규정을 두고 있다(저작권법 제125조 제2항). 이는 저작권자가 침해 행위와 유사한 형태의 저작물 이용과 관련하여 저작물 이용계약을 맺고 이용료를 받은 사례가 있는 경우라면, 특별한 사정이 없는 한 그 이용계약에서 정해진 이용료를 저작권자가 그 권리의 행사로 통상 받을 수 있는 금액으로 보아 이를 기준으로 손해액을 산정할 수 있다는 것을 의미한다.[122]

그러나 실무적으로는 침해자의 저작권 침해수량 내지 침해 횟수 그리고 이를 통한 이익 산정에 있어서 저작권 침해 관련 부분의 불가결성, 중요성, 가격 비율, 양적 비율 등을 참

---

[122] 대법원 2009. 5. 28. 선고 2007다354 판결

작하여 정량적인 수치를 도출해내는 것은 매우 어려운 일임은 물론, 그마저도 이를 입증하기 위한 관련 증거들이 모두 침해자의 지배영역 내에 존재하고 있다 보니 저작권자로서는 그러한 자료를 온전히 확보할 수가 없는 것이 현실이다. 이 때문에 위 저작권법 제125조 제1항에 따른 이익을 산출해내기가 어려워 이를 저작권자의 손해로 추정하기가 곤란하고, 또한 일반적으로는 위 저작권법 제125조 제2항에 따른 통상 수익액으로 볼 만한 객관적인 자료가 없는 경우가 대부분이기 때문에 저작권자의 손해로 간주할 만한 근거자료를 찾기도 상당히 어렵다.

그래서 법원에서는 통상 저작권법 제126조에 따라 위와 같은 객관적 손해액 산정의 어려움을 이유로 여러 사정 등을 참작하여 상당한 손해액을 재량에 따라 인정하고 있다. 이와 같이 법원에 의해 인정되는 손해액은 객관적인 자료가 아닌 법원의 재량에 의해 인정되는 금액이다 보니 그 손해액이 소액에 머무는 경우가 대부분이다. 이러한 이유로 저작권자 입장에서는 과다한 시간과 비용이 소요되고 엄격한 입증책임을 요구하는 민사소송을 제기하기 보다는 절차적인 측면이나 합의 가능성 등 여러 가지 면에서 용이하게 진행될 수 있는 형사고소를 택하는 경우가 일반적이다.

이에 저작권법에서는 저작권 침해 문제를 형사적으로 해결하는 방법을 지양하고, 보다 실효성 있는 민사적 해결방안으로 '법정손해배상의 청구'라는 규정을 신설하였다(저작권법

제125조의2). 법정손해배상의 청구란 손해액 산정과 관련된 엄격한 입증책임으로 인해 권리자가 저작권 침해에 따른 실손해액을 정확히 산정하기가 어렵고 이를 입증하기 위한 증거 등을 제대로 확보할 수가 없다는 현실적인 문제점을 감안하여 권리자가 구체적인 손해액을 입증함이 없이도 법에서 미리 정한 일정한 금액의 범위 내에서 손해액을 청구할 수 있도록 하는 제도이다. 그 구체적 내용은 저작재산권자 등이 실손해액 등에 갈음하여 저작물당 1천만 원(영리를 목적으로 고의로 침해한 경우에는 5천만 원) 이하의 범위에서 상당한 금액의 배상을 청구할 수 있도록 하고 있고(저작권법 제125조의2 제1항), 다만, 이러한 법정손해액을 청구하기 위해서는 침해 행위가 일어나기 전에 저작물 등이 등록되어 있을 것을 요건으로 하고 있다(저작권법 제125조의2 제3항).

그러나 우리 저작권법상의 법정손해배상 청구는 아직 그것이 시행된 지가 얼마 되지 않아 현재로서는 이와 관련된 법원의 판례가 충분히 축적되지 않은 상태이기 때문에, 실무적으로 그것이 어떻게 적용되고 그리고 얼마나 활용될 수 있을지는 앞으로 법원의 판례를 기다려 볼 필요가 있다.

② 저작인격권 침해에 따른 손해액의 산정

저작인격권은 공표권, 성명표시권 및 동일성유지권으로 구성된 권리이고 그것들은 각각이 별개의 권리이기 때문에 그 각각의 침해에 대해 손해배상을 청구할 수 있다. 그러나 일반적으로 법원은 저작인격권을 구성하는 권리 침해에 대해서는 각각 판단하면서도 그 손해액은 저작인격권 전체에 대해서 일괄적으로 산정하고 있다.

보통 저작인격권 침해에 따른 손해액을 산정함에 있어서, 법원은 침해자의 침해 행위의 방법과 기간, 침해수량 및 종류, 저작권자와 침해자와의 관계, 저작권자의 저작물이 무단으로 이용된 범위, 저작권자의 경력과 저명도, 저작권자의 자존심 훼손의 정도, 침해자의 침해 행위의 상업적 의도, 기타 변론 전체의 취지를 통해 나타나는 다양한 사정 등을 종합적으로 고려한다.

《세계대역학전집》 사건[123]

A와 F는 공동으로 《한국역학전서》를 저작하여 발행한 후, 이를 기초로 일부 내용을 수정·첨가하여 《세계대역학전집》(이하 'A의 서적'이라고 함)이라는 제목의 서적을 발행하였다.

B는 A의 서적 가운데 일부의 삽화와 내용을 무단으로 이용하여 《신통수상술대전》(이하 'B의 서적'이라고 함)이라는 제목의 서적을 쓴 후(이하 '이 사건 삽화 및 내용'이라고 함), 출판사 대표 D를 대리한 편집장 E와 5년간의 출판권 양도 계약을 체결하면서 그 대가로 서적 값의 7%에 상당하는 금액에 발행부수를 곱한 금액을 저작권 사용료로 지급받기로 약정하였다.

이에 A는 B가 A의 서적에 수록된 내용의 일부와 삽화를 A의 승낙 없이 A의 성명도 표시하지 않은 채 B의 서적에 이용하였고, 종교, 문학에 관한 서적을 전문적으로 출판하는 출판사 대표인 D는 편집장 E의 사용자로서 E가 다른 사람의 저작권을 침해한 서적을 함부로 출판하지 않도록 출판에 앞서 동종의 서적을 조사해 보는 등의 노력을 기울여야 할 주의의무가 있음에도 이를 게을리하여 B의 서적이 A의 서적에 수록된 내용의 일부 등을 무단 이용한 것인지 여부를 확인하지 않은 채 그대로 제작·판매함으로써 A가 A의 서적에 대해 가지는 저작재산권과 성명표시권 및 동일성유지권을 침해하였다고 주장하면서, 그 침해의 예방 또는 정지를 위하여 B의 서적의 제작·판매·배포 등의 금지 및 무단 이용 부분과 그 반제품, 제작에 사용되는 인쇄용 필름, 지형 등의 폐기 청구와 손해배상금의 지급을 구하는 소송을 제기하였다.

■ 공동저작물에 관한 권리가 침해된 경우 일부 저작자 또는 저작재
산권자가 다른 공동저작자 또는 공동저작재산권자의 동의 없이
저작권 침해정지 및 손해배상 청구 등을 청구할 수 있는지(O)

공동저작물에 관한 권리가 침해된 경우에 일부 저작자 또
는 일부 저작재산권자는 다른 공동저작자 또는 다른 공동저
작재산권자의 동의 없이 저작권 등의 침해 행위 금지청구를
할 수 있고, 저작인격권을 제외한 저작재산권의 침해에 관
하여 자신의 지분에 관한 손해배상의 청구를 할 수 있다. 저
작인격권의 침해에 대한 손해배상이나 명예회복 등 조치청
구는 저작인격권의 침해가 저작자 전원의 이해관계와 관련
이 있는 경우에는 전원이 행사하여야 하지만, 1인의 인격적
이익이 침해된 경우에는 단독으로 손해배상 및 명예회복조
치 등을 청구할 수 있고, 특히 저작인격권 침해를 이유로 한
정신적 손해배상을 구하는 경우에는 공동저작자 각자가 단
독으로 자신의 손해배상청구를 할 수 있다.

따라서 A는 단독으로 저작권 침해의 정지나 예방 등을 청구
할 수 있고, 저작재산권의 침해로 인한 손해배상을 자신의
지분에 관하여 청구할 수 있으며, 저작인격권에 대한 침해에
대하여 위자료 등의 손해배상을 청구할 수 있다. 게다가 A
와 F는 처음부터 A를 저작인격권을 대표하여 행사할 수 있
는 자로 정한 것이므로, A는 혼자 소를 제기할 수 있다.

---

123) 대법원 1999. 5. 25. 선고 98다41216 판결

■ 저작권 침해 여부

1) 이 사건 삽화의 저작물성(O)

A는 A의 서적을 저술하면서 역학자로서의 감각과 기술을 구사하여 이 사건 삽화를 제작한 이상 그 원화는 창조적인 정신적 노력으로서의 성격을 가진다 할 것이고, 또한 창작성이란 표현의 구체적 형식에 대해 요구되는 것이고 공지의 사실 또는 일반상식에 속하는 사항에 대하여도 이것을 어떻게 감득하고 어떠한 언어를 사용하여 표현하는가는 각자의 개성에 따라 다를 수 있으므로, A 저작의 기술 가운데 공지의 사실을 내용으로 하는 부분이 존재한다고 하더라도 그것을 가지고 바로 창작성이 없다고 할 수 없다.

2) 이 사건 삽화 및 내용 이외의 부분에 관한 A의 저작권의 존부(X)

A도 이를 영국의 한 서적에서 복사 이용한 사실을 인정할 수 있어, 이 부분에 대해서는 A의 저작권을 인정할 수 없다.

3) B의 저작권 침해(O)

B는 A의 동의나 승낙 없이 이 사건 삽화 및 내용을 B의 서적에 이용하는 동시에 그 저작자의 성명 등을 표시하지 아니하여, 공동저작자의 1인인 A의 저작재산권은 물론 성명표시권 및 동일성유지권 등의 저작인격권을 침해하였다.

4) D의 저작권 침해(O)

D는 이 사건에서 문제된 서적들과 같은, 종교·문학에 관한
서적을 전문적으로 출판하는 출판사의 편집장인 E의 사용
자로서, E가 앞서 출간된 동종 서적을 조사해 보는 등의 통
상 기울여야 할 출판업자로서의 주의의무를 게을리 하여 A
의 서적의 일부 삽화와 내용을 무단 이용한 B의 서적을 제
작·판매한 과실로 역시 A의 저작재산권과 성명표시권 및
동일성유지권 등의 저작인격권을 침해한 데에 책임을 져야
한다.

■ 손해배상의 범위

1) 저작재산권 침해에 따른 손해액(저작권법 제125조 제1항에 따른 손해액 산정)

저작권법 제125조 제1항은 저작권을 침해한 자가 침해 행위
에 의하여 이익을 받았을 때에는 그 이익의 액을 저작권자가
입은 손해액으로 추정하고 있다. 이때 B, D가 A의 이 사건
삽화 및 내용에 대한 공동저작권에 대한 침해 행위에 의하여
받은 이익은 저작권의 이용 그 자체가 아니라 침해자가 저작
권을 이용한 결과로 얻은 구체적 이익을 의미하는 것이다.

B의 서적은 600면으로 1부당 가격이 금 13,000원이며, 4,000
부가 발행되어 그 가운데 2,104부가 판매되었거나 판매를 위

하여 서점에 납품된 상태이고, 위 서적 가운데 이 사건 삽화 및 내용을 이용한 부분은 7면 정도 되며, 이 사건과 같은 서적들을 판매할 경우 그 이익은 서적 값에 약 30퍼센트 정도 되므로, 이에 따라 B, D가 A에게 배상하여야 할 손해액을 산정하면 금 47,866원(B의 서적 값 금13,000원 X 판매부수 2,104부 X 무단 이용부분비율 7/600 X 이익 30퍼센트 X A의 지분 1/2. 1심 판결 선고 후에도 서점에서 B의 서적이 판매되고 있는 점 등에 비추어. 계산에 있어 현재 서적에 납품된 서적 모두 판매된 것으로 보고, 또 A가 F의 지적재산권 침해 부분에 대하여 까지 이를 청구하는 것으로는 볼 수 없으므로, A의 지분인 1/2에 한하여 그 손해를 인용한다)이 된다.

2) 저작인격권 침해에 따른 손해액

B, D가 A의 동의나 승낙 없이 그 성명을 표시하지 않고 이를 무단 이용함으로써, A는 이 사건 삽화 및 내용에 대하여 그 저작인격권인 성명표시권과 동일성유지권을 침해당하여 정신적 고통을 받았음은 경험칙상 명백하므로, B와 D는 A에게 이로 인한 정신적 손해를 배상할 의무가 있다 할 것이다.

무단 이용된 범위와 정도, A의 명예훼복을 위한 조치가 취해지지 아니한 점 기타 이 사건 변론에 나타난 제반 사정을 고려하면, B와 D는 각자 A에게 성명표시권의 침해에 대한 위자료와 동일성유지권의 침해에 대한 위자료로 각 금 4,000,000원씩 합계 금 8,000,000원을 지급함이 상당하다 할 것이다.

비록 A의 서적이 A와 F의 공동저작물이라고 하더라도, A는
혼자서 저작권 침해정지 및 A의 지분에 해당하는 손해배상
을 청구할 수 있다.

이 사건에서 법원은 B와 D가 A의 저작권을 침해하였음을
인정하면서, 저작재산권 침해에 따른 손해액을 저작권법 제
125조 제1항 즉, B와 D가 저작권 침해 행위로 인해 얻은 이
익액에 근거해서 산정하였다. 이때 법원은 B의 서적에 실린
이 사건 삽화 및 내용은 B의 서적의 총 면수 600면에서 7
면에 불과하다고 하여 그 비율을 7/600이라는 단순한 비율
에 따라 손해액을 산정하였다. 그러나 침해 비율을 산정함
에 있어서는 양적인 것뿐만 아니라 질적인 측면도 함께 고려
하는 것이 바람직할 것으로 생각된다. 따라서 위 해당 7면이
B의 서적에서 어느 정도의 중요성을 가지는지 즉, 질적 중요
성이 어느 정도인지도 침해 비율을 산정함에 있어서 고려해
야 할 요소라고 생각된다.

그리고 법원은 저작인격권 침해에 따른 손해액과 관련해서
는 보통 저작인격권을 구성하는 권리들 각각에 대한 손해액
을 산정하기 보다는 그 전체를 일괄하여 손해액을 산정하는
데, 이 사건에서 법원은 원칙에 입각하여 성명표시권 침해에
따른 손해액과 동일성유지권 침해에 따른 손해액을 각각 별
개로 산정하였다.

《야록 통일교회사》 사건[124]

A와 B 및 C는 통일교의 실체 등을 폭로하는 내용의 《야록 통일 교회사》 (가제)(이하 '제1 저작물'이라고 함)라는 제목의 책을 출판하여 그 이익금을 3인이 공동으로 분배하기로 하는 내용의 출판계약(이하 '제1 출판계약'이라고 함)을 체결하고, 이에 따라 A는 제1 저작물을 집필해서 B에게 인도했지만 A와 B의 의견충돌 등으로 인해 출판되지 않고 있던 중, A는 제1 저작물 가운데 일부를 발췌하여 《6마리아의 비극》(이하 '제2 저작물'이라고 함)을 출판하기로 하는 계약을 일본인 D와 체결하여 이를 출판하였다.

그 후 A는 B와 C에게 그들이 제1 저작물을 미끼로 통일교로부터 거액의 돈을 갈취하려고 시도하였다는 이유로 제1 출판계약을 해지한다는 통보를 하였다. 그러다가 A와 B 및 C는 제1 출판계약의 효력을 유지시키는 전제하에 재차 출판계약(이하 '제2 출판계약'이라고 함)을 체결하고, 이에 따라 A는 제1 저작물을 정리·축약하여 《야록 통일교회사》(이하 '제3 저작물'이라고 함)을 집필하여 B에게 인도하였다.

그러나 B는 제3 저작물이 제2 저작물에 비해 통일교의 실체 폭로 등과 관련해서 만족스럽지 못하다고 보고 제2 저작물의 번역·출판을 고집하였는데, A는 출판물에 의한 명예훼손 등 고소·고발이 두려워 제2 출판계약을 해지 통고하였고, 그럼에도 B가 제2 저작물의 번역·출판을 포기하지 않자 일본으로 건너가 제2 저작물에 담겨진 내용은 허위의 사실을 써 놓은 것이라는 줄거리로 《나는 배신한 자》라는 제목의 일본어 책을 출간하였다.

B는 이러한 사정에도 불구하고 제2 저작물을 번역한 다음 《야록 통일교회사》(이하 '제4 저작물'이라고 함)라는 제목으로, 저자 'A 외 2인'으로 표시하여 출판하였다.

이에 A의 상속인들은 B가 제2 저작물을 번역하여 제4 저작물을 출판한 것은 A가 그 저작권을 가지고 있는 제2 저작물의 2차적 저작물(번역물)의 작성권을 침해한 것이고, 또한 B와 그 출판사(이하 'B 등'이라고 함)가 제2 저작물을 번역·출판한 번역 저작물에는 원저작자의 이름인 A를 표시하지 않고 저자를 'A 외 2인'으로 표시하여 제2 저작물의 번역물에 대한 성명표시권을 침해하였으며, 제2 저작물의 일부를 삭제하고 무단으로 보충함으로써 동일성유지권을 침해했다는 이유로 B 등을 상대로 저작권 침해에 따른 손해배상 등 청구 소송을 제기하였다.

■ 제2 저작물을 번역한 제 4저작물의 출판에 대한 A의 승낙(X)

 B의 주장

제2 저작물을 번역·출판함에 있어 B 등은 A의 제2 출판계약의 해지통고 이후 여러 차례 A와 만나, A는 물론이고 동업자인 C로부터도 제2 출판계약에 따른 제4 저작물의 출판에 대한 승낙을 받았으므로, A의 저작권을 침해하지 않았다.

---

124) 서울지방법원 1997. 10. 24. 선고 96가합59454 판결

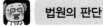

B 등이 A와 C로부터 제4 저작물 출판에 대한 승낙을 받았다는 증거가 없고, 오히려 B는 A가 제2 출판계약을 해지하고 일본으로 건너가 《나는 배신한 자》라는 일본어 책을 출판한 뒤에도 제2 저작물을 번역·출판할 마음이 있으면서도 제2 출판계약에 따라 제3 저작물에 기한 책을 출판하자고 제의하여 여러 차례 A와 C를 불러 모아 제2 출판계약에 따른 책의 출판에 대하여 논의한 바는 있으나, 제2 저작물을 번역하여 제4 저작물을 출판하기로 A나 C로부터 승낙을 받지 않았던 사실을 인정할 수 있을 뿐이다.

■ 저작권 침해 여부

1) 저작재산권 침해(O)

B 등은 제2 저작물을 번역하여 제4 저작물을 출판·배포하였으므로, A의 제2 저작물의 저작권에 기한 2차적저작물(번역물)의 작성권을 침해하였다.

2) 저작인격권 침해 여부

① 성명표시권 침해(O)
B 등은 제2 저작물을 번역·출판함에 있어 번역 저작물에는 원저작자의 이름을 표시하지 않고 저자를 'A 외 2인'으로만

표시하여 제2 저작물의 번역물에 대한 성명표시권을 침해하였다.

② 동일성유지권 침해(X)

동일성유지권이란 원저작물의 내용, 형식 및 제호의 동일성을 유지할 권리를 말하는 것인데, 원저작물과 번역 저작물 사이에 본질적 부분의 변경이 있다고 하기에 부족하고, 또 원저작물로부터 2차적저작물(번역물)을 작성하는 경우에는 원칙적으로 원저작물의 내용, 형식에 다소의 변경을 수반되기 때문에 본질적 부분의 변경이 없는 한 동일성유지권은 거론될 여지가 없다.

■ 손해배상의 범위

1) 저작재산권 침해에 따른 손해액

① 제1심 법원

B 등은 제4 저작물을 30,000부 정도 복제하여 배포하였고, 저작권자가 당해 저작물을 직접 출판하여 판매할 경우 그 이익률은 소비자 가격의 약 25% 정도이며, 제4 저작물의 소비자 가격은 금 7,000원이므로, B 등이 배상하여야 할 재산상 손해액은 금 52,500,000원(= 30,000부 X 금 7,000원 X 25%)이 된다.

② 제2심법원(저작권법 제125조 제2항에 따른 손해액 산정)

제4 저작물을 출판하여 판매할 경우 원저작자가 받는 통상 사용료(인세)는 소비자 가격의 10% 정도이다. 이에 의하면 A가 저작재산권의 침해로 인하여 통상 얻을 수 있었던 금액이란 B 등이 A의 저작재산권을 이용하여 출판계약을 체결할 경우 통상적으로 지출하게 되는 금액으로서 제4 저작물의 정가에 인세율과 발행부수를 곱한 금 21,000,000원(=30,000부 X 7,000원 X 10%) 상당이라 할 것이다.

2) 저작인격권 침해에 따른 손해액

B 등이 이 사건 침해 행위에 이르게 된 경위 및 태양, A의 사회적 지위 및 경력 등 이 사건 변론에 나타난 제반 사정을 종합하여 보면, 위자료의 액수는 금3,000,000원으로 정함이 상당하다.

평 석

이 사건에서 저작권 침해 여부를 판가름한 것은 B가 제4 저작물을 번역·출판할 당시 A와 C로부터 이에 관한 승낙을 받았는지 여부였다. 이에 대해 법원은 A와 C가 이를 승낙받은 사실이 없다고 판단하였다. 이에 따라 법원은 B 등은 A의 제2 저작물을 무단으로 번역하여 출판한 것이므로 A의 2차적저작물작성권을 침해하였고, 또한 제4 저작물에 원저작자의 표시 없이 저자로 'A 외 2인'으로만 표시하였으므로 A의 성명표시권을 침해하였다고 판단했다.

그러나 B 등이 A의 제 2저작물에 관한 동일성유지권 침해했는지 여부와 관련해서는, 원저작물을 무단으로 수정·증감 등을 해서 2차적저작물을 작성하는 경우 보통은 원저작물 저작권자의 2차적저작물작성권 침해와 함께 동일성유지권 침해도 함께 이루어진다. 그런데 이 사건에서 법원은 번역을 하다보면 원저작물의 내용이나 형식에 다소의 변경이 있기 마련인데, 이러한 변경은 원저작물의 본질적인 변경에 해당한다고 볼 수 없다는 이유로 A의 동일성유지권 침해를 인정하지 않았다.

한편, 저작재산권인 2차적저작물작성권 침해에 따른 손해와 관련하여, 제1심 법원은 저작권자가 당해 저작물을 직접 출판하여 판매할 경우 그 이익률은 소비자 가격의 약 25%라고 인정한 후 여기에 제4 저작물의 판매부수와 그 정가를 곱한 금액을 손해액으로 인정한 반면, 제2심법원은 저작권법 제125조 제2항에 따라 원저작자가 제4 저작물을 출판하여 판매하였을 경우 받는 통상 사용료(인세)는 소비자 가격의 10% 정도라고 인정한 후 여기에 제4 저작물의 발행부수와 정가를 곱한 금액을 손해액으로 인정하였다.

그리고 저작인격권인 성명표시권 침해에 따른 손해와 관련해서, 법원은 이를 위자료라고 표현하긴 했으나, 저작인격권 침해에 따른 손해와 위자료는 원칙적으로는 구별해야 하는 것이므로, 위자료가 아닌 '성명표시권 침해에 따른 손해'라고 표현하는 것이 보다 타당하다고 생각된다.

〈만화 그림과 만화 스토리〉 사건(224쪽 참고)에서 법원은 저작재산권 침해에 따른 손해액을 저작권법 제126조 즉, 변론의 취지 및 증거조사의 결과를 참작하여 상당한 손해액을 인정하였다. 그리고 일부 저작권자에 대해서는 저작인격권 가운데 동일성유지권 침해를 인정하면서도, 그 손해액은 저작재산권 침해에 따른 손해액 산정 규정인 위 제126조에 따라 산정한 것으로 보인다.[125]

■ A1, A2의 저작권 침해 여부

1) 저작재산권 침해(O)

B는 A1, A2의 동의 없이 이 사건 만화들에 대해 출판사 C에 출판권을 설정하여 주고, 인터넷 서비스 제공업체에 의한 공중송신하는 방법으로 판매할 수 있는 권리를 설정함으로써 A1, A2의 복제권, 배포권, 공중송신권을 침해하였다.

2) 저작인격권 침해(O)

B는 A1의 동의 없이 A1의 만화 제목을 임의로 변경함으로써 A1의 동일성유지권을 침해하였다.

---

125) 서울북부지방법원 2008. 12. 30. 선고 2007가합5940 판결

■ A1, A2의 저작재산권 침해에 따른 손해액 산정

1) 저작권법 제125조 제1항 적용(X)

 A1, A2의 주장

B가 A1, A2의 이 사건 만화들에 관하여 출판권을 설정하여 재출판하고, 인터넷 서비스 제공업체에 의한 공중송신 등의 방법으로 이를 이용하게 하여 A1, A2의 저작권을 침해한 이상 그 침해 행위로 얻은 이익은 A1, A2의 손해액으로 추정되므로, B는 위 손해액 가운데 일부로서, A1에게 150,000,000원을, A2에게 50,000,000원을 배상할 의무가 있다.

 법원의 판단

이 사건 만화들에 관한 B와 만화 콘텐츠 제공업체 등과 사이의 정산내역, 재출판에 따른 약정 내용 등을 확인할 수 있는 자료가 없어서 B의 저작권 침해 행위로 인한 구체적인 이익액을 산정할 수 없고, B가 A1, A2 주장과 같은 이익을 얻었다고 인정할 만한 증거가 없으므로, 이를 전제로 한 A1, A2의 위 손해액 주장은 이유 없다.

2) 저작권법 제125조 제2항 적용(X)

A1, A2가 저작권자로서 재출판권을 설정하거나 인터넷 서

비스 제공 업체에 대하여 만화 콘텐츠를 제공하는 등의 권리행사로 인하여 통상 받을 수 있는 금액에 대하여도 이를 산정할 증거가 없다.

3) 저작권법 제126조 적용(O)

B의 저작권 침해 행위로 인하여 A1, A2에게 손해가 발생된 것은 인정되나, 저작권법 제125조 제1항, 제2항에 따라 구체적인 손해액을 산정하기 어려운 때에 해당하여, 저작권법 제126조에 의하여 변론의 취지 및 이 사건 만화들의 제작과정, 출판과정 등에 비추어 A1, A2가 이 사건 만화의 창작에 이바지한 정도, A1, A2가 제공한 만화 스토리의 수량, 이 사건 만화들의 인지도와 인기도, 인터넷 서비스 제공업체의 사이트에 게시된 기간 및 그 작품의 수, 이 사건 만화들의 재출판·인터넷 서비스 제공 여부, A3와 다른 만화가 사이의 재출판 계약에 따른 대가 지급약정 내용 등 위와 같은 증거조사의 결과를 참작하여 그 손해액을 A1에 대하여 15,000,000원, A2에 대하여 5,000,000원으로 정함이 상당하다.

평 석

이 사건에서 B는 이 사건 만화들에 대한 A1과 A2의 저작재산권과 A1의 저작인격권을 각각 침해하였으므로, A1과 A2에 대해서는 저작재산권 침해에 따른 손해배상 책임이, A1에 대해서는 저작인격권 침해에 따른 손해배상 책임이 있다.

B의 A1 및 A2에 대한 저작재산권 침해에 따른 손해액은 저작권법 제125조 제1항, 제2항에 의해 손해액을 산정하기가 곤란하기 때문에 저작권법 제126조에 의하여 손해액을 산정하였다. 그리고 법원은 B의 A1에 대한 저작인격권 침해를 인정했으므로 이에 따른 손해액에 대해서도 판단해야 하는데, 이에 대해서는 별도로 설시한 내용이 없다.

추측컨대, 이는 이 사건 법원이 저작권법 제126조에 따른 손해액 산정 시 A1의 동일성유지권 침해에 따른 손해액도 함께 산정하였기 때문인 것으로 보여 진다. 그러나 저작권법 제126조 규정은 저작재산권 침해에 관한 손해액 산정 규정이기 때문에, 저작인격권 침해에 따른 손해액은 이와는 별도로 판단하여야 함에도, 이러한 저작인격권 침해에 따른 손해액을 저작재산권 침해 관련 손해액과 함께 산정하는 것은 저작재산권과 저작인격권을 구분하여 규정하고 있는 저작권법의 입법취지 및 그 침해 유형과 침해 행태 등의 상이함 등을 고려하지 않은 손해액 산정 방식이라고 생각된다.

2 침해정지 등의 청구

저작권을 가진 자는 그 권리를 침해하는 자에 대하여 침해의 정지를 청구할 수 있고, 그 권리를 침해할 우려가 있는 자에 대하여 침해의 예방 또는 손해배상의 담보를 청구할 수 있으며, 이러한 청구를 하는 경우에 침해 행위에 의하여 만들어진 물건의 폐기나 그 밖의 필요한 조치를 청구할 수 있다(저작권법 제123조 제1항, 제2항). 따라서 보통 저작권자는 그 침해자를 상대로 자신의 저작물을 복제, 배포, 전시, 판매 및 판매를 위한 유통 등을 금지시키거나 저작권자의 저작물과 동일하거나 실질적으로 유사한 침해자의 복제물 등을 폐기할 것을 청구하기도 한다. 한편, 저작권자는 위와 같은 본안청구를 하기에 앞서 가처분을 통해 복제품 등의 제조 및 판매 등을 금지시키는 것이 일반적이다.

(1) 《세계대역학전집》 사건

앞서 본 《세계대역학전집》 사건(350쪽 참고)에서 법원은 B와 D의 저작권 침해를 인정한 후, "B와 D는 B의 서적(신통수상술대전) 가운데 이 사건 삽화 및 내용을 판독할 수 없을 정도로 말소 또는 삭제하지 아니한 상태에서 B의 서적을 제작, 판매, 배포해서는 안 되며(A는 B의 서적 전체에 대한 제작, 판매, 배포 등의 금지를 구하고 있으나, B의 서적 가운데 A의 서적의 일부 삽화 및 내용을 무단 이용한 부분은 이 사건 삽화 및 내용에 한정되므로, 그 부분이 모두 판독할 수 없을 정도로 말소 또는 삭제되는 경우 B와 D에게 위 《신통수상술대전》의 제작, 판매, 배포 등을 금지할 아무런 이유가 없으므로, A의 이 부분에 대한 청구 가운데 위 범위를 넘는 부분은 저작권 침해의 정지나 예방으로도 이를 받아들이지 않기로 한다),

D는 그가 보관중인 B의 서적 중에서 이 사건 삽화 및 내용 부분과 그 반제품, 그 제작에 사용되는 인쇄용 필름, 지형을 폐기한다(다만, B가 위와 같은 무단 이용부분이나 인쇄용 필름, 지형을 보관하고 있다는 점을 인정할 만한 증거가 없으므로, A의 B에 대한 이 부분 청구는 이를

받아들이지 않는다)"라고 판시하면서, B와 D가 A의 저작권을 더 이상 침해하지 못하도록 B의 서적 가운데 이 사건 삽화 및 내용을 삭제 등을 하도록 판결하였다.

(2) 《야록 통일교회사》 사건

앞서 본 《야록 통일교회사》 사건(356쪽 참고)에서도 법원은 B 등의 저작권 침해를 인정한 후, "A와 B 사이에 제1, 2 출판계약이 체결되었다가 각각 해지되었으므로, B는 A의 상속인들에게 제1, 3 저작물을 인도할 의무가 있고, 한편 A와 B 사이에 제1, 2 출판계약이 체결되었다가 해지된 경위와 B 등이 무단으로 제2 저작물을 번역·출판한 사정 등에 비추어 보면, B 등이 제1, 3 저작물을 이용하여 A의 저작권을 침해할 우려가 있고, 또한 제2 저작물을 이용하여 제4 저작물을 계속하여 번역·출판할 우려도 있으므로, B 등은 제1, 3, 4 저작물의 복제·출판·판매·배포행위와 제2 저작물의 번역·복제·출판·판매·배포행위를 해서는 안 될 의무를 부담한다"라고 판시함으로써, B 등으로 하여금 A의 저작물인 제1, 3 저작물을 A의 상속인들에게 인도하도록 하였을 뿐만 아니라, B 등에게 제1, 3, 4 저작물에 대해서는 그것의 복제·출판 등을 금지하도록 한 것은 물론, 제2 저작물에 대해서도 이를 번역·출판 등을 금지하도록 판결을 하였다.

(3) 〈학습지 출판금지 가처분〉 사건

저작권 침해를 이유로 한 출판 등 금지 가처분 신청 사건에서 비록 저작권 침해에는 해당하더라도 가처분이 받아들여지지 않는 경우가 종종 있다. 즉, 가처분 등과 같은 보전소송에 있어서는 신청인의 피보전권리가 인정되더라도 그것을 보전할 필요성이 소명되지 않으면 그 보전소송은 기각이 된다. 그리고 이러한 피보전권리와 보전의 필요성에 관한 요건은 서로 별개의 독립된 요건이기 때문에 그 심리에 있어서도 상호 관계없이 독립적으로 심리되어야 한다.

〈학습지 출판금지 가처분〉 사건[126]

A는 초등학교 국어 교과서에 수록된 동시를 창작한 사람으로서, 그 국어 교과서에 실린 다른 동시, 동화 등(A의 동시를 포함하여 이 사건에서 문제된 저작물을 통칭하여 '이 사건 저작물'이라고 함)의 저작자(이하 A를 포함하여 이 사건 저작물의 저작자를 통칭할 때 'A 등'이라고 함)로부터 저작재산권을 양수하였다. A는 B출판사가 A의 동의 없이 이 사건 저작물을 사용하여 학습지(이하 '이 사건 학습지'라고 함)를 제작·판매하는 것은 A의 저작재산권을 침해하는 행위이고, 이와 같은 B출판사의 행위로 인하여 재산과 명예에 회복할 수 없는 손해를 입게 되었다는 이유로, 이 사건 학습지에 관한 제작·판매·배포를 금지하는 가처분을 신청하였다.

■ 보전의 필요성(X)

B출판사는 A가 운영하는 업체를 통해 A 등 가운데 일부 저작자와 이 사건 저작물 가운데 일부 저작물에 관한 사용계약을 체결하고 그 대가를 지급하여 온 점, 위 저작물 사용계약의 계약 일자를 볼 때 그 사용 계약은 해당 계약에서 정한 저작물 사용기간이 어느 정도 경과한 후에도 체결될 수 있는 것인 점, A는 위 저작물 사용계약 기간 종료된 직후 B출판사에게 종전보다 매우 높은 수준의 사용료를 요구한 점, 이 사건 저작물은 이 사건 학습지에서 극히 일부분에 불과하여 B출판사에게 이 사건 학습지의 출판, 판매, 배포금지를 명할 경우 B출판사가 입게 되는 손해가 매우 큰 반면, 이 사건 학습지의 출판, 판매, 배포로 A가 입은 손해는 대부분 금전으로 배상 가능한 손해로 보이는 점, A가 이 사건 학습지에 실린 동시 등 다른 저작자와 체결한 저작권 양도계약의 성격과 그 계약으로 A가 취득한 권리의 성격이 불분명한 점 등을 고려하면, 이 사건 신청은 보전의 필요성이 인정되지 않는다.

평석

이 사건에서 법원은 비록 B출판사가 A의 동의 없이 이 사건 저작물을 이 사건 학습지에 실은 것은 저작권 침해에 해

---

126) 서울서부지방법원 2013. 5. 23. 선고 2013카합310 판결

당하지만, 이러한 저작권 침해로 인한 A의 손해는 금전으로 배상 가능하다는 점 등을 고려하여 A의 이 사건 가처분은 보전의 필요성이 없다는 이유로 기각되었다.

(4) 〈어린이 영어교재 출판금지 가처분〉 사건

저작권자가 저작권 침해를 이유로 가처분 신청을 할 때, 그 신청취지에 법원이 저작권 침해자에게 저작권 침해 금지결정을 하는 것을 전제로 저작권 침해자의 금지결정 위반에 대비하여 '위반행위 1건당 OOO원을 지급하라' 라는 문구를 적시하는 경우가 있다. 이를 간접강제(間接强制)라고 한다. 간접강제란 상대방에 대하여 배상의 지급을 명하는 등의 방법에 의하여 심리적 압박을 가함으로써 상대방으로 하여금 채무를 이행하도록 하는 집행을 말한다.

그러나 보통 가처분 사건에서 신청인이 이러한 간접강제를 신청하더라도, 법원은 가처분 인용결정을 하면서도 피신청인이 이를 위반할 우려가 있다는 점에 대한 소명이 부족하다는 이유와 만약 그와 같은 위반을 하는 경우에 별도의 신청으로 간접강제를 구할 수 있다는 이유를 들어 신청인의 간접강제 신청을 받아들이지 않는 경우가 대부분이다. 그러나 가처분 신청 사건에서 신청인의 간접강제 신청이 받아들여진 사건을 하나 소개해 보도록 하겠다.

---

127) 서울서부지방법원 2013. 5. 23. 선고 2013카합310 판결

〈어린이 영어교재 출판금지 가처분〉 사건[127]

A1은 아라비아 숫자와 형태상 유사한 사물을 형상화한 아이콘을 만들어 각 아이콘별로 영어단어를 배열한 그림장을 통해 이미지로 단어, 문장을 기억하게 한 다음 기억한 단어를 10초 이내에 말하도록 하는 영어학습방법(이하 'A1의 학습법'이라고 함)의 개발자이고, A2는 각 알파벳을 생물로 캐릭터화 하고 각 캐릭터별로 이야기를 덧붙여 그 명칭과 음가를 쉽게 이해, 암기할 수 있도록 하는 방법(이하 'A2 학습법'이라고 함)의 개발자이다.

A1, A2(이하 이들을 통칭할 때는 'A1 등'이라고 함)와 B는 동업 약정 후 B가 대표로 있는 C회사를 통해 위 학습법들을 활용한 영어교재(이하 '이 사건 1, 2교재'라고 함)를 제작·판매하였다. 이 사건 1, 2 교재는 level 1, 2, 3으로 나뉘며 각 level마다 11권의 책으로 구성되어 있다. 이 사건 1 교재는 A1의 학습법을 기초로 제작되었고, 이 사건 2교재는 A2의 학습법을 기초로 제작되었는데, A1 등은 구체적인 작업내용에 관하여 지시하는 등 그 제작을 주도하였고, C는 직원들의 인건비 및 외주제작 비용을 부담하였다. 그러던 가운데 B는 주식회사 D회사를 설립하여 이 사건 1, 2교재와 제목, 각 level별 구성순서, 각 부분별 구성방법, 배경그림 등이 대부분 유사하거나 동일한 영어교재(이하 '이 사건 3, 4교재'라고 함)를 출판하여 판매하였다(가처분 신청 당시 D회사는 이 사건 4교재와 관련해서 각 level 각 book 4부터 11까지는 출판하지 않은 상태였음). 이에 A1 등은 B와 D회사를 상대로 이 사건 3, 4교재의 출판금지 가처분을 신청하면서, 가처분 결정 위반행위 1건당 1천 만원씩을 A1 등에게 지급하라는 간접강제도 함께 신청하였다.

■ 저작권 침해 예방을 위해 아직 출판되지 않은 이 사건 4교재의
  각 level book 4 ~ 11에 대한 출판금지 가처분 신청의 인용(O)

A1 등은 B와 D회사의 이 사건 1, 2교재에 대한 저작권 침해를 정지하기 위하여 B와 D회사에 대하여 이미 출판된 이 사건 3교재 전부와 이 사건 4교재 일부에 대하여는 이를 출판금지 등을 신청할 수 있는 피보전권리를 가진다 할 것이고, 이 사건 1, 2.교재는 level별로 순서에 따라 계속적으로 발행되는 교재인데 B와 D회사는 이 사건 1, 2.교재 가운데 각 level별 book 1에 의거하여 그와 실질적으로 유사한 이 사건 3교재를 출판·판매하여 A1 등이 이를 금지하는 이 사건 가처분 신청을 한 이후에도 이 사건 1교재 가운데 level 1, 2, 3에 의거하여 실질적으로 유사한 이 사건 4교재 level 1, 2, 3의 각 book 2, 3을 계속하여 출판·판매하고 있어 향후 이 사건 4교재 가운데 나머지 교재도 출판·판매할 것이 충분히 예상된다고 할 것이므로, B와 D회사의 저작권 침해를 예방하기 위해 이 사건 4교재의 각 level별 book 전체에 대한 출판금지 등을 신청할 수 있는 피보전권리를 가진다.

■ 간접강제 신청의 인용(O)

B와 D회사가 이 사건 3, 4 교재의 출판금지 등에 관한 명령을 위반할 경우를 대비한 간접강제로 B와 D회사가 연대하여 각 채권자에 대한 그 위반행위 1건당 1천만 원씩을 A1 등에게 지급하도록 정함이 상당하다.

가처분 신청 시 함께 하는 간접강제 신청은 법원이 잘 받아들이지 않는 것이 보통이다. 그런데 이 사건 4교재는 B와 D회사가 매월 각 level별로 책을 출판하였고, 앞으로도 계속 출판할 것이 예상되었으며, 이 사건 가처분 신청 후에도 B와 D회사는 실제로 이러한 패턴에 따라 계속 책을 출판하고 있었다. 이에 법원은 B와 D회사가 그 이후에도 A1 등의 저작권을 침해할 여지가 높다고 판단하여, A1 등이 신청한 간접강제 신청을 받아들였던 것이다.

(5) 〈검정교과서를 이용한 인터넷 강의〉 사건

저작권법은 특허법이 전용실시권제도를 둔 것과는 달리 침해정지청구권을 행사할 수 있는 이용권을 부여하는 제도를 마련하고 있지 않아서, 이용 허락계약의 당사자들이 독점적인 이용을 허락하는 계약을 체결한 경우라도 그 이용권자가 독자적으로 저작권법상의 침해정지청구권을 행사할 수는 없다. 따라서 이용 허락의 목적이 된 저작권법이 보호하는 재산권의 침해가 발생하는 경우에도 그 권리자가 스스로 침해정지청구권을 행사하지 않은 때에는 독점적인 이용권자로서는 이를 대위하여 행사하지 않으면 달리 자신의 권리를 보전할 방법이 없을 뿐만 아니라, 저작권법이 보호하는 이용 허락의 대상이 되는 권리들은 일신전속적인 권리도 아니어서 독점적인 이용권자는 자신의 권리를 보전하기 위하여[128] 필

요한 범위 내에서 권리자를 대위하여 저작권법 제123조에
기한 침해정지청구권을 행사할 수 있다.

이와 관련하여 〈검정교과서를 이용한 인터넷 강의〉 사건(203
쪽 참고)에서 법원은 이 사건 교과서 및 평가문제집의 저작자
들(A 등 및 공동저작자들)로부터 그것의 저작재산권에 관한 독점
적 이용 허락을 받은 B회사가 위 A 등이 B회사에 대하여
가지는 저작재산권 침해정지청구권을 대위 행사하여 이 사
건 가처분을 신청한 것에 대하여 그와 같은 B회사의 대위
행사를 아래와 같이 인정하기도 했다.[129]

■ B회사가 A 등이 C회사에 대하여 가지는 저작재산권 침해정지청
  구권을 대위 행사하여 이 사건 가처분 신청을 할 수 있는지(O)

A 등은 C회사에 대하여 주위적으로 동일성유지권 침해만을
주장하고 있을 뿐 B회사가 주장하는 복제권, 공연권, 전송
권, 2차적저작물작성권 침해를 별도로 주장하고 있지 않고,
B회사의 위 주장이 받아들여지지 않을 경우 예비적으로만
위 각 저작재산권 침해를 주장하겠다는 의사를 명시적으로
밝히고 있으며, 이 사건 교과서 및 평가문제집의 다른 저작
권자들이 B회사에 대하여 자신의 저작재산권을 침해하였다
는 이유로 그 침해 행위의 정지를 청구하고 있다는 점에 대
한 소명자료는 없다.

---

128) 대법원 2007. 1. 25. 선고 2005다11626 판결
129) 서울중앙지방법원 2011. 9. 14. 자 2011카합709 결정

나아가 저작인격권인 동일성유지권과 저작재산권은 그 권리의 범위가 완전히 일치하지 않고, 저작재산권인 복제권, 공연권, 전송권, 2차적저작물작성권은 동일성유지권과 서로 별개의 소송물이기 때문에 저작권자의 주장이 없는 이상 복제권, 공연권, 전송권 및 2차적저작물작성권 침해 여부를 판단할 수 없다.

더욱이 A 등을 비롯한 이 사건 교과서 및 평가문제집의 저자들은 이 사건 교과서 및 평가문제집에 대한 저작권법상 권리행사뿐만 아니라, 그와 관련된 분쟁이 발생한 경우 소송 진행과 관련한 일체의 권한까지 B회사에게 위임한 사실이 소명되고, 이에 비추어 보면 이 사건 교과서 및 평가문제집의 저자들은 사실상 자신의 저작재산권에 대한 침해 행위가 발생하더라도 스스로 저작재산권을 행사하는 방법으로 그 분쟁에 개입하지 않고 그 대신 B회사에게 저작재산권 행사에 관한 권한을 모두 위임한 것으로 볼 여지가 많다.

이러한 사정을 종합해 보면, B회사가 이 사건 교과서 및 평가문제집에 관한 독점적 이용권자로서의 권리보전을 위해 나머지 A 등의 저작재산권 침해정지청구권을 대위 행사할 필요성이 없다고 단정하기 어렵다.

원칙적으로 이용권자는 독점적인 이용권을 가지고 있든 그
렇지 않든 그 이용권에 기해서 제3자에게 그 이용권 침해정
지를 주장할 수 없다. 따라서 저작권법에서 규정하고 있는
저작권, 출판권, 배타적발행권 등 물권적인 권리 이외 이용
권과 같은 채권적인 권리는 그것의 독점성 여부와는 무관하
게 그 권리의 침해를 이유로 제3자를 상대로 침해정지를 청
구할 수가 없는 것이다.

그러다보니 저작권자가 저작권 침해에 대한 정지청구를 직
접 하지 않는 한 이용권자 입장에서는 해당 저작권 침해가
계속되더라도 이를 정지시킬 방법이 없다. 따라서 이러한 경
우에는 이용권이라는 채권적 권리를 가지고 있는 이용권자
가 저작권자 등을 대위해서 저작권 침해정지를 청구할 수가
있다. 물론 모든 경우에 있어서 이러한 대위 행사가 가능한
것은 아니고, 그와 같은 대위 행사를 통해 저작권 침해를 정
지시키지 않고서는 달리 이용권자의 권리를 보전할 방법이
없는 경우에만 위와 같은 대위 행사가 가능하다 할 것이다.

이 사건에서 법원은 A 등이 이 사건 교과서 및 평가문제집
에 관한 저작재산권의 행사 등 이와 관련된 일체의 권한을
B회사에 위임한 것으로 보아, 독점적 이용권자인 B회사가
A 등의 저작재산권 침해정지청구권을 대위 행사할 수 있다
고 판단하였다.

(3) 명예 등 인격적 권리 침해에 따른 손해배상

헌법 제22조 제1항은 '모든 국민은 학문과 예술의 자유를 가진다' 라고 규정하고, 제2항은 '저작자·발명가·과학기술자와 예술가의 권리는 법률로써 보호한다' 라고 규정하고 있다.

이러한 헌법상의 기본권은 1차적으로 개인의 자유로운 영역을 공권력의 침해로부터 보호하기 위한 방어적 권리이지만 다른 한편으로 헌법의 기본적인 결단인 객관적인 가치질서를 구체화한 것으로서, 사법을 포함한 모든 법 영역에 그 영향을 미치는 것이므로, 사인 간의 사적인 법률관계도 헌법상의 기본권 규정에 적합하게 규율되어야 한다. 다만, 기본권 규정은 그 성질상 사법관계에 직접 적용될 수 있는 예외적인 것을 제외하고는 사법상의 일반원칙을 규정한 민법 제2조, 제103조, 제750조, 제751조 등의 내용을 형성하고 그 해석 기준이 되어 간접적으로 사법관계에 효력을 미치게 된다.

저작권 침해 사건에서 명예 등 인격권 침해 등에 따른 위자료와 저작인격권 침해에 따른 위자료는 그 의미가 서로 다르기 때문에, 원칙적으로 저작자는 저작인격권 침해에 따른 손해배상과는 별도로 명예훼손 또는 기타 정신상의 고통으로 인한 위자료를 청구할 수 있다.

8
계약 위반과
저작권 침해

최근에는 출판물, 홈페이지, 영상물 등을 제작할 때 고객흡입력을 높이기 위해 이미지를 광범위하게 활용하는 추세이다 보니 이미지 무단 사용, 사용권한을 넘어선 사용 등, 이미지 관련 저작권 침해 문제가 빈번하게 발생하고 있다. 이미지는 직접 창작하거나, 제3자로부터 저작권을 양도받거나, 외주를 주어 이미지 제작을 하거나, 가장 흔하게는 이미지 제공회사와의 라이선스 계약을 통해 사용할 수 있다.

이미지 제공회사와 라이선스 계약을 통해 이미지를 사용할 때에는 라이선스 계약이나 이용약관에 정해진 내용에 따라 사용해야 한다. 이를 위반할 경우에는 계약위반은 물론이고 저작권 침해 문제도 발생할 수 있다. 따라서 이미지 사용자는 그 라이선스 계약의 유형이 1) 이용자의 자사 홍보물 제작용도로만 사용할 수 있는지, 2) 이미지를 사용하여 제3자에게 홍보물을 제작·납품할 수 있는지, 3) 사용용도 및 범위를 협의할 수 있는지 등을 명확히 숙지해야 한다. 만약 이미지 사용범위를 정확히 알 수 없는 경우에는 반드시 사용 전에 이미지 제공회사에 그 사용범위를 확인할 필요가 있다.

〈이미지 이용 허락의 범위〉 사건[130]

A회사는 이미지 제작 및 공급업체이고, B는 홈페이지 제작업체이다. B는 A회사로부터 이미지 콘텐츠 CD 총 3장을 구입하였다. B가 구입한 CD에 첨부된 계약서에는 '콘텐츠의 저작권은 A회사에게 있고 구매자는 사용권만을 가지는데, 그 사용허락의 범위는 구매자 본인만이 1회에 한하여 사용하는 것으로 제한되며, 구매자는 A회사의 콘텐츠를 변형·재가공할 수 있으나 그 변형·재가공된 이미지를 판매하거나 상업적으로 이용할 경우 반드시 A회사의 사전 승인을 받아야 한다'라고 기재되어 있다. 그리고 A회사의 쇼핑몰 이용약관 역시 구매자의 사용범위를 제한하면서 콘텐츠에 관한 그 어떠한 지적재산권도 구매자에게 양도되지 않는다고 명시하고 있다. A회사는 인터넷 홈페이지 제작사이트를 운영하는 업체들에게 A회사의 콘텐츠(디자인 시안, 팝업 콘텐츠, 오픈마켓 콘텐츠)를 웹사이트에 전시하여 영업할 수 있는 권리를 별도의 전시제휴 계약 체결을 통해 부여하고 있다. 그런데 B는 A회사로부터 구매한 위 CD의 이미지 콘텐츠를 이용하여 홈페이지 디자인 시안을 만든 후 이를 자신의 웹사이트에 전시하여 고객을 유인하는데 이용하였고, 전시된 디자인 시안을 보고 제작을 의뢰해온 고객들에게 A회사 이미지 콘텐츠를 사용하여 홈페이지를 제작해 줌으로써, 일부 콘텐츠를 중복하여 사용하였다. 이에 A회사는 B의 위와 같은 행위에 대하여 저작권 침해를 이유로 한 손해배상 청구 소송을 제기하였다.

■ B가 A회사로부터 구매한 CD의 이미지 콘텐츠를 홈페이지 디자인 시안으로 사용하여 홈페이지에 게시한 후, 동일한 이미지 콘텐츠를 홈페이지 제작에 사용한 것이 A의 저작권을 침해하는 것인지(O)

계약서 및 약관의 문언 내용에 비추어 볼 때, B에게 허락된 '사용'이라 함은 A회사의 콘텐츠를 홈페이지 제작에 직접 사용하는 것을 의미하는 것이지, 이를 넘어 콘텐츠를 전시하거나 고객 유인 등 상업적 목적으로 이용하는 것까지 포함하는 것이라 보기는 어려우므로, B는 A회사의 이미지 콘텐츠를 그 사용허락 범위를 넘어 사용함으로써 A회사의 저작권을 침해하였다고 할 것이다.

평석

이 사건은 저작물 이용 허락계약에 그 이용범위가 명확히 정해져 있는 상황에서 그 이용범위를 넘어서는 저작물 이용 행위는 계약위반에 해당함은 물론이고 저작권 침해에도 해당될 수 있음을 보여 주는 사례라고 할 수 있다. 따라서 저작물 이용 허락계약 체결 시 이용자는 그 이용범위를 명확히 하여 타인의 저작권을 침해하는 상황이 발생하지 않도록 유의할 필요가 있다.

---

130) 울산지방법원 2012. 12. 28. 2010노170 판결

PART

06

· · · · · ·

성명·초상권과
퍼블리시티권

연예인이나 스포츠 스타 등 유명인들의 초상이나 성명 등이 제품광고 등 영리목적으로 무단 이용되는 경우를 종종 볼 수 있다. 출판의 경우도 예외는 아니다. 예를 들어, 유명인의 일대기 등을 출간하려면, 유명인의 성명과 초상 등을 사용할 수밖에 없게 되는데, 만일 그 사용에 대해 유명인의 동의가 없었다면, 저자나 출판사 등은 유명인의 퍼블리시티권 및 성명·초상권 침해에 따른 법적 분쟁에 휘말릴 수 있다. 물론 출판도 영리를 목적으로 하는 것이지만, 유명인들의 초상 등을 일반 제품광고에 사용하는 것과 출판물의 내용에 싣는 것에는 분명한 차이가 있는 것이므로, 출판물과 관련된 위와 같은 분쟁 시에는 보다 엄격한 잣대로 퍼블리시티권 등의 침해 여부를 판단할 필요가 있을 것이다.

퍼블리시티권이나 초상·성명권 등은 저작권과 달리 무단 이용을 처벌하는 형사 법률이 별도로 존재하지 않기 때문에 순수한 민사문제로 해결할 수밖에 없다. 그런데 퍼블리시티권 등의 침해가 형사 처분의 대상이 되는 것으로 오인하는 사람들이 꽤 많다. 초상·성명권 등 인격권에 기초를 둔 권리는 일반인들을 포함한 모든 인격적 주체가 누릴 수 있는 권리인데 반해, 재산권적인 권리인 퍼블리시티권은 보통 유명인들이 가지는 권리이다. 따라서 이하에서는 성명 또는 초상 등과 관련하여 인격권적인 권리와 재산권적인 권리 모두를 가질 수 있는 유명인들을 중심으로 위와 같은 권리와 그 침해 여부에 관해 살펴보도록 하겠다.

111
성명·초상권 등

(1) 의의

헌법 제10조는 '모든 국민은 인간으로서의 존엄과 가치를 가지며, 행복을 추구할 권리를 가진다. 국가는 개인이 가지는 불가침의 기본적 인권을 확인하고 이를 보장할 의무를 진다'라고 규정하여 모든 기본권을 보장의 종국적 목적(기본이념)이라 할 수 있는 인간의 본질이며 고유한 가치인 개인의 인격권과 행복추구권을 보장하고 있다.[131]

일반적으로 인격권이라 함은 권리주체와 분리될 수 없는 인격적 이익, 즉 생명, 신체, 건강, 명예, 정조, 성명, 초상, 사생활의 비밀과 자유 등의 향유를 내용으로 하는 권리를 말한다. 사람의 성명, 초상 등은 한 개인의 인격적 상징이므로 당해 개인은 인격권에서 유래하는 성명, 초상 등을 함부로 이용당하지 않을 권리를 가진다.

---

131) 헌법재판소 1990. 9. 10. 선고 89헌마82 전원재판부 결정

헌법상의 기본권은 1차적으로 개인의 자유로운 영역을 공권력의 침해로부터 보호하기 위한 방어적 권리이지만 다른 한편으로 헌법의 기본적인 결단인 객관적인 가치질서를 구체화한 것으로서, 사법을 포함한 모든 법 영역에 그 영향을 미치는 것이므로 사인간의 법률관계도 헌법상의 기본권 규정에 적합하게 규율되어야 한다. 다만 기본권 규정은 그 성질상 사법관계에 직접 적용될 수 있는 예외적인 것을 제외하고는 사법상의 일반원칙을 규정한 민법 제2조, 제103조, 제750조, 제751조 등의 내용을 형성하고 그 해석 기준이 되어 간접적으로 사법관계에 효력을 미치게 된다.[132]

일반적 인격권을 정하고 있는 헌법상 기본권 규정 역시 민법의 일반규정 등을 통하여 사법상 인격적 법익의 보장이라는 형태로 구체화될 것이다. 그러므로 제3자에 의하여 성명을 이용당한 것이 그 개인의 인격적 법익을 침해하는 것으로 평가할 수 있다면 위법성이 인정되고, 정신적 고통을 가한 자에 대하여 위자료 청구권을 가진다.[133]

(2) 유명인의 성명·초상권 침해에 관하여

일반인이 아닌 연예인 등 유명인의 경우는 위와 같은 일반 이론이 다소 수정될 필요가 있다. 연예인 등의 직업을 선택

---

132) 대법원 2010. 4. 22. 선고 2008다38288 전원합의체 판결
133) 수원지방법원 성남지원 2014. 1. 22. 선고 2013가합201390 판결

한 사람은 직업의 특성상 자신의 성명과 초상이 대중 앞에 공개되는 것을 포괄적으로 허락한 것이므로 위와 같은 인격적 이익의 보호 범위는 일반인에 비하여 제한된다. 그러므로 연예인 등이 자기의 성명과 초상이 권한 없이 사용됨으로써 정신적 고통을 입었다는 이유로 손해배상을 청구하기 위해서는 그 사용이 방법, 태양, 목적 등에 비추어 연예인 등에 대한 평가, 명성, 인상을 훼손·저하시키는 경우이거나 성명과 초상이 상품선전 등에 이용됨으로써 정신적 고통을 입었다고 인정될 만한 특별한 사정이 존재해야 한다.[134]

이와 같이 성명·초상 등에 고객흡인력을 가지는 사람은 사회적 이목을 집중하는 사람으로서 그 성명·초상 등이 시사보도, 논설 ,창작물 등에 사용되는 경우에 그 사용은 정당한 표현행위 등이기 때문에 수인하여야 할 때도 있다. 그러나 유명인들이라고 하더라도 그들의 성명·초상 등 그 자체를 독립하여 감상의 대상이 되는 상품 등으로서 사용하거나, 상품 등을 차별화를 할 목적으로 성명·초상 등을 상품에 붙이거나, 성명·초상 등을 상품의 광고에 사용하는 등 성명·초상 등이 가지고 있는 고객흡인력을 이용할 목적으로 한다고 말할 수 있는 경우에 인격권을 침해하는 것으로서 봄이 상당하다.[135]

---

134) 서울서부지방법원 2014. 7. 24. 선고 2013가합32048 판결 등
135) 서울중앙지방법원 2013. 10. 1. 선고 2013가합509239 판결

퍼블리시티권

(1) 의의 및 보호의 필요성

퍼블리시티권(Right of Publicity)이라 함은 사람의 초상, 성명 등 그 사람 자체를 가리키는 것(identity)을 광고, 상품 등에 상업적 으로 이용하여 경제적 이득을 얻을 수 있는 권리를 말한다.

고유의 명성, 사회적 평가, 지명도 등을 획득한 배우, 가수, 운동선수 등 유명인의 성명이나 초상 등이 상품에 부착되거 나 서비스업에 이용되는 경우 상품의 판매촉진이나 서비스 업의 영업활동이 촉진되는 효과가 있는데, 이러한 유명인의 성명, 초상 등이 갖는 고객흡인력은 그 자체가 경제적 이익 내지 가치로 취급되어 상업적으로 거래되고 있으므로, 성명 권, 초상권 등 일신에 전속하는 인격권이나 종래의 저작권, 부정경쟁방지 및 영업비밀보호에 관한 법률의 법리만으로는 이를 설명하거나 충분히 보호하기 어렵다.

우리나라에서도 연예, 스포츠 산업, 광고 산업의 급격한 발 달로 유명인의 성명이나 초상 등을 광고에 이용하게 됨으로써 그에 따른 분쟁이 적지 않게 일어나고 있으므로 이를 규율하기 위하여, 성명이나 초상, 서명 등이 갖는 재산적 가치를 독점적, 배타적으로 지배하는 퍼블리시티권이라는 새로운 권리 개념을 인정할 필요성은 충분히 수긍할 수 있다.[136]

다만, 유명인에 대한 프라이버시권의 제약이 일반적으로 용인되던 상황에서 유명인의 경제적 가치를 보호할 필요성에 의하여 인정된 퍼블리시티권의 인정경위와 성문법주의를 취하는 우리나라에서 아직까지 퍼블리시티권에 관한 실정법이나 확립된 관습법이 존재하지 않는다는 점에 비추어, 퍼블리시티권은 무제한적으로 인정되는 절대적인 권리가 아니라 공공의 이익 또는 다른 사람들의 이에 상충하는 권리들에 의한 한계가 내재되어 있는 상대적 권리에 지나지 않는다.

따라서 퍼블리시티권의 침해를 인정함에 있어서는 표현의 자유(상업적 광고표현 또한 표현의 자유의 보호를 받는 대상이 됨[137])와 영업의 자유 등의 보장을 위하여 일정한 한계 설정이 필요하다. 유명인의 성명, 초상 등을 허락 없이 인격적 동일성을 인식할 수 있도록 상업적으로 이용하여 광고, 게임 속 캐릭터의 사용 등처럼 유명인의 대중에 대한 흡입력이 직접 그 사용자의 영업수익으로 전환되었다고 인정되어야 퍼블리시티권의 침해를 인정할 수 있을 것이며, 이와 달리 유명인의 성

---

136) 서울서부지방법원 2014. 7. 24. 선고 2013가합32048 판결 등
137) 헌법재판소 2000. 3. 30.자 99헌마143 결정 등

명, 초상 등을 이용한 상품 내지 서비스를 제공하지만 그 내용에 있어서 유명인의 인격적 동일성 범위 내의 요소가 아닌 그 외적 요소만을 사용하고, 그 표현에 있어서도 상품 내지 서비스의 설명을 위한 필요 최소한도에 그쳐 유명인의 성명, 초상 등의 경제적 가치가 직접 그 사용자의 영업수익으로 전환되었다고 볼 수 없는 경우에는 퍼블리시티권의 침해가 인정될 수 없다.

(2) 최근 퍼블리시티권을 부정하는 판례의 경향

그러나 민법 제185조는 '물권은 법률 또는 관습법에 의하는 외에는 임의로 창설하지 못한다'라고 규정하여 이른바 물권법정주의를 선언하고 있고, 물권법의 강행법규성은 이를 중핵으로 하고 있으므로, 법률(성문법과 관습법)이 인정하지 않는 새로운 종류의 물권을 창설하는 것은 허용되지 않는다. 그런데 재산권으로서의 퍼블리시티권은 성문법과 관습법 어디에도 근거가 없다. 따라서 필요성이 있다는 사정만으로 물권과 유사한 독점배타적 재산권인 퍼블리시티권을 인정하기는 어렵고, 퍼블리시티권의 성립요건, 양도·상속성, 보호 대상과 존속기간, 침해가 있는 경우의 구제수단 등을 구체적으로 규정하는 법률적인 근거가 마련되어야만 비로소 퍼블리시티권을 인정할 수 있다.[138]

---

138) 서울서부지방법원 2014. 7. 24. 선고 2013가합32048 판결 등

관련 판례

(1) 〈메이저리그와 정복자 박찬호〉 사건

공적 관심의 대상이 되는 저명한 인물에 대한 서술, 평가는 자유로워야 하고, 그것은 헌법이 보장하고 있는 언론, 출판 및 표현의 자유의 내용이기도 하다. 그러나 그것이 타인의 명예나 권리를 침해해서는 안 된다는 최소한의 제한은 받는다. 공적 인물의 생애와 그에 관한 평가를 담는 평전에서는 그 저작물의 성질상 대상자의 성명과 사진(보도용으로 촬영된 사진을 이용하는 것도 포함한다) 뿐만 아니라 대상자의 생애에서의 주요 사건이 다루어지고, 그에 대한 저자의 의견이 더하여지는 것이 당연하다 할 것이며, 그러한 평전의 저술은 그 대상자의 명예나 권리를 침해하지 않는 한 허용되어야 하고, 그 대상자가 되는 공적 인물은 이를 수인하여야 할 것이다.

한편, 인격권으로서 보호받는 명예란 자기 자신에 대하여 주관적으로 가지는 명예감정이 아니라 사회로부터 받는 객관적·외부적 평가를 의미하는 것이고 공적 인물의 프라이버시권은 일반인보다 제한된다.

〈메이저리그와 정복자 박찬호〉 사건[139]

박찬호는 LA다저스 소속의 야구선수로서 《Hey, Dude! 헤이, 두드!》라는 제목으로 자신의 야구선수로서의 성장 과정과 활약상을 엮은 자서전(이하 '헤이, 두드'라고 함)을 출간한 바 있다.

B는 언론직에 종사하면서 가지게 된 프로야구 부문에 대한 상당한 식견을 바탕으로 개인적으로 수집·정리한 자료와 기사 등을 엮어 박찬호의 동의 없이 《메이저리그와 정복자 박찬호》(이하 '이 사건 서적'이라고 함)라는 제목의 서적을 저술하였다. 이 사건 서적의 내지에는 야구하는 박찬호의 사진 13장이 연속 게재되어 있고, 내용 부분에는 그 내용과 관련된 박찬호의 모습을 담은 사진 13장이 게재되어 있으며, 이 사건 서적의 특별부록으로 앞면에는 박찬호의 투구 모습을, 뒷면에는 박찬호의 런닝 모습을 인쇄한 가로 53cm, 세로 78cm인 포스터 형식의 브로마이드(이하 '이 사건 브로마이드'라고 함)가 들어있다.

D출판사를 운영하는 C는 B로부터 이 사건 서적과 브로마이드의 출판을 의뢰받아 이를 발매·출판하였다.

박찬호는 B와 C가 무단으로 이 사건 서적의 표지, 내용, 브로마이드 및 광고에 자신의 사진을 게재하고, 자신과 인터뷰를 하지 않았는데도 직접 들은 것처럼 따옴표를 써서 자신의 말을 인용하고 있을 뿐만 아니라, 그 내용자체도 사실과 다르다고 주장하면서, 초상권, 성명권, 퍼블리시티권 침해, 명예훼손, 인격권, 프라이버시권 침해 및 저작권 침해를 이유로 B와 C를 상대로 서적 및 포스터 제작, 판매 등 금지 가처분을 신청하였다.

■ 초상권, 성명권 및 퍼블리시티권 침해 여부

1) 이 사건 서적과 관련하여(X)

박찬호는 미국 메이저리그에서 활약하는 야구선수로서 국내 외에서 많은 인기를 얻었다. 이 사건 서적의 내용은 주로 박찬호의 성장 과정과 메이저리그 진출 과정, 메이저리그에서의 생활 등을 서술하고 있으며, 비록 그 일부분에 있어 메이저리그에 관한 전반적인 소개, 메이저리그 구단과 선수들에 관한 소개, LA다저스팀에 관한 소개, 야구용어의 해설 등의 내용이 포함되어 있기는 하지만, 그러한 내용은 어디까지나 박찬호의 메이저리그에서의 활약상을 소개하고, 독자들로 하여금 박찬호의 야구경기를 이해하고 즐기는 데에 도움을 주기 위하여 부가적으로 수록된 것이므로, 결국 이 사건 서적은 박찬호에 대한 평전의 성격을 가지고 있다 할 것이다.

그런데 사건 서적의 표지 구성 형식과 내용, 그와 관련하여 게재된 박찬호의 성명과 사진이나 이 사건 서적의 배포를 위한 광고 내용을 보아도 그 내용에 나타나는 박찬호의 성명과 사진이 공적 인물인 박찬호가 수인하여야 할 정도를 넘어서서 박찬호의 성명권과 초상권을 침해하는 정도로 과다하거나 부적절하게 이용되었다고 보이지 않는다.

---

139) 서울고등법원 1998. 9. 29. 98라35 결정

또한 박찬호가 유명 야구선수로서 그 성명과 초상을 재산권으로 이용할 수 있는 권리 즉 이른바 퍼블리시티권을 침해하는 것으로 볼 수 있을 정도로 박찬호의 성명과 초상 그 자체가 독립적·영리적으로 이용되었다고 보이지 않는다.

따라서 이 사건 서적의 저술·발매·배포, 그 광고 행위 등으로 인하여 박찬호의 초상권, 성명권 및 퍼블리시티권이 침해되고 있다는 박찬호의 주장은 이유 없다(또한 박찬호는 B가 박찬호와 인터뷰한 사실이 없음에도 마치 직접 인터뷰한 것처럼 이 사건 서적에 기술함으로써 박찬호의 성명권을 침해하였다고도 주장하지만, 그로써 박찬호의 성명권이 침해되었다고 단정할 수 없다).

2) 이 사건 브로마이드와 관련하여(초상권 또는 퍼블리시티권 침해)

박찬호의 대형사진이 게재된 이 사건 브로마이드는 박찬호에 대한 평전이라 할 수 있는 이 사건 서적의 내용으로 필요불가결한 부분이라 할 수 없을 뿐만 아니라 이 사건 서적과 분리되어 별책 부록으로 제작된 것으로서 그 자체만으로도 상업적으로 이용될 염려가 적지 않고, 그와 같이 상업적으로 이용될 경우에 박찬호의 초상권 또는 퍼블리시티권이 침해될 것으로 보이므로, 이 사건 브로마이드의 발매·배포로 박찬호의 초상권 또는 퍼블리시티권이 침해된다는 박찬호의 주장은 이유 있다(그러나 이미 배포된 이 사건 브로마이드의 회수·폐기는 사실상 불가능하고, 그 보전의 필요성도 인정하기 어려우므로 그 부분 주장은 받아들이지 않는다).

이 사건 서적에는, 박찬호는 자신의 직구스피드보다 빨리 자동차를 운전한다, 이스마엘 발데스 등 중남미계 선수, 노모 히데오, 마이크 피아자 등에 대하여 좋지 않은 감정을 가지고 있다, 우리나라의 취재기자들에 대하여 딱딱하게 대하는 것은 마이너리그 시절의 언론의 무관심에 대한 보복적 대응이다, 가위질 당한 양복은 박찬호의 어머니가 사준 것이 아니라 박찬호 자신의 돈으로 구입한 것이다, 박찬호가 아는 영어는 '오케이', '쌩큐' 정도에 불과하다는 등의 내용이 들어 있고, B는 박찬호와 직접 대화를 하거나 박찬호의 대화 내용을 들은 바가 없는데도 따옴표를 사용하여 마치 자신이 박찬호로부터 직접 이야기를 들었거나 박찬호와 인터뷰한 것처럼 기술하고 있는 부분이 상당수 있다.

이 사건 서적의 저술·출판의 동기, 그 집필 자료와 사진 등의 수집 경위와 이 사건 서적의 전체적 내용에서 나타나는 박찬호에 대한 호의적 평가 등에 비추어 볼 때, 위 기재 내용이 전혀 사실과 거리가 멀거나, 진실 확인을 의도적으로 묵살하였거나 그로 인해 박찬호의 명예가 훼손되었다고 보이지 않고, 오히려 박찬호는 이 사건 서적에서 매우 긍정적으로 묘사되어 박찬호의 명예가 더욱 높아졌다 할 것이다.

그리고 비록 이 사건 서적에서 사실과 달리 묘사된 부분이 있다거나 저자가 화법 표시를 달리 표현하는 등으로 인하여

박찬호의 주관적인 감정에는 부분적으로 명예가 훼손되었다
고 주장하더라도 이 사건 서적의 전체 내용에 비추어 사회
통념상 박찬호의 명예가 훼손되었다고 단정하기 어렵다.

또한 박찬호는 공적 인물이므로 이 사건 서적의 저술·발매·
배포로 인하여 박찬호의 프라이버시권이나 인격권이 공공의
정당한 관심사를 초과하는 범위로 침해되었음을 인정할 자
료가 부족하다.

따라서 이 사건 서적의 발매·배포로 인하여 박찬호의 명예
가 훼손되고, 인격권 또는 프라이버시권이 침해되었다는 박
찬호의 주장은 이유 없다.

■ 저작권 침해(X)

 박찬호의 주장

B와 C가 박찬호에게 저작권이 있는 《헤이, 두드!》와 E신문
에 연재된 박찬호의 수기 《박찬호 걸어서 하늘까지》의 내용
을 무단 사용하여 이 사건 서적을 저술·발매·배포함으로써
박찬호의 저작권을 침해하고 있다.

법원의 판단

이 사건 서적에서 《헤이, 두드!》에 서술된 것과 동일한 일화들을 서술하고는 있지만, 저작권의 보호대상인 이른바 통상적인 아이디어의 영역을 넘어서는 표현에 있어서의 실질적인 유사성이 있다고는 할 수 없다. 또한 E신문에 연재된 《박찬호 걸어서 하늘까지》는 박찬호에 대한 취재 자료를 종합하여 E신문사의 통신원이 작성한 사실이 소명되므로 박찬호에게 위 연재기사에 대한 저작권이 있다는 점에 대한 소명도 부족하므로, 위 연재기사에 대하여 박찬호에게 저작권이 있음을 기초로 하는 저작권 침해 주장도 역시 이유 없다.

평 석

이 사건은 박찬호의 동의 없이 저술된 이 사건 서적에 박찬호가 유명해지기까지의 이야기, 박찬호의 미국 생활, 박찬호의 미국 내에서의 경기내용 등이 소개되어 있고, 표지와 내용에 박찬호의 성명과 사진이 게재되어 있는 것과 특별부록으로 제작된 박찬호의 브로마이드로 인해 박찬호의 성명·초상권과 퍼블리시티권이 침해되었는지가 쟁점이 되었다.

이와 관련하여 법원은 박찬호를 공적 인물로 본 후, 이 사건 서적에 박찬호의 성명과 사진 등을 사용한 것은 공적 인물인 박찬호가 수인하여야 할 수준을 넘어서는 정도는 아니라고 봐서 박찬호의 성명권과 초상권 침해를 인정하지 않았고, 또한 박찬호의 성명과 초상 그 자체가 독립적·영리적으로 이용되었다고 보기 어렵다는 이유로 퍼블리시티권 침해도 인정하지 않았다.

반면 이 사건 브로마이드와 관련해서 법원은 이 사건 서적의 내용과 불가피하게 연결된 것이 아니고 그 자체만으로도 영리적인 목적이 있다고 보아 이에 대해서는 퍼블리시티권 침해를 인정하였다. 다만, 법원은 이와 관련하여 박찬호의 '초상권 또는 퍼블리시티권'이 침해되었다는 표현을 사용했는데, 초상권은 보통 인격적인 권리이고 퍼블리시티권은 재산적인 권리이기 때문에 위 사안에서는 그냥 퍼블리시티권 침해라고 표현하는 것이 보다 바람직할 것으로 생각된다.

한편, 이 사건 서적의 내용 가운데 박찬호에 대한 비호의적인 부분과 관련해서 법원은 비록 그것이 박찬호의 주관적 감정을 훼손할 수는 있더라도 박찬호가 사회로부터 받는 객관적·외부적 평가를 훼손했다고 볼 수는 없다고 판단하였고, 또한 박찬호가 공적 인물이라는 이유로 그에 관해 국민의 정당한 관심사의 범위 내에서 서적을 저술하는 것은 박찬호의 프라이버시권이나 인격권을 침해하는 것은 아니라고 판단하였다.

그리고 저작권 침해와 관련해서는 박찬호의 자서전 《헤이, 두드!》와 이 사건 서적은 그 내용면에서 실질적 유사성이 없고, E신문에 연재된 박찬호에 관한 기사인 《박찬호 걸어서

하늘까지》는 E신문사의 기자가 작성한 것으로써 박찬호가 그 기사의 저작권자라고 볼만한 사정이 없다는 이유로, 박찬호의 이 사건 저작권 침해 주장도 받아들이지 않았다.

(2) 《아스팔트 사나이》 사건

만화는 작가의 상상에 의하여 가상적인 인물들이 전개해 가는 이야기를 문자와 그림으로 서술한 창작물로서 허구를 전제로 하지만, 작가는 실제로 존재하는 인물을 모델로 삼아 만화 속의 인물을 창출하기도 하는데, 이때는 독자의 흥미와 감동을 불러일으키기 위하여 역사적인 인물이나 사회에서 널리 알려진 인물을 모델로 사용하기도 한다. 그러나 위와 같이 작가가 만화 속에서 현실의 인물과 사건을 서술할지라도 만화 속에서의 이 현실은 창작이 된다. 그러므로 만화속에서의 모델은 만화 속에서 자신의 명예가 훼손된 경우에는 이를 이유로 침해의 금지를 요구하거나 그로 인한 손해의 배상을 구할 수 있으나, 명예가 침해되는 정도에 이르지 아니한 경우에는 헌법상 예술의 자유와 출판의 자유가 보장되어 있는 점에 비추어 이를 수인하여야 한다 할 것이고, 특히 모델이 사회에서 널리 알려진 공적인 인물인 경우에는 더 그렇다. 이와 관련해서 《아스팔트 사나이》 사건(301쪽 참고)을 통해 살펴보도록 하겠다.[140]

---

140) 서울고등법원 1997. 7. 22. 선고 96나41016 판결

■ 성명·초상권 침해(X)

이 사건 만화 속에서 최정립은 국내 최초로 파리—다카르 랠리에 참가하여 완주한 교포 카레이서로서, 국내 자동차 회사의 홍보실에 찾아가 파리—다카르 랠리가 세계 자동차시장을 향한 기술과 품질의 선전장이 될 것이라면서 국내 자동차산업의 세계시장에의 진출을 위하여 위 대회에 국내 자동차가 출전하여야 하는 당위성을 설명하고, 그 후 주인공인 이강토와 협력하여 파리—다카르 랠리에 참가하여 완주함으로써 국산 자동차의 우수성을 세계적으로 알리고, 그 후 국내 자동차회사가 미국, 일본 등의 자동차회사와 경쟁하는 과정에서 국산 자동차의 우수성을 입증하기 위하여 국산 자동차를 가지고 각종 랠리에 참가하여 우승하는 카레이서로 묘사되어 있다.

위와 같이 이 사건 만화에서는 A의 명예가 훼손되지 않고 오히려 국내 자동차산업 발전을 위하여 국제 자동차 경주대회에 참가하는 긍정적인 인물로 묘사된 이상, A는 B가 자신의 성명, 경력 등을 사용하여 이 사건 만화를 집필하는 것을 수인하여야 한다 할 것이다.

■ 퍼블리시티권 침해(X)

상업적 이용 또는 퍼블리시티권이라 함은 재산적 가치가 있는 유명인의 성명, 초상 등 프라이버시에 속하는 사항을 상업적으로 이용할 수 있는 권리인데, 이 사건 만화에서 등장인물의 캐릭터로 A의 성명과 A의 경력을 사용하였다고 해도 만화 또한 예술적 저작물의 하나라고 보는 이상 이를 상업적으로 이용하였다고 보기는 어렵다 할 것이다.

평석

이 사건에서 법원은 성명·초상권이 인격권적인 권리라는 점에 주목하여 이 사건 만화로 인해 A의 명예 등이 훼손되지 않았고 오히려 긍정적으로 평가되고 있다는 이유로 A의 성명·초상권 침해를 인정하지 않았다. 그리고 퍼블리시티권 자체를 인정하는 것을 전제로 퍼블리시티권이 침해되기 위해서는 유명인의 초상 등이 상업적으로 이용되어야 하는데 이 사건 법원은 A의 성명과 경력이 예술적 저작물에 해당하는 만화에서 사용된 것은 상업적 이용에 해당하지 않는다는 이유로 A의 퍼블리시티권 침해를 받아들이지 않았다. 그러나 이러한 법원의 논리는 다소 빈약해 보인다. 즉, 퍼블리시티권 침해가 인정되기 위해서는 유명인의 초상이나 성명 등이 상업적인 목적으로 이용되어야 하는 것은 맞지만, 만화가 단지 예술적 저작물에 해당한다는 이유로 만화의 상업적 목적을 부정하는 것은 옳지 못하다고 사료된다. 최근에는 퍼블리시티권 자체를 인정하지 않는 것이 판례의 경향이긴 하지만, 차후 퍼블리시티권에 관한 법률이 제정되는 등의 경우를 대비하여 퍼블리시티권 침해의 요건인 '상업적 이용'에 관한 보다 심도 있는 연구가 필요할 것으로 생각된다.